二日後に生と死の明暗が分かれる福島民友新聞“相双ブロック”の記者たち
(2011年3月9日朝8時過ぎ)
時計回りに後列左から熊田由貴生、木口拓哉、橋本徹、
小泉篤史、菅野浩、大内雄
熊田の左うしろには、激震と津波により〝消失〟する「ろうそく岩」が見える
(撮影／遠藤義之)

大津波に襲われた相馬市原釜地区。この写真が福島民友新聞を「救う」ことになる
(3月11日午後4時頃、撮影／小泉篤史)

“表面張力”なのか、海面は記者の背丈より高くなった
(同日午後3時51分、撮影／小泉篤史)

ランタンの灯を頼りに報道部の暗闇の格闘がつづいた
（同日午後8時30分頃、撮影／一ノ瀬澄雄）

一晩燃え続けた、いわき市久之浜町の中心部（同日午後10時20分頃、撮影／渡邊久男）

乗り込んだ車ごと津波で流され、
車中で一晩を過ごした老夫婦が歩いてくる
それは、地獄絵図のなかの「希望」だった
（3月12日午前8時55分、撮影／木口拓哉）

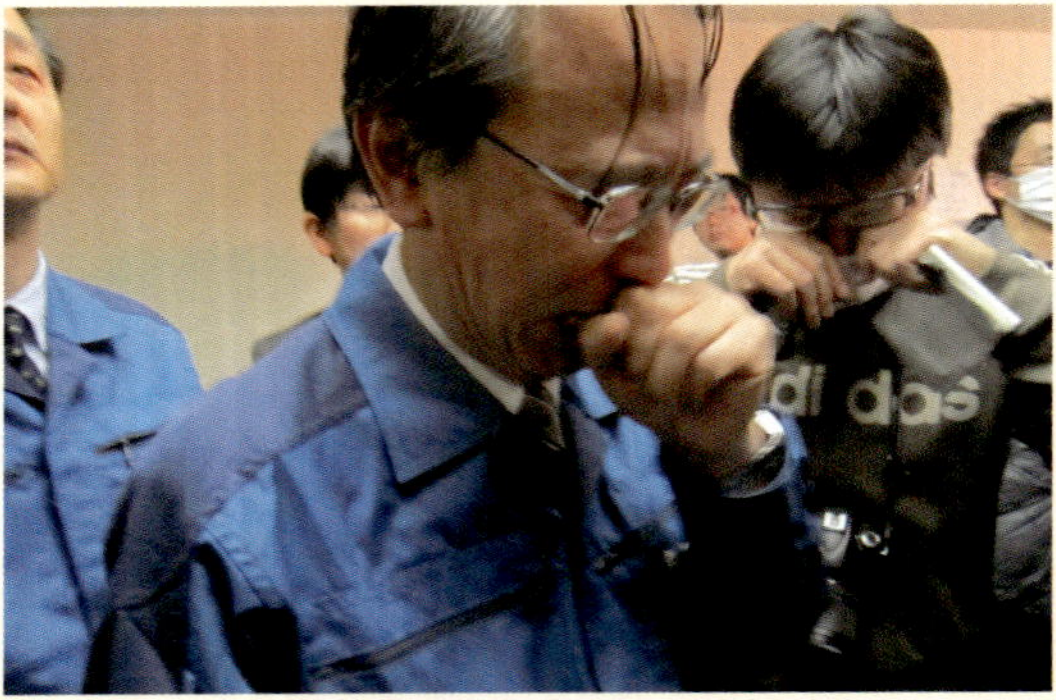

事故後初の福島における東京電力による記者会見
会見後、互いの存在に気づいた東電・小森常務と橋本記者が号泣する
（3月18日午後、提供／朝日新聞社）

記者たちは海に向かった

津波と放射能と福島民友新聞

門田隆将

角川文庫
20202

はじめに

二〇一一年三月十一日、一人の若者が死んだ。

死者・行方不明者一万八千五百二十人（二〇一四年二月十日警察庁発表）を出した東日本大震災の犠牲者の中の「一人」である。

だが、この若者には、ほかの犠牲者とは異なる点がひとつだけあった。それは、彼の死が「取材中」にもたらされたということである。

そう、彼は新聞記者として、大地震と大津波の取材の最前線にいた若者だった。

福島民友新聞記者、熊田由貴生《ゆきお》、享年二十四。

入社まだ二年のフレッシュな記者だった彼は、ジャーナリストとしての素質とセンスを着々と現わし、将来を嘱望される人物だった。

熊田記者の取材を受けたことがある人たちは、

「あの人が死んだのか。彼の記事は、切り抜いて今も手帳に挟んで持っている。温かい記事を書いてくれる記者だった」

「やり甲斐のある仕事にまっすぐ進んでいく、いい若者でした」

と、彼のあまりに早すぎる死を惜しんだ。

熊田記者が命を落とした場所は、福島県南相馬市の烏崎《からすざき》地区である。日本を襲った「千年に一度」の大地震は、これまで経験したことがない大津波を福島にもたらした。人々を呑み込んだ大津波の中で、熊田記者は本文で記述するように自分の命と引き換えに地元の人間の命を救った。

彼の死は、先輩、同僚の記者たちに衝撃を与えた。

この時、福島民友新聞は、福島の浜通りにあった「二つの支社・五つの支局」に、熊田記者を含めて計「十一人」の記者たちがいた。

彼らは、大地震発生と同時に津波を撮るべく、「海」へと向かった。それは、新聞記者の〝本能〟とも言うべきものだった。そして、何人かは熊田記者と同じような生命の危機に瀕《ひん》し、しかし、かろうじて命を拾った。

熊田が死んで、俺が生き残った——。

熊田記者の「死」は、生き残った記者たちに哀しみと傷痕を残した。それは、「命」というものを深く考えさせ、その意味を問い直す重い課題をそれぞれに突きつけた。

熊田記者は、福島民友新聞の中で〝永遠の存在〟となったのである。

福島民友新聞は、この前途有望な若者を喪《うしな》っただけでなく、大震災で大きな打撃を受けた。あの大震災は、福島県内において、日本の新聞史上、これまで誰も経験したことがない大事態を惹起《じゃっき》している。

それは、「新聞エリアの欠落」である。

新聞エリアと言われても、すぐにはピンと来ないだろう。

日本は、インターネットが普及した現在でも、日刊紙の総発行部数が四千六百九十九万部（二〇一三年日本新聞協会調査）という数字を誇っている。

同時に世界で最も発達した新聞販売網を持つ国でもある。国土の隅々まで新聞配達網が敷かれ、前日に起きた事柄は、翌日には新聞紙面に記され、全国のお茶の間に届けられる。これほど精緻な新聞配達のネットワークを持つ国は、世界に例がなく、いうまでもなく世界随一の新聞王国である。

これは、日本に新聞が誕生した明治時代から、言論において新聞が果たしてきた大きな役割と、これを衰えさせてはならないと、新聞人たちがつづけてきた懸命なる努力によるものであることは論を俟《ま》たない。

だが、東日本大震災は、その世界一の日本の新聞に異変を生じさせた。それが、福島県の浜通りで起こった「新聞エリアの欠落」だった。

マグニチュード九・〇という凄まじい激震につづく大津波、そして放射能汚染――福島県を一挙に襲ったこの〝複合災害〟によって、福島の新聞は、浜通りを中心に「取材対象区域」も、「営業区域」も、そして「配達区域」も、「消えてしまった」のである。

つまり、福島の浜通りの一部では、「読者」も、「新聞記者」も、「販売店」も、すべてが被災者となり、そのエリアから「去らざるを得ない事態」に陥ったのだ。

福島第一原発から半径二十キロ以内の避難区域の中にあった福島民友新聞の「二つの支局」と「十二の販売店」は避難を余儀なくされ、完全なる「空白区域」となった。

それだけではない。福島民友新聞は、地震当日、あわや新聞発行が危ぶまれる非常事態に陥っている。

紙齢《しれい》をつなぐ――一般には全く馴染みのないこの言葉の意味をご存じの方がいるだろうか。

「紙齢」とは、新聞が創刊号以来、出しつづけている通算の号数を表わすものである。

「紙齢」は、毎日の新聞の題字の周辺に必ず出ている。

読者はほとんど目に留めていないが、これを「つなぐ」ことは、新聞人の使命とも言うべきものである。

一九九五（平成七）年に創刊「百周年」を迎えた福島民友新聞は、総ページ数九百六十ページ、厚さ五・六センチにもおよぶ『福島民友新聞百年史』（福島民友新聞百年史編纂委員会）を刊行している。その冒頭には、〈百年の歩み、そして新時代へ〉と題して、こう誇らしげに記されている。

〈平成七年、福島民友新聞は創刊百周年を迎えた。明治二十八年の創刊から、一号ずつ積み重ね、三万二千七百余の号数である。

発行部数も百周年の年初で二十一万一千七百六十余部。伝統と読者の信頼と、そのすべてがここに込められ、全国の地方紙の中でも有数の存在である〉

ここでいう〈三万二千七百余の号数〉というのが、「紙齢」のことである。

福島民友新聞は、紙齢の「三万八千三百四十一号」目に、これが「欠ける」危機に陥った。

紙齢が欠ける。創刊以来、毎日、出しつづけてきた新聞が「欠号」になることは、新聞人にとっての「死」を意味するに等しい。

大震災に伴う非常事態は、福島民友新聞の編集・制作ネットワークに打撃を与え、発行の危機をもたらしたのだ。

その危機から脱し、社内で犠牲者まで出しながら、福島民友新聞は、震災以来の「三年」をなんとか凌ぎ切った。

私は、拙著『死の淵を見た男─吉田昌郎と福島第一原発の五〇〇日』をはじめ、多くの大震災の事柄について書かせてもらっている。

なぜなら、ジャーナリストである私には、この悲劇の中で挫けず闘いつづけた人々のことを「後世の日本人」に残すことしかできないからだ。

私は、本書で大震災に遭遇した新聞記者、特に地元に密着した地元紙の記者たちの姿を描きたいと思う。

それは、彼らが記者という「本能」のまま動き、純粋に歴史の一断面を、命を賭けて「切り取ろう」としたからだ。不幸にも、その中で、一人の若者の命が喪われた。しかし、生き残った仲間によって、彼らに大きな負い目とトラウマを刻印しながらも、その遺志は着実に引き継がれている。

その時、記者たちは、なぜ海に向かったのか。

本書は、大震災で存続の危機に立った福島民友新聞で起こった出来事を通じて、あの未曾有の難局に直面した新聞人とそれを支えた人々の姿と心情を描くドキュメントである。

大津波で明暗分かれた男たちが今も抱えつづけるものとは何か。命とは何なのか。新聞というメディアとは一体、何なのか。

本書を通じて、そのことを考えていただければ幸いである。

筆者

観測史上最
社説
震度6強 支え合って復旧を
津波 街を直
東日本巨大
宮城
「子と連絡取れず」
高層ビルで火災
福島民友
特別紙面
東日本 巨大地震
M8.8
死者・不明多数
第一原発
半径3キロ避難指示
原子力緊急事態を宣言
災害緊急特別紙面でお届けします
複数震源 連動か

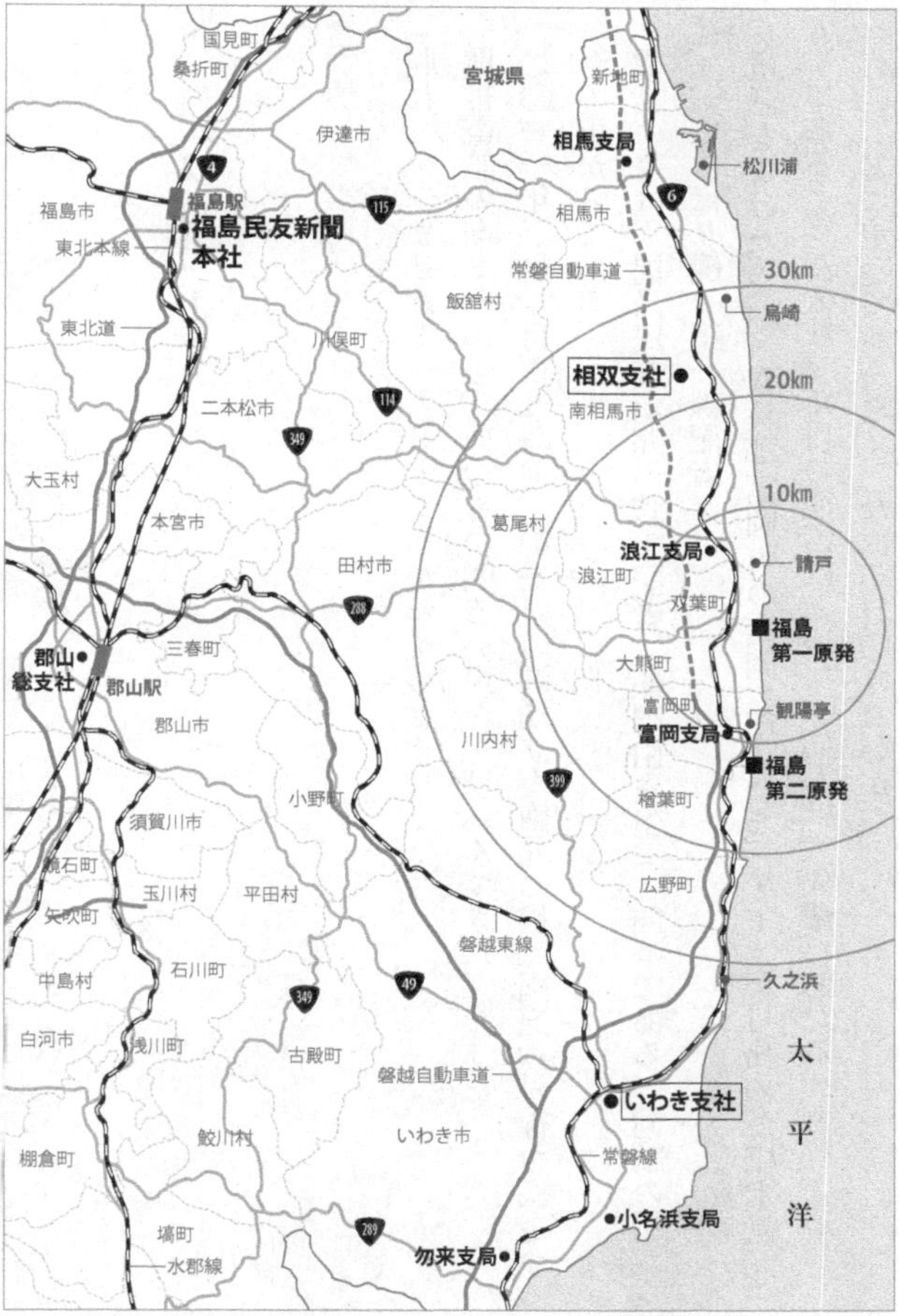

国見町
桑折町
宮城県
新地町
伊達市
相馬支局
松川浦
4
福島駅
115
6
福島市
福島民友新聞
本社
相馬市
東北本線
常磐自動車道
30km
飯舘村
鳥崎
東北道
川俣町
相双支社
20km
114
南相馬市
二本松市
349
10km
大玉村
葛尾村
本宮市
浪江支局
請戸
田村市
浪江町
双葉町
288
福島
第一原発
三春町
大熊町
郡山
総支社
郡山駅
富岡町
観陽亭
郡山市
富岡支局
川内村
福島
第二原発
399
小野町
楢葉町
須賀川市
鏡石町
広野町
玉川村
平田村
矢吹町
磐越東線
石川町
中島村
久之浜
49
349
白河市
浅川町
太
古殿町
磐越自動車道
いわき支社
平
鮫川村
いわき市
棚倉町
常磐線
洋
小名浜支局
塙町
289
勿来支局
水郡線

プロローグ

「遅れてすみません！　入るところがわからなくて……」

携帯電話の向こうから、いつもの明るい声が飛び込んできた。

二〇一一年三月八日夜九時前、福島県の浜通りを南北に貫く国道六号線を疾走する一台の車からである。

電話の主は、福島民友新聞の若手記者、熊田由貴生（二四）である。同紙の相双《そうそう》支社で、ばりばり働く第一線記者だ。

電話を受けたのは、双葉郡富岡町の富岡支局長を三年十一か月務めた橋本徹（三五）である。まだ入社二年目の熊田にとって、橋本は大先輩にあたる。

「おい、どこ走ってるんだ？　なにか目印はないか」

いつも明るい奴だな、と思いながら、橋本は熊田にそう呼びかけた。

夜の浜通りは、幹線から一本、海側にそれると、いきなり暗く鬱蒼とした防風林の世界に踏み入るところが少なくない。土地勘のないドライバーが、迷わずに目的地に着くことは簡単ではない。

橋本は、三月いっぱいで本社報道部に異動することが決まっている。

この夜は、橋本の送別会が開かれる富岡町の宿泊施設「観陽亭《かんようてい》」に、福島民友新聞の相双支社の支社長・菅野《かんの》浩（四二）を筆頭に、相馬支局長・小泉篤史（三七）、浪江支局長・木口《きぐち》拓哉（三七）、そして富岡支局長の橋本が集まっていた。福島民友新聞のいわゆる〝相双ブロック〟の記者たち五人である。熊田もその一人だった。

会には、四月から橋本に代わって富岡支局長となる大内雄（二七）も参加している。正確には橋本の送別会だけでなく、大内の歓迎会も兼ねた会合ということになる。熊田が到着すれば、六人全員が揃うのである。

国道六号線を南下してきた車が観陽亭に行くためには、富岡消防署を右に見て通り過ぎ、間もなくやってくる信号を左に曲がらなければならない。観陽亭の案内板はあちこちに出ているはずなのに、熊田には、なかなか目に入らなかった。

熊田は、富岡から北に四十キロ離れた南相馬を拠点にする記者だ。富岡まで来ることはめったにない。まして、スピードを出していたら、道案内の看板をうっかり見過ごしたとしてもおかしくない。夜となれば、なおさらだ。

宴会は、午後七時から始まっている。駆け出しの熊田にとっては参加者全員が大先輩ばかりだ。

取材と記事の執筆、ゲラの確認まで、熊田はこの日の仕事をすべて終わらせ、宴会に駆けつけようとしていた。こういう日は、雑務も含め、一番の若手がすべてを引っかぶって仕事をするのが習いだ。

それらを滞りなく終えて、熊田は富岡町の観陽亭に向かっていたのだ。

「すみません。もうすぐ着きます！　大丈夫です」

熊田は、携帯電話で道案内を試みる橋本の声をそう遮《さえぎ》って、電話を切った。

どうやら、観陽亭の案内板にやっと気づいたらしい。橋本の鼓膜に、弾んだ明るい声を残した熊田が、実際に目の前に現われたのは、それから間もなくのことだ。

「遅れてすみません！　やっと着きました」

背広姿のまま、熊田はいつもの陽気で元気な大声を発した。

「おお、来たか！」

「熊ちゃん、お疲れ！」

「おいっ、遅いぞ～」

宴会が始まっておよそ二時間。ひとっ風呂浴びて浴衣に着替え、宴会に臨んでいた先輩記者たちは、もうすっかり酔いがまわっている。酒好きで鳴る菅野、これまた酒豪の木口などを筆頭に、記者たちの飲み会は、いつも賑やかこのうえない。

観陽亭は、もともとは結婚式場からスタートしており、一階にはおよそ百人を収容できる大ホールやレストラン、大浴場などがあり、二階に宿泊用の部屋がある。双葉郡の中では、雄大な太平洋を観ながら、大きなパーティーが開ける数少ない施設のひとつだ。

昼間なら太平洋と、奇岩として知られる「ろうそく岩」を間近に眺められる見晴しのいいその一階レストランで、記者たちはメートルを上げていた。

「部屋に移って、二次会だ」

「熊ちゃん、早くお前の分の料理を平らげちまえ！」

先輩たちは口々にそう言った。テーブルの上に、熊田の分の料理だけは手つかずで、そのまま残っていたのである。

「おっす！　すぐ食べてしまいます！」

熊田は、高校時代は福島県の進学校、安積《あさか》高校の陸上部で活躍した元アスリートだ。

体育会の出身者らしく〝先輩たち〟の扱いには慣れている。

「かき込みますから、少々お待ちください！」

熊田は豪快に自分の分の料理を頰張り始めた。

「こいつ、すげえ勢いだな」

酒を飲みながら、先輩たちは熊田の見事な食べっぷりに目を丸くしている。

観陽亭の料理は、新鮮な魚介類が売り物だ。オーシャンビューの絶景と、福島の浜通りの海の幸、山の幸が観陽亭の自慢なのである。

「和気藹々《わきあいあい》とした飲み会でしたね。富岡支局長の橋本さんには日頃、お世話になっていました。橋本さんが本社に異動するというので、宴会にうちを使ってもらったんです。心を許し合った仲間同士の飲み会のようでしたよ」

そう語るのは、宴会を段どった観陽亭の支配人、遠藤義之（三九）である。

豪勢な料理を熊田はみるみる平らげていった。十分もしない内に、たちまち胃袋に収めてしまった。

「よし！　部屋で二次会だ」

菅野のひと声で、一次会は切り上げられ、今度は菅野の部屋で、二次会になった。

宿泊の部屋割りは、菅野と小泉、木口と熊田、そして、新旧の富岡支局長の橋本と大内が同じ部屋というものだった。あらかじめ菅野は焼酎やかわき物といった酒、つまみを用意していた。それらが置かれた一番広い菅野の部屋に皆が集まった。

十二畳もある部屋で、さっそく二次会が始まった。熊田の到着で宴会はますます盛り上がった。年齢がただ一人二十代前半の熊田を先輩記者たちがイジったり、会社への愚痴を言い合ったり、お決まりのパターンである。それが終わったのは、もう夜中の二時半を過ぎていた。

「熊田と私が同じ部屋でした。二次会が終わって、午前二時半を過ぎた頃、部屋に戻ってきたんですよ」

この日、熊田ともっともたくさん話したのは、木口拓哉・浪江支局長である。支局長といっても、支局には本人が〝一人〟いるだけだ。記者とカメラマン、広告集め、事業、事務などの各分野をすべて一人でこなすのが、地方紙の支局長である。

木口は、浪江に来て三年になるベテランだった。

「あの時は、熊田は私の愚痴の聞き役みたいになっていましたね。さんざん飲んで部屋に戻ってきて、それから二人だけの飲み会ですからね。いろんなことを熊田と話しましたよ」

木口は、三か月前に結婚したばかりの〝新婚さん〟だ。新婦は中学時代の同級生で、仙台で予備校に通っている頃からつきあい始めて、もう十八年になる。

「そんな長いつきあいの末に結婚したものですから、熊田も、いろいろ聞いてきましてね。妻は東京で化粧品会社に勤めているので、平日は別居です。妻が週末だけ浪江にやって来てくれるんです。熊田もそんな私の生活のことが聞きたかったようです」

それは、熊田記者自身が大学時代に知り合った女性と〝遠距離恋愛〟をしていたからである。

「熊田は、鉄道関係に勤める長野県に住む女性とつきあっている、と言っていました。土日を利用して、東京で会っていたそうです。支局長になったら、土日も忙しいので、とても地元を離れることはできませんが、熊田はまだ相双支社の記者ですから、菅野支社長の配慮で、土日をかなり自由に使わせてもらっていたようです。そんな話を朝方四時頃までしました」

木口拓哉と熊田由貴生――福島民友新聞のこの先輩と後輩が、わずか二日後に自らの「命」をめぐって「明暗が分かれる」ことになるなど、この時、想像もしていない。単なる先輩と後輩というだけでなく、二人はなんとなく波長が合った。それは、二人とも元アスリートという共通項があったからに違いない。

木口は、福島県伊達郡の生まれで、地元の中学を出た後、福島を代表する進学校の福島高校に進んだ。そこでラグビー部に所属し、フルバックとして三年間、楕円形のラグビーボールを追い続けた。

仙台で浪人生活を送り、仙台市内の私立大学に入学後、そこを退学して早稲田大学に入り直すという紆余曲折を経ながら、クラブチームをはじめ、さまざまなチームに所属して、ラグビーから離れることはなかった。

今も右足をわずかに引きずるようになるきっかけとなった右足首の粉砕骨折を、木口は試合中に負った。それでも大学生活を終えるまでラグビーをつづけた。身長百七十五センチ、体重八十五キロの肉体は、鍛え上げた元ラガーマンらしい迫力を醸し出している。

一方の熊田は、前述のように安積高校の陸上部の出身だ。四百メートル×四の千六百メートルで、県大会を勝ち抜き、東北大会に出場したこともある。

陸上の短距離、中距離としては百八十センチ近い大柄な選手だった。陽気な性格だけでなく、面倒見がいい熊田は、高三の時に、陸上部の部長（主将）でもあった。

そんな元アスリートの二人が、気が合わないはずがなかった。

「熊田、今の仕事はきついだろうけど、三年我慢しろよな」

入社二年が終わり、やがて三年目に突入する熊田に向かって、木口はこの時、そう言った。いくら菅野支社長がいろいろなことを配慮してくれても、「今が苦しい時期に違いない」という思いが木口にはある。

熊田は、新潟大学を卒業して二〇〇九年四月に福島民友新聞に入社した。一年間は整理部で過ごし、二年目から相双支社に出て、第一線の記者となった。持ち前のやる気とバイタリティで、熊田は記者としての素質を一気に花開かせていた。

「もともと人なつっこい性格ですから、取材先で気に入られました。呑み込みが早いし、あっという間に安心して仕事を任せられる記者になりました。南相馬市の事業仕分けの取材と記事などはなかなか難しいので、熊ちゃんが来た春には、私自身が取材して記事を書きました。しかし、秋には、すべて彼一人に任せることができました。彼は、記者としての資質をさまざまな点で兼ね備えていたと思います」

直接の上司、菅野支社長も熊田への期待は大きかった。支社といっても、菅野と熊田の二人しかいない。その二人で、前述の各業務をすべてこなさなければならないのである。菅野は、目に見えて成長していく熊田を、頼もしく感じていた。

(こいつは、将来、社を背負っていく人間になる……)

菅野は、そう思っていた。

そんな熊田に、木口は、先輩として「とにかく三年は我慢しろ」と、伝えたのである。

「それは、うちで三年やったら、どこでも通用する記者になる、という思いがあったからです。うちは記者の数も少ないですからね。〝きつくても、我慢してやれ〟と言ったんです。しかし、あいつはもともとバイタリティがあるから、きつい仕事をむしろ楽しんでやるタイプなんです。言ってみれば〝疲れを知らない男〟ですよ。あいつには、そんな私のアドバイスなんか、必要なかったかもしれませんね」

木口は、熊田に我慢しろとアドバイスしつつ、愚痴を聞いてもらった。

「あの日は終始、あいつが聞き役でした。いろいろ私の愚知を聞いて、〝そんなこと言わないで、頑張って下さいよう〜〟みたいなことを言っていました。いま思うと、先輩が後輩を励ますんじゃなくて、逆に、私が熊田に励まされていたような気がしますね」

朝方の四時過ぎまで話し込んだ二人は、八時前には、もう朝食に叩き起こされている。新聞記者にとって、仕事は「待ったなし」である。

取材先は待ってはくれない。夜更かしをしたからといって、記者たちに寝坊は許されないのだ。

「おはようございます！」

ぼさぼさの頭をした熊田がレストランに顔を出したのは、朝八時を過ぎていた。太平洋からの眩しい陽光が差し込む中で朝ごはんを食べる全員が、腫れぼったい顔をしていた。

それでも浴衣に茶羽織姿でやって来た菅野以外は、もう全員が洋服に着替えていた。

「せっかくですから、皆さんで写真でも撮りませんか」

彼らに声をかけたのは、支配人の遠藤だ。遠藤は、来てくれたお客さんの写真をできるだけ撮り、それを玄関ホールから海側につづく廊下の両側に張り出していた。次に来てくれた時に、喜んでもらえるからである。

「写真かぁ。こんな顔で写りたくないなあ……」

「まあ、せっかくだから」

そんなことをぶつぶつ言いながら、記者たちは透き通るような蒼い海を一望できる庭に出た。

観陽亭は、切り立った海抜十八メートルの丘の上にある。庭には、記念撮影用に、白い御影石の小さなステージのような台が設《しつら》えられている。二段の階段を上がって、その台に立つと、バックにろうそく岩と真っ青な太平洋がきれいな角度で写真に収まるのである。

どやどやと記者たちはそこへ集まった。台の下に、左から大内、菅野、小泉、台上に熊田、木口、橋本が並ぶ。下段の真ん中に位置する菅野だけがスリッパに浴衣姿だ。

「はーい、撮りますよ！」

支配人の遠藤がそう言うと、それぞれがポーズをとった。

カシャ。

「もう一枚いきまーす」

うしろには、ろうそく岩が写っている。縦に細長い高さ二十メートル近いろうそくのような岩である。ここ仏浜《ほとけはま》海岸の観光の目玉ともいうべき奇岩だ。縦長の天っ辺だけに、ろうそくの炎のように木と草が生えているのである。

二日後、このろうそく岩そのものが〝消失〟してしまうような激震と大津波が押し寄せることをこの時、誰が想像できただろうか。いや、ろうそく岩だけではない。

この海抜十八メートルにある撮影スポットも、そして、レストランや大ホールのある観陽亭の一階部分は、すべて大津波に呑み込まれ、破壊されてしまうのである。

すでに不穏な兆候は現われていた。八日前には福島沖、四日前には宮城沖で地震が起こっていた。

そして、この日も午前十一時四十五分に、震度5弱の地震に伴う津波注意報が三陸から福島県浜通りにかけて出ることになる。

東北地方の太平洋岸とその周辺海域は、不気味な軋《きし》みを見せ始めていた。それは、あたかも太平洋に横たわる巨大な龍が、すべてを呑み込む準備を整え、その「時」を待ち構えているかのようだった。

写真撮影のあと、彼らが観陽亭で最後に打ち合わせをしたのは、皮肉にも「津波」のことだった。二〇一〇年二月二十八日、太平洋の遥か対岸で起こったチリ地震がもたらした津波からすでに一年が経っている。この時、東北地方には、最大で一メートル九十センチの津波が観測された。

地震の兆候が見え始めただけに、津波が話題にのぼったのは不思議ではない。しかし、それも日頃から研ぎ澄まされた記者としての鋭敏な感覚によるものだったことは確かだろう。

「俺たちは津波そのものを撮るんじゃない。津波対策をする人々の姿をカメラに収めればいいんだ」

そんな先輩たちの話を熊田は黙って聞いていた。若輩の身で口を差し挟むわけにはいかなかった。

そうだ。津波に備える人々の生き生きとした姿を捉えればいい——その時、熊田はそう思ったに違いない。熊田が皆に先んじて、観陽亭を出発したのは、それからすぐのことだ。

「彼を見送ったのは、私一人じゃなかったかなあ」

と、木口は言う。それぞれが出発の準備をしている。できた順番に記者たちは観陽亭をあとにしていた。熊田が愛車の日産ウィングロードを観陽亭の玄関前の駐車場から出そうとしているところに木口がやって来た。

駐車場は、東にある海からの朝日をいっぱいに受けていた。観陽亭は、玄関の西側に道路が通じている。黒光りする愛車から底抜けに明るい熊田の笑顔が見えた。

「じゃあな」

木口は、そう声をかけた。熊田も何か挨拶を返しているようだったが、木口には聞こえなかった。

二〇一一年三月九日朝九時前、太陽を背に受けて、そのまま熊田の愛車は、軽快なエンジン音を残して颯爽と去っていった。

第一章　激　震

泣きじゃくる女性

「緊急地震速報です。緊急地震速報です」

テレビの画面から、そんなアナウンスが流れてきた直後だった。

ゴゴゴゴゴゴゴゴゴゴ……

とてつもない音と共に大地が揺れ始めたのは、二〇一一年三月十一日午後二時四十六分のことである。

福島県双葉郡浪江町権現堂字矢沢町六十八番地。福島民友新聞の浪江支局長、木口拓哉は反射的に椅子から立ち上がった。

（これは大きいぞ）

そう思った瞬間、恐ろしいほどの震動が、浪江支局を揺さぶり始めた。大地そのものが、凄まじい咆哮《ほうこう》を始めたのである。

浪江支局は、事務所部分と住居部分が敷地内の十メートルほど離れたところに別々に建っている。一年半前に引っ越しをした支局で、ほかの福島民友の支局に比べて、広さにはゆとりがあった。

事務所は、十五畳ほどあり、玄関の戸を開けると、右側にソファとテレビ、右斜め前に壁を背に手前を向いている支局長席があり、トイレは正面にある。

（まずい）

咄嗟《とっさ》に立ち上がったものの、木口は動くことができなかった。揺れが〝縦揺れ〟から〝横揺れ〟に移っていたのだ。

（あっ）

二メートルほど先にあった二十インチの薄型テレビが停電でプチッと切れたかと思うと、そのままテレビ台から転げ落ちた。

ガチャン。その音につづいて、今度は、木口の席の左の台に置いていたファックスも、テレビのある方に、大きな音とともにすべり落ちた。

木口は、デスクに左手をついて身体を支え、机上に数十センチも積み重なっていた書類の束を、右手で必死に押さえていた。揺れが大きすぎて動くこともできない。

しかし、とうとう、うしろの百八十センチほどの高さのスチール製の棚が、木口の右肩に倒れかかってきた。

(これは……)

スチールの棚まで倒れてくる揺れである。木口は、書類を右手で押さえるのを諦めた。手を離すと、たちまち書類は床に崩れ落ちていった。

揺れはまだ続いている。

(建物が崩れるかもしれない)

揺れをこらえながら、木口は天井を見上げていた。建物が崩落しないことを祈るほかなかった。

そんな状態が数分つづいただろうか。揺れがやっと収まりかかった時、木口は、右肩に倒れかかっているスチール製の棚をものともせず、デスクにスリッパのまま上がった。無意識に目の前にあったカメラを摑んでいた。

デスクのまわりは、書類や新聞の束をはじめ、さまざまなものが床に落ち、散乱している。外に出るには、デスクを乗り越えていくしか方法がなかったのである。

木口はようやく支局の外に出ることができた。

支局の隣は、コンクリート製品などを扱う資材屋だった。そこで木口は最初の写真を撮る。午後二時五十一分。揺れ始めて五分後のことだった。

隣の家のボイラーから水が噴き出していた。シューッという音と水が、揺れの大きさと深刻さを物語っている。

写真を撮らねば——。

新聞記者としての本能が、そう告げていた。記者だけでなく、カメラマンとしての役割を要求される地方紙の記者は、「とにかく、まず写真を」ということが頭に浮かぶのである。

この日の午前中、福島県内の中学校で一斉に卒業式がおこなわれていた。

地方紙の、さらに〝地方〟の支局にとっては、学校の卒業式は絶対に取材しなければならない重要な報道対象である。

小学校や中学校の卒業式だけでなく、幼稚園の卒園式までカバーするのは、福島の二紙の特徴ともいえるだろう。ライバル紙である「福島民報」に負けないためにも、町ネタをできるだけ詳しく報じなければならない。

木口も、管内にある四つの中学の卒業式の取材に奔走した。午前中に中学をまわれるだけまわった木口は、そのあと、地元のママさんチームが参加した綱引きの全国大会入賞の取材をおこない、さらに、地元の陶芸（大堀《おおぼり》相馬焼）の展示会の取材をして、支局に帰ってきていた。

電話での補足取材も終え、外から帰ってきたまま背広にネクタイ姿だった木口がほっと一息したところを地震に襲われたのである。

排気量が四〇〇〇ccもある四駆のワゴン車「チェロキー」に乗り込んだ木口は、まず支局から八百メートルほどにある双葉警察署の浪江分庁舎に向かった。

ここは、もともとは浪江警察署だった。前年に、富岡町にある富岡警察署と統合し、富岡署が「双葉署」、浪江署が「双葉署浪江分庁舎」と名称が変わった。

双葉署は、浪江町、双葉町、富岡町、大熊町、楢葉《ならは》町、広野町、川内《かわうち》村、葛尾《かつらお》村といった広大なエリアを管轄しており、その分庁舎のひとつになったのである。

災害や事件が起こった時は、まず警察に被害状況が真っ先に入ってくる。そこをカバーするのが、鉄則だ。

分庁舎は、浪江町のメインストリートである県道一六七号線沿いにある。ハンドルを握りながら、街角の風景を木口は撮り始めた。全壊、あるいは半壊した家があちこちに見えた。石垣が倒壊した家もある。

停電で信号も点いていない。コンクリートの壁や家屋が崩落し、何台もの自動車がその下敷きになっていた。人々はまだ立ち竦《すく》み、浪江の町は、不思議な静けさに支配されていた。

「怖い……怖い」

警察に辿りついた時、木口は泣きじゃくっている一人の若い女性を見た。庁舎の手前の駐車スペースに出て来て座り込み、顔を覆って泣き叫んでいるのである。

いつも分庁舎の受付の隣に座っている「交通安全協会」の人だ。日頃、顔を合わせている馴染みの女性である。かたわらでは男が、建物に向かって声を張り上げている。

「あぶねえから、出てこい。早く出てこい！」

分庁舎所長が、建物に向かって、大声で叫んでいるのである。まわりには、すでに建物から避難してきた警察官が数多くいる。

分庁舎は二階建てで、わずかにグレーがかったオフホワイトの建物だ。古い庁舎で激しい揺れに耐えられる建物とは言い難かった。

女性も、そして分庁舎所長のまわりに立っている警察官たちも、地震と同時に外へ飛び出してきたに違いない。

分庁舎所長が必死で避難を促し、その近くでは、若い女性が大地にしゃがみ込んだまま、われを失っているようすは、木口に強烈な印象を残した。それは、事態の重大さを余すところなく示す光景だった。

「こりゃ、しばらく情報収集など無理だ」

木口は、そう思った。

そうだ、津波だ。津波を撮らねば……。

警察に入ることをあきらめた木口の頭に、その時、「津波」という言葉が思い浮かんだ。

前日の三月十日、木口は、観陽亭での打ち合わせ通り、請戸《うけど》漁港で津波に備える地元消防団の姿を写真に撮り、出稿している。その記事は、福島民友新聞の相馬市、南相馬市、双葉郡を網羅する「相双版」に掲載された。

これほどの激震である。津波の危険性は、前日とは桁違いなはずだ。

(海に行かなければ……)

記者の本能がそう告げていた。木口の愛車チェロキーは、ただちに浪江分庁舎から反転した。

木口は、前日も、前々日も、請戸漁港に取材に行っている。地震が二日つづき、そのたびに請戸漁港で津波の警戒に当たる消防団員らの姿を写真に収め、話を聞いているのである。

この二日間は、「警戒」だけだったが、今日は本当の「津波」が撮れるかもしれない。木口は、浪江町の海岸部分にある請戸地区に向かった。

「津波が来る！　ここから出なさい」

浪江町は、福島県の浜通り地方のほぼ中央部にある。請戸地区は、浪江の代名詞ともいえる泉田《いずみだ》川（別名・請戸川）の河口に位置する集落である。

その河口に造られた河口港が請戸漁港だ。江戸時代には、江戸と東北、蝦夷との間を行きかう千石船が立ち寄る港として栄え、今は浜通りの沿岸漁業では欠かせない存在となっている。

毎年、秋になれば、シャケの簗《やな》漁が観光の目玉になる。浜通りの川には、この時期、川をのぼるシャケの姿が絶えることはない。

川の中に足場を組み、鉄製の柵で簗場をつくり、シャケを獲るのである。川幅いっぱいに網を流してたぐり寄せる地引網もある。

泉田川での簗漁を取り仕切っているのが泉田川漁協だ。

木口は、警察をあとにすると車を東に向けて請戸漁港を目指した。三キロほどの距離で、普通なら五分前後しかかからない。国道六号線を突っ切り、しばらく行って左折すれば、まもなく請戸漁港に着く。

だが、激震の影響で、道路には陥没箇所があちこちにあり、つぶれた家や塀も少なくない。木口は、慎重にハンドルをとって、請戸漁港に近づいていった。

「やっと請戸漁港に着き、まず一枚目の写真を撮ったのは、カメラの記録によれば午後三時七分です。漁協の前のところに水が溢れ出していました。おそらく水道管が地震にやられて破裂したんじゃないでしょうか。私以外は誰もいません。しかし、すぐに警察がやって来て、マイクで注意をされました」

木口は、まだ取材を始めたばかりである。しかし、激震のあとに津波が警戒されるのは当然だ。警察車両が避難を呼びかけにきたのである。

「大きい津波が来るぞ！　ここから出なさい」

拡声マイクを使って、パトカーがそう叫んでいる。明らかに木口に向かって呼びかけていた。

地元の警察官と地方紙の記者とは、ほとんどが顔見知りだ。地域に密着している記者と警察官は、仲間のようなものである。

「浪江のお巡りさんは、僕の車を当然、〝木口の車だ〟と知っています。僕が北側から来て車から降りて、海を左に見ながら写真を一枚撮ったところに、お巡りさんが前、すなわち南から来たわけです。明らかに僕に向かって言っていました」

ちょうどやって来た警察の指示に、木口は従った。

「請戸って、みなさんの住んでるところが、漁港から一段下がるんですよ。道路は下がっていきますから、住宅地のほうが低いんです。ちょうど地元の町会議員が、道路に可動式の津波除けの水門を出して、道を塞ごうとしていました」

津波除けの水門とは、高さが七、八十センチある陸閘《りくこう》である。低い方に流れ落ちていく海水を遮断するためのもので、台風で高潮が警戒される時などにも、道路に引っ張り出されてくる一種の「堰《せき》」のようなものだ。

警察のこの注意は、結果的に木口の命を救うことになる。

「その時にパトカーが来なかったら、ずっと請戸にいたと思います。お巡りさんは、道に津波除けの水門が敷かれると、僕が港から出られなくなるので、マイクで叫んでくれたんだと思います。もし、言われなかったら、たぶん死んでいたと思います。パトカーのお巡りさんとは、距離が三十メートルぐらいあったので、言葉は交わしていませんー」

木口だけでなく、ここを完全に呑み込むような巨大津波が来ることなど、この時、誰も予測していなかっただろう。すべては「念のため」だった。

「津波が来るかもしれない、と聞いても、頭の中で大きな津波が来るとは信じてなかったですよ。津波、津波、とさんざん言っても、これまで来たのは、実際には五十センチぐらいのものです。前年のチリ津波も大したことがなく、ちょっと溢れたぐらいです。古い漁師が、昔（一九六〇年）のチリ津波も、防波堤もあるし、ほとんど被害はなかった、と言っていました。三陸の方は、めちゃめちゃにやられましたが、浜通りはやられていないんです。たとえ津波が来ても、大したことないだろう、という固定観念があったと思います」

避難を呼びかけられても、木口は実際には焦ってはいない。それから三十分も経たない内に、請戸地区を大津波が襲い、警察官も含め、およそ二百人が犠牲になることなど、この時の木口に思い及ぶわけがなかった。

請戸を出た木口の動きはさらに加速した。

（一Ｆ《イチエフ》に行こう）

木口は、次に〝一Ｆ〟こと、福島第一原発を目指した。

地元紙にとって、原子力発電所は、重要な取材対象だ。原子炉の定期点検から事故発生に備えた訓練はもちろん、地元との交流イベントや、あるいは発電所内の桜が咲いても記事にしていく。

福島第一原発は、浪江支局の木口が担当している。福島第二原発は、富岡支局長の橋本徹の担当だ。

そのため、木口は、福島第一原発の吉田昌郎所長とは、いつも親しくさせてもらっている。飲み会やイベントがある度に、木口は駆けつけた。

所長とはとても思えないざっくばらんな吉田の性格が、木口は好きだった。

吉田所長は、中学・高校時代は剣道部、東京工業大学時代はボート部というバリバリの体育会出身者である。ラガーマンの木口には、特有の同じ〝匂い〟のする元スポーツマンだ。そんなところも親しみを感じていた理由かもしれない。

大阪出身の吉田は熱狂的な阪神ファンだ。一方、木口はヤクルトファンである。お互い贔屓《ひいき》チームの動向には敏感で、しかも妥協はない。

阪神の負けが込むと、木口は皮肉を忘れない。

「吉田さん、ここのところの阪神、いったいどうしちゃったんですか？」

そんなひと声をかけるのだ。すると、

「木口さん、僕はね、木口さんたちと観るところがちょっと違うんだ」

阪神の負けには触れず、吉田はこう言った。

「僕は、野球をエラーの数に注目して見てるんだ。野球ってのはね、最後はエラーの多い方が必ず負けるんだよ」

吉田所長は、そういった独特の野球論を披瀝《ひれき》してくれる。

「野球とは、最後はそういうものなんだ。原発も一緒だよ。どんな小さなエラーでも、多かったら、絶対に最後は負けるんだ」

木口は、自分に言い聞かせるような吉田所長のそんな野球の話を何度も聞いたことがある。

国道六号線より海側を南北に走る県道三九一号線は、地元では「浜街道」と呼ばれる。

ところによっては、急坂や急なカーブがあり、しかも道幅もまちまちで、地元の人間の生活道路の集積体のような道である。

地元に密着した人間でなければ、迷わず目的地に向かうことは難しい。木口は、浪江支局長となって、間もなく丸三年を迎える。浪江支局が取材エリアとする部分の浜街道は、隅々まで熟知している。木口はこの道を南下した。

対向車は、まったくなかった。四キロほど走って、一気に福島第一原発の正門付近まで来た。まだ午後三時二十分を少し過ぎたところだった。

浜街道は、そこで〝途絶〟していた。道路が陥没していたのである。ぱっくりと穴をあけた道に、一台のトラックが落ち込んでいた。いきなりできた穴を避けきれなかったのだろう。

第一原発のサービスホール（東京電力の発電所PR館）の脇に車を停めた木口は、車から降りて三十メートルほど走り、このようすを写真に収めた。強烈な光景だった。できれば原発の構内に入りたかったが、入構希望の車は警備員によってUターンさせられていた。

あれほどの地震である。原発も大きな打撃を受けているかもしれない。

原発の安全性を信頼している木口は、指揮を執るのが吉田所長なら大丈夫だろうと思いながら、それでも、不安は拭えなかった。

ちょうどこの時、福島第一の海側を津波の第一波が襲っていたことを木口が知るのは、ずっとのちのことである。正門は海とは反対側の西側に位置する。そんな異変が生じていることは、警備員も、もちろん木口も知らない。

ただこの時、不思議な水が溝から溢れ出ていたことが木口の印象に強く残っている。

浜街道の横に夥しい水量の濁流が現われていた。

（これは何だ。地下水が激震で溢れ出したのか）

木口は、音を立てて流れる水を見ながら、そう思った。

構内に入れない以上、ここにいる必要はない。木口の頭の中は、「津波を撮る」ということに占められていた。

しかし、そのことが自分の「命」を決定的な危機に陥れ、それがのちの自分の精神状態に大きな影を落とすことになるなどとは知るよしもなかった。

メトロノームのように揺れた電柱

富岡支局長の橋本徹は、大地が揺れ始めた時に、富岡から二十キロ近く離れた双葉郡の川内村にいた。四月に予定されている村議会議員選挙に備えて、村議たちの写真を撮りに来たのである。

川内村は、浜通りから阿武隈山地に分け入った山中にある。同山地の最高峰である大滝根《おおたきね》山の東側に位置しており、コメ、葉タバコ、畜産といった農林業を中心とする人口三千人弱の村である。

午後二時半に川内村に着いた橋本は、三時からの村議会での取材と撮影に備えて休んでいた。割山《わりやま》トンネルという隧道を抜けた先の小学校の跡地にできた公園である。乗ってきた愛車、グレーのマーチの中で、自販機で買った缶コーヒーをゆっくり飲んでいた。

（まだ三十分ある……）

風邪気味だった橋本は、この時、運転席のシートを倒し、少し眠ろうとしていた。うとうとしていた橋本の耳に聞いたことがないような警報音が突き刺さった。間もなく地震が来ることを伝える携帯電話からの緊急地震速報である。

（なんだ？）

一瞬、夢か現実かわからない橋本に、信じられない光景が飛び込んできた。ゴーッという大きな音と共に、車から見える電信柱が、メトロノームのように揺れ始めたのである。

「あっ、（電柱が）折れる！」

凄まじい揺れだった。

危ない！　現実に引き戻った橋本は、車から出ようとした。しかし、ドアが開かない。

車が〝ジャンプ〟しているのである。それは、トランポリンの上で、誰かが近くでピョンピョン跳んでいるために、「自分で自分を制御できない」ような感覚だった。やっとドアを開けた橋本は、右足だけをどうにか大地につけた。しかし、車が跳ねるような揺れの中で、とても外へ出ることはできない。

橋本は、右足を出したまま、そこで踏ん張っているしかなかった。建物から飛び出してきた何人もの女性が、道路のど真ん中で蹲《うずくま》る姿が視界に入る。

おそらく近くの住人か会社の従業員だろう。何か言葉を発しながら、彼女たちは道路に四つん這いになっていた。

「驚いたのは、やはり電信柱の方ですね。車のワイパーぐらいの速さで、本当にメトロノームのように揺れていたんです」

まるで昨日の出来事のように橋本は語る。

「電柱というのは、本当に柔軟なんだなあ、と思いました。あそこまで振れたら、普通、折れますよ。それだけじゃありません。もう山とか、森とか、すべてが揺れてるんです。自分で見えるかぎりのものが全部揺れているわけです。とにかく音もすごくて、ダンプカーがすぐ近くを通ったようなゴーッという地鳴りだったですね。木がぎしぎしと揺れる音も耳に入ってきました」

その時、橋本は、はっと気がついた。

家族のことである。四月に本社への異動が決まっている橋本は、妻（三四）が一時、福島市内の妻の実家に帰っていて、この日の午後三時に家の整理に富岡に戻ることになっていたのである。妻は二歳三か月の息子と一緒に帰って来る。

（大丈夫だろうか……）

橋本は、咄嗟にそう考えた。

すぐに携帯にかけてみた。幸いに、地震直後でまだ、電話が通じた。

「大丈夫か！」

妻はすぐに、大丈夫！　と、しっかりとした声で応じた。もう富岡の町に入り、自宅兼支局の近くまで来ていた。

「目の前の電柱が倒れそうになったけど……。停まったら、瓦が全部落っこちてきた」

妻はそう言っている。

「子供は大丈夫か」

「泣いているけど大丈夫！」

その声を聞いて、橋本はひとまず胸を撫で下ろした。子供が水疱瘡《ぼうそう》に罹っており、そのことも心配だったが、それより地震の揺れでケガをしていないことがなにより嬉しかった。

「私は、とりあえず富岡の家に行きます」

「わかった。じゃあ、俺も今から戻る」

もはや村議たちの顔写真を撮らせてもらうような場合ではなかった。橋本は、ただちに富岡町に取って返さなければならなかった。

川内―富岡間は、通常なら自動車で三十分ほどだ。しかし、帰りの山間部の道路には、あちこちに落石があった。ひどいところでは、道一面に細かな石が落ちていた。気が急《せ》いていた。被害の状況は、どうなんだろう。一刻も早く警察に行かなければならない。

支局に戻って妻子の安全を確かめたら、すぐに双葉警察署に行こう。そして地震のありさまと、被害の全容を確認しなくてはならない。

落石を避けながら、橋本のマーチはスピードを上げていた。幸い対向車はほとんどなかった。まだ人々が激震で動こうにも動けない中を、橋本はすっ飛ばしていた。

「川内から富岡までの道は、(日光の)いろは坂みたいなカーブだらけの山道なんです。途中、タイヤをキキーッと何回も鳴らしながら、ものすごいスピードで走りました。自然とアクセルを踏む足に力が入りました」

富岡の町に入ると、あちこちで道路に地割れが起こり、しかも、水が出ていた。おそらく水道管や下水道管が至るところで破れているに違いない。

あらゆる道路が寸断されていた。橋本は普段は通らない桜の名所として知られる、夜《よ》ノ森《もり》地区を通った。飛ばしたために、落石を避けながら来たにもかかわらず、川内村から四十分ほどで支局に着いた。

支局を見た時、橋本は驚いた。

富岡支局は、富岡川の土手沿いにある。眼の前には、富岡川に流れ込む用水路があり、支局との間にブロック塀があった。それが激震で用水路側に倒れ込んでいたのである。耐え切れず崩落したブロック塀が揺れの烈しさを物語っていた。

妻と子が乗るトヨタの白いエスティマが支局前の小さなスペースに停まっていた。妻子は、車の中にいた。

「パパ、パパ！」

先に二歳の息子が父親に気づいた。喜んで、橋本に向かってそう叫んでいる。

妻も橋本の顔を見て、安堵の表情を浮かべた。

「無事でよかった」

お互いにそんな声が出た。

よほどの恐怖だったのだろう。チャイルド・シートで乗せてきていた息子は、激震のあと、チャイルド・シートを拒否し、ずっと車を運転する妻の膝の上から離れなかったという。息子を抱えながら、そろそろと運転し、やっと支局に辿りついた、とのことだった。二歳の幼児でも、ただならぬ地震の怖さがわかったのである。

橋本は、息子をぎゅっと抱きしめた。

支局の中は、ひどい状態だった。築三十年以上になる平屋全体が傾《かし》いでおり、ドアもなかなか開かなかった。

室内は、あらゆるものが散乱していた。

液晶の薄型テレビは床に転がり、割れたガラスが散らばり、新聞や書類なども、ほとんど崩れていた。床は足の踏み場がなかった。

パソコンだけは、ノート型だったので、閉じたままデスクの上に載っていた。

橋本は妻に、自分はこれから警察に向かうから、実家に行くよう伝えた。支局にいるのは危険だった。このようすでは、どれほどの余震があるかわからない。

橋本の実家は、富岡支局管内の楢葉町にある。福島第二原発のすぐ近くで、距離にすれば四キロもない。橋本の父親は、今は退職しているが、もともと楢葉町役場の職員である。原発の担当をしていたこともある。

橋本は、原子力発電所の近くで生まれ育ち、物心がついた時から「原発のある風景」があたりまえだった。

その福島第二原発の近くにある自分の実家に行くように、妻と子に話したのである。ただちに、自分は取材に没頭しなければならない。いつ身体が空くか全く予想もつかなかった。余震をはじめ、このさき「何が起きるか」わからない。最前線で取材する橋本にとって、妻子に実家にいてもらった方がどれだけ安心かしれなかったのである。

つながった電話

「ああ、やっとつながりました!」

相双支社長の菅野浩が熊田由貴生記者の声を聞いたのは、おそらく地震から三十分以上経っていただろう。

激震に見舞われた時、相双支社の二人、菅野浩と熊田由貴生は、それぞれのアパートに帰って遅めの昼食をとっていた。

管内の中学の卒業式の取材に朝から奔走していた二人は、その仕事を終え、支社近くのアパートに戻って、一息ついたところだった。

菅野は、あの日のことを鮮明に記憶している。

「(相双支社のある)南相馬に私は単身赴任していました。アパート住まいです。支社からは歩いて十分もかかりません。私のアパートは(原ノ町)駅に近い栄町二丁目の方で、熊田君のアパートは市役所に近いところにありました。それぞれそこへ帰って、私はテレビを観ながらご飯を食べていたんです。あの日はちょうど石原都知事が都知事選に出馬することを表明する記者会見が開かれる日で、テレビの画面もその会見を待っているところだったと思います」

菅直人首相の外国人献金問題が発覚し、それに対する国会の厳しい質問がテレビ画面を通じて伝えられていた。菅野は、チャンネルをNHKと民放、あちこちに替えながら観ていた。

アパートが恐ろしい揺れに襲われたのは、その時だった。

菅野の部屋は二階建てアパートの二階である。炬燵《こたつ》をテーブル代わりにしていた菅野は、激しい揺れが始まった時、テレビが台から落ちると思ってこれを押さえた。

「旧式のブラウン管のものでしたが、すぐに飛びつきました。そのまま押さえていたんですが、揺れは収まらなかったですね。キッチンの方で何かが落ちる音がしました」

やっと揺れが止まり、台所に行くと、冷蔵庫の上に乗せていた電子レンジが、シンクの中に落ち、食器棚が倒れて炊飯器の置いてあるテーブルでかろうじて止まっていた。

食器棚の中で、食器類が割れていた。

(取材に行かなければ……)

菅野は、迷わずアパートのドアを開けた。

アパートは大家の自宅の敷地内にある。そこには、田舎の家らしく瓦葺《かわらぶ》きの蔵があった。その瓦がすべて下に落ち、割れていた。

(これは、相当な被害が出ているぞ)

菅野はそう思った。熊田の携帯に電話を入れたが、つながらない。菅野はすぐに消防署と警察に向かった。

南相馬消防署と南相馬警察署は、隣同士である。海から三キロほど離れた国道六号線と県道一二号線の高見交差点のすぐ近くにある。

災害時に情報を取るのは、警察と消防の二か所である。特に南相馬消防署がある建物には、相馬地方広域消防本部が置かれている。福島県の浜通りの北部「六市町村」をカバーする消防本部である。災害による被害の第一次情報を取るなら、ここしかなかった。

菅野は、日頃の地震対応の訓練も知っている。この南相馬消防署の二階には、消防本部の「対策本部」ができているはずだ。

いち早く到着した菅野は、二階に上がっていった。管内各所から無線で入ってくる情報が、次々とホワイトボードに書き入れられていた。

「喧噪《けんそう》状態ではなく、意外と冷静に、粛々とした感じでしたね。発生直後ですから、まだ被害の状況があまり来ていなかったからかもしれません」

菅野は、その足で隣の南相馬警察署に向かった。熊田から電話が来たのは、ちょうどその時である。

やっとつながりました！　という熊田の声を聞いて、菅野は反射的に、

「大丈夫か！」

と、声を挙げた。

「大丈夫です！　(揺れで) テレビが落ちてきました。足を少し痛めましたが、大丈夫です」

タフさと陽気さが売り物の熊田である。木口が言うように、熊田は〝疲れを知らない男〟でもある。菅野は「テレビが足に落ちてきた」という熊田の言葉が少し気になったが、声の元気さに不安を打ち消した。

「これから警察に向かいます」

熊田は、そう菅野に告げた。しかし、菅野自身がすでに警察とは目と鼻の先にいる。

「警察には、間もなく俺が着く。熊ちゃんは、市役所に行ってくれ。何か情報があるかもしれない」

菅野が応じた。

「わかりました。すぐ行きます！」

今にも駆け出しそうな熊田の返事だった。

「頼む！」

それが、菅野が聞いた熊田の〝最後の声〟になった。

第二章　助けられなかった命

押し寄せる津波

「津波を撮る」

木口拓哉・浪江支局長はその思いで、福島第一原発の正門前から原発の南にある展望台を目指した。緊迫した正門前のようすを写真に撮った木口は、津波を撮るなら福島第一原発の南にある「東電展望台がいい」と判断していた。

一九六〇年代から七〇年代にかけて、双葉郡双葉町と大熊町の海岸段丘に長らく槌《つち》音を響かせた福島第一原発の建設現場は、大量の土を生み出している。

この原発は、高さが二十メートルから三十メートルほどあった丘を、海抜十メートルまで掘り下げてつくられたものだ。

その工事の過程で出てきた膨大な土は、工事現場の南に堆《うずたか》く積み上げられていった。それがのちに「東電展望台」と呼ばれるものとなった。

この展望台には、一九九九（平成十一）年に死去した俳人・清崎敏郎の歌碑が建っている。

展望に　千鳥が翔《か》けり　海猫《ごめ》が舞ひ　　敏　郎

大熊町制三十周年にあたる一九八四年にこの地を訪れた清崎敏郎が詠んだ歌である。福島の浜通りは歌に詠まれるようにカモメが舞う景勝地が多い。

勿来《なこそ》海岸、久之浜海岸、小浜《こばま》海岸、相馬松川浦など、カモメときらきら輝く蒼い海は浜通り特有のものである。

その海岸線を望むには、東電展望台は絶好の地である。津波が本当に来たとしたら、これ以上、撮影に適している地はないだろう。

木口は、「よし、展望台に行こう」と、決めた。愛車チェロキーを駆って、陥没した浜街道を避け、西側から大きく迂回する道を通って、東電展望台に急いだ。

だが、疾走していた木口は、間もなく現われた風景に愕然とした。

(陥没だ)

またしても陥没だった。展望台へとつづく目の前の道路が完全に欠落していた。

無理だ……。

しかし、木口はそれでも展望台に行くことをあきらめなかった。

「よし、栽培漁業センターの方に行こう」

その時、木口に浮かんだのが、展望台のさらに南側に位置する栽培漁業センターだった。福島第一原発は、切り立った段丘を掘り下げてつくられたが、小浜海岸へとつづく段丘の途中に、一旦、低くなる場所がある。

そこに、県の栽培漁業センターがある。繁殖のためにアユやヒラメ、あるいはアワビといった海や川の幸の稚魚などの〝種苗〟を育て、海と川に放流するための施設である。

蒲鉾《かまぼこ》型の巨大なドーム状の建物の中では、稚魚たちが育てられている。木口は何度か取材に行ったことがあった。

あそこから海岸線をまわりこめば、展望台に辿りつくことができる。

地震発生以来、警察、請戸漁協、そして福島第一原発をあっという間にまわってきた木口は、さらに夫沢《おっとざわ》の海岸線にある栽培漁業センターに向かったのである。それは、驚異的なスピードと言えた。

いったん、西に進めたのち、木口はふたたび、海のある東に向かう町道に出た。栽培漁業センターにつながる小さな道である。道幅は四メートルもなく、車がやっとすれ違えるぐらいの広さだ。

町道わきに幅三メートルほどの細い川が流れている。

道の左側には、鬱蒼とした森が見える。川は右側だ。

木口は海を目指していた。アクセルをかなり踏み込んでいた。

（早く、早く……）

もうすぐだ。もうすぐ海に出る。道は、なだらかな坂になって下って行く。緩やかな左カーブだった。

その時だった。

バキバキバキバキッと巨大な力で何かが押しつぶされるような音が突然、聞こえてきた。車の窓は閉じているのに、この世のものとは思えない、凄まじい音が木口の鼓膜をふるわせたのである。

「あっ」

思わず木口は声を上げた。

突如として、砂煙のようなものが前方に巻き上がった。音はそっちから聞こえてくる。

なんだ、どうしたんだ。

猛煙が舞い上がる林全体が揺れていた。木口がその林の下に視線を落とした時、信じられないものが木口の網膜に像を結んだ。

ぐぉーという身の毛もよだつ音とともに、巨大な渦が樹々を縦に巻き込むように上がってきたのである。

その時、必死の形相でこっちに向かって走ってくる老人がいることに気づいた。腕には、孫らしい小さい子供を抱いている。そのうしろには、おばあさんらしい女性が走ってくる。

彼らの後方にある樹々が、大きく揺れていた。

津波だ！

撮ろうとしていた目的のものが「そこ」にあった。木口は、反射的にカメラに手を伸ばした。それは、記者としての本能だっただろう。だが、津波は木口に迫っていた。津波がぐるぐると、とぐろを巻きながら向かってきている。

実際にカメラを手に取ることはできなかったが、この反射的な行動が、のちに木口を苦しめることになる。

濁流だった。猛烈な量の海水が大きな口を開けて向かってきていた。老人の後方から、木口に向かって「死」が迫ってきた。

その時、濁流の中から車が飛び出してきた。まるで、津波の中からいきなり飛び出してきたような車があった。木口にはそう見えた。

それは、バンタイプの車だった。スライド・ドアが開いた。一瞬で、後方のおばあさんを拾ったかと思うと、猛スピードで木口の車の横を通り過ぎていった。

津波に追われていた車は、それでも、かろうじておばあさんを助けたのだ。

津波が迫っている。

間に合わない！

木口は、老人と子供を助けなければならなかった。しかし、木口の車は津波に向かって走っている。そこから、老人と子供を助け出すことは困難だ。

（無理だ！）

心の中で木口は叫んでいた。

咄嗟にブレーキを思いっきり踏み込んだ。そしてギアをバックに入れた。

キキーッ。

前へ向かっていた木口のチェロキーは、強烈な音を残して、恐ろしい勢いでバックを始めた。その時、老人と目が合った。

一瞬、絶望の色が老人の顔に浮かんだように見えた。

やられる。津波に呑まれる！

ぎりぎりで、木口の車は津波から〝脱出〟した。車を切り返した時、バックミラーに老人が波に呑まれる瞬間が映った。

（！）

波に足をとられ、孫を抱いたまま倒れる瞬間の老人の姿を木口はその目で見た。

「助けてくれ」

老人の声が聞こえてくるような気がした。

（なんてことを……）

なぜ、カメラに手をかけようとしたんだ。なぜ、最初から助けようとしなかったんだ。おまえは、なぜカメラなんかに手を伸ばそうとしたんだ。おまえは、なんで助けなかったんだ……。

津波から逃げながら、木口の頭の中を、そんな言葉がぐるぐるとまわっていた。おまえは何だ！　おまえはなぜ人を助けないのか！　おまえは記者である前に「人間」ではないのか！

死の恐怖にがたがた震えながら、木口はアクセルを踏みつづけた。助けられなかった命の重さが、運転席にいる木口の全身に覆いかぶさっていた。

「助けてください！」

「今、二人、津波に呑まれました。助けてください！」

顔面蒼白の木口が、大熊町役場二階の臨時災害対策本部に駆け込んできたのは、午後四時前のことである。

手が震えていた。いや足も震えていたかもしれない。とにかく必死だった。

自分が助けられなかった二人。バックミラーに見えたおじいちゃんと小っちゃな子供――「助けてくれ、なんとか助けてくれ」、そう思いながら、木口は必死にアクセルを踏んで、大熊町の災害対策本部までやって来た。

「津波が来た後って、雨が降るんですよ、局地的に。雨が降って、雪に変わったんですよ。津波から避難する途中に一度止まり、写真を撮りました。ファインダーを覗いて、手が震えながら撮っていたら、雨が降ってきて、雪に変わってきたら、もう怖くなってしまって……」

その時のことを考えると、木口は今でも冷静ではいられなくなる。喪われた命を惜しむ涙が、雨となって大地を濡らしたかのように木口には思えたのだろうか。

（あの二人が津波に流されたのを知っているのは、自分しかいない。なんとか助けて欲しい、なんとか……）

木口は、それだけしか考えられなかった。そして、やっと大熊町の臨時災害対策本部に辿りついたのだ。

真っ青になって「助けてください！」と繰り返す木口を見ても、災対本部はどうしようもなかった。

渡辺利綱・大熊町長をはじめ、災対本部にいる面々は、みな地元紙支局長である木口の顔見知りだ。総務課長や防災担当の課長たちも、木口の形相に驚きを隠せなかった。

「この辺です。お願いです！　助けてください。今、二人が津波に呑まれました」

必死で地図を指さす木口を見て、災対本部は救出のための消防団を手配するなどの対応をしてくれた。

「渡辺町長は、仲のいい町長なんです。知り合いが一杯いる災対本部に着いた安心感も、きっと私にはあったんだと思います。地図を指し示して、場所を教えて、助けてください、と訴えました。でも、その時点で、たくさんの人が津波で流されているから、なかなか手がまわらなかったと思うんです」

だが、木口の頭には、二人のことしかなかった。

「そもそも、僕自身が津波がある程度おさまった時に、そこに助けに行けたんじゃないか、という思いもあります。でも、怖くて、戻れなかったんです……」

木口は、あの二人を助けて欲しいと思うあまり、冷静さを失っていたのである。

「消防団員とも連絡がつかない」

「津波で熊川周辺は二キロもやられた」

逆に、対策本部の窮状を訴えられた。木口は、そんな話を聞きながら、手の震えが止まらなかった。

「なぜ助けられなかったのか、今も自分を責めています。ずっと責めてます。あの光景が忘れられないんです。濁流を見たあの時、反射的にどうしてカメラに手を伸ばしたのか。最初から迷いがなく、助けようとしたら、ひょっとしたら、二人を助けられたんじゃないのか、そう思えて仕方ないんです」

木口は、今も自分を責めつづけている。

「僕は卑怯なんです。そこから、僕は逃げたんです。僕が逡巡《しゅんじゅん》してなければ、二人は助かったと思っています。僕は請戸漁港でも、警察に出るように言われて、命を拾っています。そして、ここでも、人を助けられずに生き残ったんです。一度ならず、二度も命を拾っている。僕は、卑怯な人間なんです」

木口は、涙を浮かべながら、口を閉じた。

川を逆流する大津波

富岡支局長の橋本徹が、川内村から取って返し、妻子と会って支局の被害状況を確認した頃、相双支社の菅野浩支社長から電話が入ってきた。午後三時四十分頃のことである。

携帯がつながったり、つながらなかったりする中でのことだ。

「橋本君、大丈夫かい？」

相双ブロックのトップである菅野のおっとりしたいつもの口調が聞こえてきた。

「大丈夫です。浩さんも大丈夫ですか」

橋本だけでなく、記者たちは、菅野のことを、親しみをこめて〝浩さん〟と呼んでいる。福島民友新聞には、福島県には極めて多い「菅野《かんの》」姓が二十人近くいる。菅野さんと呼んでも、どの菅野さんかわからない。それもあって、皆、〝浩さん〟と呼ぶのである。

ああ、大丈夫だよ、と菅野は言った。

「無事で安心したよ」

直前に相双支社の部下、熊田記者との連絡がとれた菅野は、やっと橋本に連絡がついたことで、心底ほっとしたようだった。

「まず自分の身の安全を確保してから、取材してください」

菅野は、橋本に身の安全を確保してから取材するように改めて指示をした。災害時の取材で最もそれが重要であることは間違いない。

「はい、わかりました」

橋本がそう応えた瞬間だった。

バリバリバリバリ……という破壊音があたりを劈《つんざ》いた。

振り向いた橋本の目に飛び込んできたのは、川をさかのぼってくる濁流だった。

(なんだ、あれは)

橋本は、それが押し寄せた津波が川に沿って「のぼってきた」ものであることがすぐには理解できなかった。

バリバリバリバリ……音はまだつづいている。

「どうした? なにかあったのか⁉」

電話の向こうで菅野が叫んでいた。

「津波です、津波です!」

「大丈夫か!」

と、菅野。今度は橋本が叫んだ。

「大丈夫です! とりあえずいったん山に逃げて、それから取材します」

そこまで言った時、電話が切れた。

ツーツーツー……

携帯はつながったり、切れたりしていた。しかし、これ以降、橋本は会社の誰とも携帯がつながらなくなった。すべて「自分の判断」だけで動かざるを得なくなるのである。

目の前の濁流と轟音《ごうおん》に、夫婦は気が立っていた。ある意味、「われを失っていた」のかもしれない。

「(海とは逆の)西に逃げろ」

「西ってどっちよ」

「山だよ。山伝いの道が楢葉に通じているから、それを使って、とにかく実家に逃げろ。俺は、取材が終われば合流する」

子供は、妻にしがみついていた。橋本は、通称「山麓線《さんろくせん》」と呼ばれる山沿いの道なら、実家の楢葉に着けると考えたのだ。

橋本はそう言うと、富岡川の土手を橋に向かって走り出した。

濁流が支局から二百メートルほど下流にある「せきれい橋」にぶつかり、下流から運ばれてきた瓦礫《がれき》が橋脚に衝突していた。バリバリというのは、その瓦礫と、橋脚や欄干《らんかん》がぶつかり合う音だったのである。

富岡町の町の鳥は、鶺鴒(セキレイ)である。その名をとって「せきれい橋」と名づけられたこの橋は、町の中心部から富岡町役場や図書館、生涯学習館などの愛称「学びの森」へ行く途中に、必ず通る橋である。

ゆったりとした歩道が完備された、長さ七十メートルほどの橋だ。

幸いに、水は土手の高さまではまだ余裕があった。

(誰かが叫んでいる)

橋本は、橋脚付近で誰かが叫んでいるような気がした。よく見ると、瓦礫には家や車が入っている。これらに乗って流されてきた人が橋脚にぶつかって、助けを求めているのかもしれない。

土手を走っていく橋本の耳に瓦礫と橋脚がぶつかる音が次第に大きくなっていく。瓦礫はあとからあとから押し流されて来る。

普段の富岡川は、川幅が十メートルそこそこだ。だが、川原部分が広く、両側の土手と土手の間は、六十メートルはゆうにあるだろう。川原は、ほとんどが生い茂った雑草に覆われている。

今にも土手から溢れ出んとする恐ろしい水量に、橋本は圧倒されていた。次第に増してくる水かさを見ながら土手を走った橋本は、せきれい橋までやって来た。

叫んでいる声は、やはり「救助を求める」ものだった。川を流されてきた車の中に、助けを求める男性がいたのである。橋脚のお蔭で、そこに引っかかったのだ。

なんとか助けなくては……

すでに、五、六人が集まって橋の上から男性を助けようとしていた。シーツのようなものを結んで長くし、男性を引っ張り上げようとしているのである。

「周辺の住民の人たちと、対岸にある今村病院の人が必死で助けようとしていました。車は、三台ほど橋脚にぶつかって引っかかっていました。家も、何軒も流れてきていましたよ。外壁の色鮮やかな新しい家が激しく橋にぶつかっていたのが印象に残っていますね。水量もどんどん増えていきました。幸いに堤防から溢れ出ることはなかったですが、怖かったです」

水かさは、堤防から流れ出すぎりぎりまで上がっていた。濁流が六十メートルはあろうかという川幅いっぱいに、せり上がるさまは恐ろしかった。

無事、車の中の男性は救出された。

「もっとすごい津波が来るかも知れない。逃げたほうがいい」

集まっていた人々は、口々にそう言った。実際に、そのまま皆が山の方向に逃げていった。

だが、新聞記者である橋本は、山に逃げるわけにはいかなかった。これほどの事態だ。どうしても、双葉警察署に行かなければならなかったのである。

「死んでますか！　生きてますか」

富岡町の海沿いに住む人たちは、山に向かっていた。その車が数珠《じゅず》つなぎになった。しかし、橋本だけが逆方向を目指していた。

双葉署は、国道六号線に面する富岡町の中心地にある。海から一・五キロほど離れており、六号線の西側に位置する。支局と双葉署の距離は、五、六百メートルに過ぎない。

橋本は、午後四時には、薄いブラウンの煉瓦《れんが》張りのような双葉署に着いた。双葉署は、三階建てだ。側道から署の敷地に入った橋本は、誰かが屋上から拡声器で呼びかけているのに気づいた。

「屋上に避難してください。屋上に避難してください」

よく見ると馴染みの双葉署の警務係長である。彼が屋上から下に向かって声をあげている。

しかし、国道六号線を往来する車の騒音にかき消されて、なかなか聞こえない。耳を澄ませて、やっと聞きとれる程度だった。

「もっと大きな津波が来るという情報があります。皆さん、屋上に避難してくださ い」

　橋本の耳に「もっと大きな津波が来る」という言葉が入った。ついさっき見たせきれい橋での光景が思い出された。拡声器を使って何度もそう叫ぶ警務係長の声に、

（たしかに、さっきの津波で終わるという保証はない）

　橋本はそう思い至った。

　のちに知るが、津波は双葉署の手前二百メートルまで迫っていた。次にさらなる大津波があれば、双葉署も無事では済まない。屋上に上がれ、というのは大袈裟でも何でもなかった。

　橋本は、屋上に駆け上がった。百人ほどが犇《ひし》めく屋上で、双葉署の副署長を見つけた。

「どうですか、（被害の）状況は？」

　話しかけた橋本に、副署長は、

「ああ、橋本君」

　と応え、ぽつりとこう言った。

「無線で呼びかけてもつながらない署員がいるんだ……」

警察官に連絡がつかない――避難を呼びかけに町に出た署員にすら、無線で連絡がつかない。それは、「最悪の事態」を考えざるを得ない状況だった。

この時の落胆した副署長の表情が橋本の目には焼きついている。

「無事だといいですね……」

橋本は、そう返すしかなかった。

のちに双葉警察はこの津波で、「四人」の署員が犠牲になったことが判明する。未曾有の災害に対して、誰もが「命」をかけて職務と向かいあっていた。

そして、橋本は「海」に向かわなければならなかった。

まだ全貌をつかんでいない大津波の被害。しかも、さらに大きなものが本当に来るなら、新聞記者としてそれを記事として、写真として、きちんと報じなければならなかったのである。

「僕は、海沿いに取材に行ってきます」

橋本は、副署長にそう言った。命の保証はしないぞ、と副署長は即座に答えた。

「もっと大きな津波が来るかもしれないんだ。警察官として、命の保証はしない、それでもいいなら、行きなさい」

副署長も橋本の職務を知っている。それでも行くというのなら、止めることはできなかった。しかし、少なくとも、命の覚悟と、自分の身を守るために細心の注意を払うように告げたのである。

「わかりました」

橋本はそう応えると、下に降りる人に通せんぼをしている署員の間をくぐり抜けた。

橋本は、隣町の楢葉の生まれであり、しかも、富岡の支局長になって四年近く経っている。地元のことは隅々まで知っている。自分の命を守りながら、取材する自信はある。

橋本の頭に浮かんでいたのは、二日前の朝、相双ブロックの仲間たちと写真を撮ったあの観陽亭である。あそこなら、小浜海岸を見渡せるだけでなく、福島第二原発も遠くに望むことができる。

（あそこにさえ行けば……）

橋本はそう考えていた。

しかし、最初からその目論みは外れた。

観陽亭に行くためには、まず国道六号線を北に向かって富岡川を渡り、右折しなければならない。

しかし、六号線に曲がった途端に、そこは一面、泥と瓦礫の世界だった。国道そのものが塞がれていたのだ。津波が観陽亭に行く道を遮断していた。

想像を絶する津波の被害が目の前にあった。

津波は、富岡の市街地を広範囲に呑み込んでいた。圧倒的な泥と水と瓦礫が橋本の前に立ちはだかっていた。

Uターンを余儀なくされた橋本は、今度は逆の南に向かった。富岡駅に向かう道も瓦礫で覆われていた。

（六号線から海に近いエリアはすっかりやられている）

思いもよらなかった事態に、橋本は打ちのめされていた。ようやく辿りついたのは、富岡町最南端の毛萱《けがや》地区を見渡せる高台である。

福島第二原発の北に隣接する同地区は、すでに大津波によって〝水没〟していた。

午後四時二十分、橋本は一面、水に覆われた毛萱地区のようすをカメラに収めた。

段丘上になった高台から、第二原発も撮った。得体の知れない静けさが漂っていた。

高台には、毛萱地区だけでなく、周辺の集落の人が逃げてきていた。橋本は、ふと、一人の男性が涙を流して悄然と立ち尽くす姿が目に入った。よく見ると、富岡町の町議会議長である。

彼が言葉も発せず、ただ涙を流していた。

「どうしたんですか」

もちろん、橋本とは顔見知りだ。声をかけてきたのが橋本であることに気づいた議長は、

「見てみ。車の中で死んでるだろ」

そう言って、ある一点を指さした。

線路の高架下に、毛萱地区に通じる道路がある。しかし、道そのものが、水没していた。その水上におなかを出して引っくり返っている車が見えた。

目を凝らすと、手が窓に張りついている。中でおばあさんらしい女性が死んでいる。

そのことだけは、かろうじてわかった。

「助けられない。さっきまであそこに津波が……」

議長は、そう呻いた。あの車の中に誰がいるのか、それが議長にはわかるのだろう。

「一一九番してくれ」

議長は橋本に頼んだ。

「はい、わかりました」

何度かかけると、一一九番がつながった。

「死んでますか、生きてますか」

橋本の説明を聞いた通信司令室の消防隊員は、そう問うてきた。

死んでますか、生きてますか——橋本はその問いに衝撃を受けた。そして、

「おそらく死んでます」

と応じた。しかし、答えは過酷なものだった。

「申し訳ありませんが、救助優先なので死んでいる人のところには行けません」

返事に窮する橋本の電話を、通信司令室の消防隊員は無情にも切った。

ツーツーツー……

無機質な電話音が橋本の鼓膜に響く。今度は、橋本が茫然とする番だった。

「救助優先だから」

亡くなった人に構ってはいられない。それは、そういう意味である。通信室とのやりとりが、橋本の頭に谺《こだま》していた。

「死」があたりまえとなった地では、すべてに優先されるのが「生」である。生きる可能性のないものは、切り捨てられる。

無慈悲な現実が、自分が立っている地の譬《たと》えようのない苛酷さを物語っていた。

「じゃあ議長、役場に行きますから」

橋本は、ようやくそう言った。

「俺は、ここでできる限りの救助と救出をしていく。町長には、（自分が）遅れていくって伝えてくんねえか」

議長は自ら、できるだけ地元の人間の救助にあたろうとしていた。その「伝言」を橋本に託したのである。

「わかりました。必ずお伝えします」

そう言い残すと、西の空が茜《あかね》色に染まる中、橋本は非常時の役場の機能が集中する町の「文化交流センター」（通称・学びの森）に向かった。

第三章　救われた命

「こっちに来るな！」

「大津波警報が出ております。海には近づかないでください。大津波警報が出ております。海からできるだけ離れてください」

カーラジオからは、緊迫したアナウンサーの声が流れていた。

（津波か。まあ、大丈夫だろう……）

二〇一一年三月十一日午後三時過ぎ。福島県の浜通りを南北に走る国道六号線を南下する軽トラックがあった。

大工の阿部清（六一）は、相馬市の建設現場からその時、南相馬市烏崎の自宅に向かっていた。阿部の家は、妻と息子夫婦、そして小学生の孫二人という六人構成だ。息子は家の近くの漁業組合に勤めているから、自分より早く家に帰っているだろう。しかし、あれだけの地震である。小学校に通う孫は、下校時はバスで帰ってくるので、それが気になっていた。

（まさか、家に帰ってはいがねえべ……）

阿部は、そう思いながら、ハンドルを握っていた。カーラジオからは、ＮＨＫのアナウンサーの緊迫した声が聞こえてくる。繰り返し、津波への注意を訴えていた。ものすごい激震だった。家族の様子が気になる。

（まあ、ここには津波は来ねえからな）

大津波警報を伝えるラジオを聴きながら、それでも、阿部は、津波の心配はしていなかった。この地に津波が来るなんて、考えたこともなかった。

「ここは遠浅だから、津波は来ねぇんだ」

自分が知るかぎり、どの年寄りも、そう言っていた。福島には津波は来ない。それは、阿部に限らず、この地に住む誰もが思っていたことだった。

津波とは、せいぜい「数十センチ」のものであり、堤防を越えるような波がやってくることなど、「あるはずがなかった」のである。少なくとも「この日」までは――。

阿部の住む鳥崎は、南相馬市の鹿島区に位置する。平成十八（二〇〇六）年のいわゆる〝平成の大合併〟まで、ここは、相馬郡鹿島町の鳥崎だった。

合併以後、南相馬市鹿島区となり、旧鹿島町役場は、鹿島区役所となった。

鹿島区を流れる全長四十一キロの真野《まの》川は、阿武隈山系の水源から太平洋に注ぎこむ川である。河口の幅がおよそ百五十メートルという二級河川だ。上流の飯舘村には、大滝や鍾乳洞もあり、紅葉の名所としても知られる。

烏崎は、この真野川の河口にある。

河口から四百メートルほど入って左にまわり込んだところには、真野川漁港がある。旧真野川河口を利用した独特の漁港で、沿岸魚のイカナゴや、カレイ、サケ、貝類など、年間およそ千三百トンの水揚げをおこなっている。

真野川河口から二キロほど南にある東北電力の原町火力発電所までの美しい海岸線を含む地区が烏崎だ。

河口から、北には「右田浜《みぎたはま》海水浴場」、南は「烏崎海浜公園」で、海浜公園は、烏崎の堤防の浜側にある。遠浅の海で海水浴やサーフィンを楽しむことができる美しい砂浜である。堤防によって海から守られた烏崎地区は、東に太平洋の水平線、北に真野川、南に原町火力発電所、西に豊かな田園を望む地だ。

阿部の運転する軽トラックは、国道六号線から左折し、広い田園地帯に入った。あとは海のある東に向かって一直線である。

県道七四号線と交差する信号を過ぎ、自宅まで数百メートルとなった時だった。阿部の目に、海側を背にした若い背広姿の男が映った。

（なんだ？）

若い男は、ちょうど阿部の家の前あたりに立っている。カメラみたいなものを首にぶら下げているような気がした。その彼が、何かこっちに向かって叫びながら、手で合図をしていた。

（なに言ってるんだべ？）

阿部には、若い男が何を言おうとしているか、わからなかった。だが、必死で何かを伝えようとしているのは確かだった。

（来るな？　来るなということか……）

若い男は手を振り、そして両手を交差させた。阿部は、男が×をしているのがわかった。

あと百五十メートルほどである。阿部は思わずブレーキをかけた。車は停まった。

その時、若い男の背後に、キラリと光るものが見えた。

（うん？）

それは、空にきらきらと輝く雲のようなものだった。飛行機雲だろうか。阿部には、高い、高いところに光る雪のような「雲」に見えた。

（！）

次の瞬間、阿部は息を呑んだ。

それは、雲ではなかった。雪でもない。

波である。巨大な津波だった。

「車を停めた瞬間に、〝何してるんだべなあ〟と思って、上を見たら、白い雲みたいなやつが、きらきら、きらきらきら、輝いたんだ。あれ、なんだあ、この白い雲は、と思って、ハッとしたんだ。でも、雲ではなかった。波の先端だったんだ。もう、ものすごく高い、波だったな」

想像を超えた途方もない波が押し寄せてくる瞬間が見えたのである。

「ダメだ。間に合わない！」

軽トラックをバックさせて、切り返した阿部は、合図を送ってくれた若い男の方を見た。しかし、彼は阿部には「来るな」の合図を送りながら、自分はこっちへ来ない。

（なぜ、走って来ないんだ！）

阿部がそう思った時、若い男は、顔を右にふり向けた。方角で言えば、北である。

阿部の視界に、若い男が見た方向に二つの人影が見えた。市役所の茶色っぽい服を着た二人だった。

「走って来るんでもねえ、歩いて来るんでもねえ。あの時、走ってくれば、俺の車にその若い男の人は、乗れたんだけども……」

阿部には、若い男がその二人を置いたまま走って来られないのではないか、と思えた。

「その二人を置いて来られなかったんだと思うんだ。自分だけ助かるわけにいかなかったんだと思うんだ。だから北の方向を二回ぐらい見たんだ。私のところまで跳ねてくれば、充分、間に合ったの。充分、間に合うくらいの時間があった。ところが、走って来なかったからな、私のところに」

阿部は、ハンドルを切って、もと来た道に向かって走り出した。

巨大な津波がすべてを呑み込もうとしていた。しかし、県道七四号線と交差する信号まで戻ってきた時、阿部はなぜか左、すなわち南に曲がった。

このことが阿部の命を救うことになる。そこから南に数百メートル行けば、高台がある。

巨大な津波は、内陸に四キロも押し寄せ、そのまま国道六号線をも越えている。まっすぐ西に向かっていれば、阿部は津波から逃げ切ることはできなかったに違いない。

「これはダメだ、助からない、と思ったの。あれは、なんていうんだべね、今でもそこはわからないんだけど、普通だらば、いま来た道をまっすぐ逃げっぺした。それが、なぜか南の方に曲がったんだ。波は南の方からも来てたのに、南の方に行ったんだ。南には、高台があるのよな。山沿いに、お墓とかな。普通だらまっすぐ逃げるんだけんども、なぜか、この南の方さ向かったんだよな。自分でもわからないんだけど、それで、助かってる」

なぜハンドルを南に切ったのか、今でも阿部には説明ができない。もし、あの時、若い男の合図に気づかずにそのまま突っ込んでいたら……。そして、Uターンした後、ハンドルを南に切らなかったら……。

阿部は、不思議な運命によって、自分が「生かされたこと」をしみじみ感じるのである。

行動を共にしていた職員

阿部が、自分の命を助けることになる合図を送ってくれた若い男が、福島民友新聞の熊田由貴生記者であることを知るのは、ずっとあとのことである。

それは、阿部の息子が真野川漁協に勤めていたことによる。

「息子は熊田君が取材に来てたことも知ってるのよ。息子は熊田君と、これ以前にも二、三回会話を交わしたことがあるって。この時も、漁業組合から息子が避難する時、熊田君のことを目撃してるんだ。熊田君がどこに車を停めたかも見てるのよ。ほんで、北の方から避難してくる女の人も熊田君のことを目撃してるのよ」

熊田のことを目撃した人々と、阿部に合図を送った若い男の姿が「一致」したのである。

菅野浩支社長から「(南相馬)市役所に行ってくれ」と言われた熊田が、なぜ市役所から五キロも離れた鹿島区の烏崎にいたのかは、謎だ。

おそらく南相馬市役所に行った熊田は、混乱の極みだった市役所での取材をあきらめ、その足で烏崎に向かったものと思われる。

謎を解く鍵は、地震当日の新聞紙面にある。熊田は、その日の朝刊に前日の津波注意報発令の記事を写真付きで報じていた。

〈津波に警戒強化　注意報発令　海浜公園を封鎖〉

そう題された二〇一一年三月十一日付の福島民友新聞「相双版」の熊田の記事には、こう書かれている。

〈県内で9、10の両日に相次いだ地震では、津波注意報が発令され、相双地方でも海岸をパトロールするなど警戒を強めた。

南相馬市鹿島区の烏崎海浜公園では、9日、津波注意報発令後、駐車場入り口を一時封鎖した。入り口を封鎖するゲート（真野川漁港陸閘《こう》施設）は昨年3月末に県が設置、今回の注意報を受け、初めての使用となった。封鎖作業は市に委託され、地元消防団が発令後、迅速に入り口を閉ざした。

相馬地方消防本部や地元消防団らはサーファーや釣り人らへ海岸から離れるよう注意を呼び掛けた。10日の注意報発令後も、同公園は封鎖された〉

熊田記者の記事には、三月十日午前七時三十分に撮影された「封鎖された烏崎海浜

「二人が、住民の避難誘導をしていたという目撃談がありましたね。最後の目撃者は、かなり混乱していたので、たぶん、そうだったんじゃないかという情報でした。職員の制服は、グレーにベージュがかった作業服みたいな洋服です。その上に防寒着を着てますが、これも同じような色です。いずれも避難された方々の目撃談でした」

大谷は、この日の朝、同区役所産業課の職員がもう二人、現地に行っていたことを明かす。

「真野川漁港のすぐ北側にパークゴルフ場があり、ちょうど修理をおこなっていたんです。そちらの方に、パークゴルフ協会の人と一緒に、産業課の職員が二人、行っていたんですよ。こちらの二人は、地震後、無事、帰ってきました。避難して帰って来る途中で、道路がガタガタで、大変だったそうです。車が渋滞していて、通常の道路を走れなかった、と言っていました。地元の人間なので、裏道を通って、なんとか来れた、とのことでした。この人たちも、危なかったそうです」

津波警報によって山の方へ逃げようとする人、逆に、家族が心配で海の方に向かう人と、さまざまな人がいた。渋滞が起こった中で、車の誘導をしていた人間の姿も目撃されている。一度、高台に上がって、それから自宅に戻って亡くなった人もかなりの数にのぼるという。

「消防団の中でも亡くなった方がおられます。新聞記者らしい人が避難の誘導をしていた、という話も、避難所であったようです。鹿島区役所で亡くなった二人は、責任感の強い人でした。最後まで仕事を全うして亡くなった、と私たちは認識しております。一人は二日後に、もう一人は一か月後まで（ご遺体は）見つかりませんでした」

地震直後に鳥崎を発った職員二人は無事、帰って来ることができたが、あとから駆けつけ、住民の避難の誘導に当たった二人は、大津波の犠牲となったのである。

そして、熊田記者は、津波対策に従事するこの二人と行動を共にしていたと思われる。

第四章　目の上の津波

「危ない！」

「あっ」

凄まじい津波に向かう漁船を撮りつづける自分の命が「危うくなっていること」を知ったのは、いつだっただろうか。

気がつけば、海は、自分の目の高さより遥かに高くなっていた。身長百七十五センチ、体重九十六キロという巨漢、福島民友新聞の小泉篤史・相馬支局長は、津波と闘うファインダーの中の漁船を追うことにいつの間にか没頭していた。

のである。

（頑張れ、なんとか切り抜けろ！）

小泉は心の中で、ファインダーの中の漁船に声を上げながら撮影をつづけていたのである。

大小の島が点在し、南北五キロ、東西三キロの細長い入り江である松川浦。日本百景のひとつに数えられ、県立自然公園にも指定される風光明媚な湾である。

潮干狩りや海苔《のり》の養殖で知られる松川浦の太平洋への入口に近い相馬市尾浜《おばま》の埠頭で、小泉は巨大津波と向き合っていた。

小泉も、激震のあと津波を撮りに海に向かった一人である。二日前に観陽亭に集まった相双ブロックの記者五人の中で、最も北に位置する地の支局長だ。

相馬支局の中で地震に遭遇した小泉は、地震のおよそ三十分後には、支局から五キロほど離れた松川浦に辿りついていた。そして、間もなく大津波と対峙するのである。

「左を見れば松川浦大橋、まっすぐ見れば、松川浦がはるかに広がる尾浜の埠頭で、写真を撮っていました」

と、小泉。松川浦は、北側に幅二百メートル近い海峡が口を開けており、漁船はここから広い太平洋へと出ていく。上には、松川浦大橋がかかる浦口である。小泉が立つ埠頭は、海へ出ていく船を眼の前で見ることができる場所だった。

「右手から来た船がすぐ前を通っていくんです。これは絶好のポイントで、何かある時はいつもここ、という風にあらかじめ決めていました」

松川浦漁港（相馬双葉漁業協同組合）からも三百メートルほどしか離れておらず、取材にも便利だった。観陽亭で話し合った津波の撮影——小泉には、すでに自分自身の撮影ポイントが存在していたのである。

「真っ先にここに着いた時には、何もないなと思って、地震で崩落した近くの家をまず写真に撮って、次に相馬市役所に行こうと思って、中村第二小学校の前まで一度戻ってきたんです。小学校の前にあるローソンの中がぐちゃぐちゃになっていたので、その写真を撮っていたら、目の前を消防団の車が海のほうへ向かっていった。これは、消防団の写真を撮らなければ、と思い、市役所に行くのをやめて、すぐ海の方に引き返してきたわけです」

再び小泉は、尾浜の撮影ポイントにやって来た。

「どこかで消防団の車とは、はぐれたんですが、撮影ポイントに来たら、すでに〝沖出し〟をしていたので、その漁船を撮り始めました」

沖出しとは、津波から逃れるために漁船を沖に避難させることである。ほとんど海との境界に近い埠頭に立っていた小泉と漁船との距離は、七、八メートルに過ぎない。

まさに目の前である。

だが、その漁船は一向に前へ進まなかった。

(なかなか進まないなあ……)

小泉は、そんなことを考えながら、ファインダーから目を離さず、シャッターを切りつづけた。

だが、それからわずか一、二分で事態は大きく変わった。

「なかなか進まない」どころか、船が逆に押し戻されていくのである。

それは、津波というより凄まじい〝激流〟だった。みるみる海面が高くなり、押し戻す力が、何倍、いや何十倍にもなっていったのだ。

「船が転覆しそうな勢いで、こっち側から甲板が丸々見えるほど傾きました。さっきの平面の海から、すでに激流に変わっていました。ほんの二、三分で、まるでようすが変わっていました」

エンジンを全開にして、船はもがいていた。必死で沖に向かおうとしていた。

(がんばれ、がんばれ!)

小泉は、知らず知らず、ファインダーの中で一緒に津波と格闘していた。

「がんばれ、がんばれというか、とにかく〝抜けて〟もらいたいという思いです。でも、心の中では、ダメだろうなと、これ、転覆するよな、という風に感じていたと思います」

そんな必死の思いでファインダーを覗いていると、自分のいる場所の〝現実感〟を失ってしまうものである。この時の小泉が、まさにそうだった。波の飛沫《しぶき》が身にかかっているかどうかも小泉にはわかっていない。

小泉のいる場所は、埠頭だ。海との間には、車止めのブロックしかない。つまり、津波が埠頭を呑み込めば、それで小泉の命は終わりだ。

だが、小泉は不思議なことに命の危険を感じてはいなかった。この時、小泉は、ふとファインダーから目を離して、左の方角を見た。結果的にこのことが小泉の命を救うことになる。

「自分から左、つまり松川浦大橋のほうを見たんです。すると、こっちに向かって車が流れてくるのが見えました。たぶん、漁協の方から流れてきたやつだと思うんですけどね。よく見てみると、車だけでなくコンテナとかも流れてくるんです」

小泉の左側、すなわち太平洋に近い埠頭を、津波はすでに乗り越えていたのである。

その時、小泉に〝色彩〟の感覚が戻った。ファインダーではなく、実際の目で見る風景の「色彩」である。

「波が、真っ黒なんです。そしてふたたび船を見ると、完全に危険な状態になっていました」

この色彩が小泉に、現実感を取り戻させたのかもしれない。この時、はじめて小泉は、目の前の波が自分の背丈より高くなっていることに気づくのである。

「それでも写真を撮りましたが、完全に自分の背丈より高いところに海面があるんです。のちに新聞にその写真は掲載されました。〝表面張力〟か何か知りませんが、私がいる埠頭を呑み込まずに、海面だけが、私の背丈よりかなり高くなっていましたね」

小泉の身長は百七十五センチである。その身長より海面が遥かに高くなっていたのである。

「普通に肉眼で見て、自分より波が高いので、あっ、ダメだと、思いました」

小泉は、この時まで、自分の生命が危うくなっていることより、「漁船が一体どうなるのか」ということの方に関心が奪われていたのである。

「自分の方に波が来なかったのは、たぶんその表面張力だと思います。ただ、運がよかっただけだと思いますね」

小泉は、ここに至って、やっと埠頭から離れることに決めた。

自分の左手から押し寄せた津波は、とっくに陸地を突破して、コンテナや自動車を松川浦に流し込んでいる。たまたま、自分のいるところは表面張力で助かっているだけだったのである。不思議なことに、小泉はその時まで、色彩だけでなく、「音」も失っていた。

「すごく静かだった気がするんです。途中でサイレンが鳴り始めまして、船を撮っている最中にサイレンの音が聴こえたのは覚えています。この段階になっても、たとえば家が流れるような津波が、絵としてまったく想像できていなかったんですね。不思議です。おそらく海面は、表面張力で、自分より遥かに高い三メートルか、四メートルぐらいになっていたと思います。目の前七、八メートルでのことですので、今でも助かったのが不思議です」

埠頭のうしろに駐めていた車に戻った小泉は、そこから脱出を試みる前に、もう一枚、海に向かって写真を撮っている。しかし、それは、ピンぼけだった。

マニュアルでピントを合わせるタイプの小泉が、それを合わせずにシャッターを切ってしまったのである。相当、慌てていたのだと、今になって思う。

小泉は、そのまま車で二百メートルほど先の高台まで行った。海抜でいえば、十数メートルに過ぎない高さである。

もう数分遅れていたら、そして、近くに十数メートルの高さとはいえ、この高台がなかったら、小泉は命を落としていただろう。

ここでも、小泉は運に恵まれている。

「実は、相馬支局は、つい一週間前に引っ越したばかりだったんです。引っ越す前の支局時代に、この高台にある栄荘という旅館によく風呂に入りに来ていたんです。私は体重が当時九十六キロほどあって、引っ越す前の支局の風呂がちょっと狭すぎたんです。それで、三日に一回は、ここの旅館に日帰り入浴に来ていました。それでこのあたりのことが詳しかったんで、栄荘を目指して（津波から）逃げることができました」

迷うことなく、埠頭から真っすぐ栄荘を目指したために、小泉は助かったのである。

福島民友を救う「一枚の写真」

一気に栄荘まで走り切り、奥のスペースに車を停めた小泉は、カーナビのテレビに目を吸い寄せられた。

真っ黒な津波が、田畑を呑み込んでいくさまを画面は映し出していた。

（これは……）

ひと息ついている場合ではなかった。凄まじい勢いで、大地を呑み込んでいく津波の姿である。それが、テレビの画面にもう映し出されている。いや、これは、生中継だ。

マスコミが、被害の全容を最前線で「捉えて」いるのである。命が助かったとほっとしている場合ではなかった。

（仕事だ！）

小泉は車から飛び出した。栄荘のある高台に続々と人が集まっていた。まわりから、命からがら逃げてくる人たちである。

近くには、栄荘のある高台以外、津波から逃れられる場所はない。ついさっきまで小泉がいた埠頭は、すでに完全に海中に没していた。

小泉は、あたりを見まわした。漁協の職員が担架に人を乗せて走って来るのが見えた。

自分が来た坂道を振り返ると、いま通った道がすっかり水の中に沈んでいた。乗用車や軽トラックが何台も水に浮かんでいる。

「自分がいたところは、二分ぐらいあとに水没したと思います」

小泉は海面の表面張力が崩れた瞬間を知らない。しかし、相馬市で津波で亡くなった四百数十人のうち、およそ三分の一は、小泉のいた地区での死者である。

周辺で唯一生存できるポイントは、この高台しかなかった。小泉が命を拾ったのは、偶然であり、また、運命であったのかもしれない。

咄嗟の判断が必要な時、普段、栄荘で「風呂に入っていたこと」が役立ったことに対して、小泉はこう言った。

「それは、引っ越す前の狭い支局の風呂に感謝するしかないですね」

小泉らしい表現だが、多くの犠牲者が出ている以上、自分が命を拾ったことを幸運だったとは、地元に密着した記者として言うわけにはいかなかった。

その時、坂の上から滝のように水が流れてきた。

（……）

なぜ、上から水が流れてくるんだ。小泉にはわけがわからなかった。

小泉は、午前中にあった県下一斉の中学の卒業式取材のため、黒の背広姿である。その上に、防寒のためにブルーのスタジアムジャンパーを着ていた。水流が小泉が履いている革靴を洗っていく。奇妙な現象だった。

高台に向かって、あちこちから津波は登っていた。高台の向こうは、太平洋側に面している。そこからも水が駆け上がっていったに違いない。その水が、反対側に水流となって落ちてきたのではないか。小泉はそう思った。

流れ落ちてくる水をものともせず、小泉はさらに高い場所に行き、写真を撮ろうとした。

これまでとは逆の北側、すなわち太平洋に面する相馬市の原釜《はらがま》地区の側をカメラに収めようと思ったのである。

やっと原釜一帯が見渡せる位置まで来た時、小泉は、言葉を失った。

住宅地帯であるはずの原釜は、すでに津波に没していた。遠くに相馬共同火力発電新地発電所の背の高い排気塔が見えた。その排気塔まで二キロ以上はあるだろう。

見渡すかぎり、そこまで津波と地震に破壊されていた。

手前には、ゆっくりと津波に流されていく家屋、その向こうでは、真っ赤な炎を出して家々が燃えている。

音のない世界だった。小泉には、静寂の世界で、現実感のない情景が展開されているように見えた。

（すげえ）

逆に、小泉は、そんな思いに捉われていた。

った。

「まいったなあ……」

思わずそんな独り言が小泉の口から洩れた。だが、感傷に浸っている場合ではなかった。

小泉は、その信じがたい現実にレンズを向けた。

水があり、破壊された家や燃えている家があり、さらには流されていく家もある。その向こうに発電所の塔が屹立している光景に向かって、小泉はシャッターを切った。

「倒壊家屋を入れ込まないでそのまま撮ると、ただの水面になっちゃうので、敢えて崩れた家を入れました。それから、破壊された建物の看板を意識しました。〝相双信用組合〟という看板が見えたので、これも入れて撮りました。セメントの壁が津波でぶち抜かれ、建物自体が空洞になっていたビルです」

それは、津波の惨状を示す凄絶な一枚となった。この一枚の写真が、福島民友新聞にとって、極めて貴重な写真になることは後述する。

小泉は、どの程度、生命の危険を感じていたのだろうか。

「命のことを考えたのは、もう水がある程度引き始めた時だったでしょうね。津波の勢いが凄い時は、あんまり、わからなくて……。怖いとは、正直思わなかったんです。とにかくやることがいっぱい浮かぶので、そっちしか考えてなかった気がします」

それよりも、と、小泉が打ち明ける話は興味深い。

「なんで（命が）怖いと思わなかったのかを考えると、それは、電池なんです」

それは、小泉らしい独特の考えである。

「その日卒業式があって、なおかつ船を撮って、カメラのリチウム電池が、ほぼなくなってしまったんですよね。それを私は二つ入れてるんですけど。ほとんど空になって、しかも寒いので、さらに弱くなるんですよね。それで脇の下に電池を挟んだりして、そういうことをしながら、騙し騙し、何回も差し込んで写真を撮っていたんですよ。温めればつくかなあ、ぐらいで。こんな時に、電池がありませんでした、と言ったら怒られるよなと思いながらやってました。そっちが心配だったんです」

命より電池――いかにも、ひょうひょうとした小泉らしい言い方である。小泉は、郡山市の生まれで、早稲田で演劇生活に明け暮れ、大学院も経て福島民友に入社した時は、年齢が二十七歳だった。ジャーナリスト生活を始めるにあたって、これほど道草を食った記者も珍しいだろう。

「あの時、人にものを聞くのがためらわれたことを思い出します。水につかった家の上のほうにいる人と下のほうにいる人で会話をしている絵とか、崩れた家の前と別の家の上に立ってる人が、下と上で会話をしているものとか、そういう写真を撮りました。いやあ、おまえのところはどうだ？　みたいな話をしているわけですが、本当はその人たちに話を聞くべきですけど、あの時、人に声をかけるのがためらわれて、本来聞くべき名前とかそういうことを聞いてないケースが正直あるんですね」

小泉にとって、それは悔いを残す取材でもあったのだ。

この時、小泉の頭を占めていたのは、「写真を送らなければ……」という思いである。

支局に帰って、なんとか本社に写真を送らなければならなかった。

しかし、周囲が完全に津波に破壊されている場所から、どう脱出し、およそ五キロ離れた支局まで、いかにして辿りつくかが問題だった。

第五章　堤防を乗り越える津波

「逃げろ！」

（まさか……）

その瞬間のことを熊田記者の友人でもある毎日新聞記者、神保《じんぼ》圭作（二五）は忘れることはないだろう。神保は、毎日の福島支局員で、南相馬通信部にいた。

それは、百メートルほど離れた堤防を波がまさに「乗り越えてくる」瞬間だった。

あれは、三月十一日の午後三時二十分をまわった頃である。

飯舘村の施設「きこり」で岩盤浴に入っていた神保は午後二時四十六分、地震に遭遇した。すぐに浴場を飛び出した神保は、南相馬に向かっている。

飯舘と南相馬をつなぐ八木沢峠を越え、土砂崩れや、岩などがごろごろしている落石地帯をものともせず、地震発生三十分後には、もう南相馬市に戻っていた。

神保の車は、スバル「インプレッサ」のカサブランカである。九九年式の古いもので色はシルバーだ。その愛車をすっ飛ばして、神保は、さらにまっすぐ海に向かった。

カーラジオからは、NHKの津波警報が繰り返し放送されていた。津波が来るなら、絶対にこれをカメラに収めなければならない。

(まず写真だ。人の話はあとでも聞ける。なによりも写真だ)

南相馬の市街地を通り抜けた神保は、驚異的なスピードで県道二六三号線を海のある東に向かっていた。

南相馬市原町地区の沿岸部までやって来た神保は、堤防まであと百メートルほどの住宅街で車を停めた。民家の玄関先のような場所だ。

カメラはトランクに積んである。車を降り、トランクを開いて、メモリカードが入っているかどうかを確認した神保の耳に、民家から津波警報を伝えるラジオの声が届いてきた。玄関は開きっぱなしだ。音のする方を神保は覗いてみた。

ラジオは玄関に転がっており、そこから大きな声で津波警報が流れつづけていた。

よほど慌てて逃げたのだろうか。主《あるじ》のいない場所で、津波警報を伝えるラジオが、なにか不気味な雰囲気を醸し出していた。

（まさか、大丈夫だろう）

そう思って、堤防の方を見た瞬間だった。

堤防の上から水がドーッと溢れ始めたのである。津波だ。

（えっ！）

信じられない光景だった。

バリバリバリバリ……電柱が三本、大きな音と共に順番になぎ倒されてきた。一、二、三……と、号令をかけているかのように根本から波に押し倒されたのである。

だが、水は、神保の方に真っすぐ向かってくるわけではない。神保から見れば、左、すなわち新田《にいだ》川の方に向かって溢れていた。新田川は南相馬の市街地を通り、太平洋に流れこむ川である。

「僕が見たのは、津波の第一波なんですよ。なんでかというと、それは波じゃないんです。第一波って、水かさが上がるだけなんですよね。つまり、防波堤を越えて、溢れ出すわけです。それを見たんです。その水は、直角に海から向かってきたのではなく、私から見たら、左の方向に溢れていったんです」

それは、おそらく第一波が到達したとされる午後三時二十分から三十分の間だったと思われる。

(逃げなければ……)

神保が車に乗ろうとした時、ひょっこり六十がらみの男性が十メートルか二十メートル先に姿を見せた。青っぽい作務衣《さむえ》か甚平のようなものを着た男性である。

神保に向かって、何かを叫んでいる。だが、神保には聞こえない。どうやら、「津波が来る!」

そう言っているようだ。

そんなことはわかっている。こっちに向かってくるその男性に車に乗るよう促すと、神保は車を切り返した。

「乗ってください。逃げましょう!」

近くまで来た男性を後部座席に乗せた神保は、一挙にエンジンを全開にした。

「(津波を) 見ました?」

「見てますっ」

そんな会話にもならない会話をした神保はアクセルを踏み込みながら、カメラを男性に渡した。

「すみません！　それで（津波を）撮ってください！」

もともと津波を撮るために、神保は飯舘村から車を飛ばして南相馬まで帰ってきたのである。なんとしても、撮らなければならない。しかし、必死でハンドルを握っている自分は、それができない。

県道二六三号線を猛烈なスピードで南相馬の市街地に向けて疾走しながら、それでも神保は津波を撮ることをあきらめていなかった。

しかし、神保のカメラは、ニコンの一眼レフ「Ｄ８０」である。カメラの扱いに慣れていない人間には、使うのが難しい。案の定、男性はカメラにがちゃがちゃ触るだけで「撮れない」と言っている。

「いいです、いいです！」

仕方がない。今は「命」の方が大事だ。撮影どころではなかった。

猛スピードで西に向かう神保の車とすれ違う車が何台もあった。

「海に行っちゃダメだ！　津波が来るぞ！」

神保は、クラクションを鳴らして、必死で事態を知らせようとした。だが、気がついてくれただろうか。

その時、後部座席の男性が独り言のように呟いた。

「母親がいるんだよね」

母親？　どういうことだろうか。

「母親が家にいるから、それを見に来たんだ」

すれ違う車を見て、彼はあそこにいた理由を初めて神保に明かしたのである。

しかし、引き返すわけにはいかなかった。それは、そのまま「死」を意味する。神保は、男性の言うことを聞き捨てるしかなかった。

神保とその男性との会話は、その後、途切れた。重い沈黙が、車内を覆っていた。恐ろしいスピードで、五、六分は走っただろうか。時速は、おそらく百二十キロから百三十キロは出ていただろう。

どこまで行けば助かるのだろうか。神保の頭を占めていたのは、そのことだけだった。

神保が走っていた県道二六三号線は途中で左折し、理髪店がある角を右折して、南相馬警察に向かう道に出る。

そこまで来た時、道路が少し渋滞していた。

「整然としていたというか、津波が来るとか、来ないとか、そんな雰囲気はまるでなかったんです。その時、初めて、助かるかもしれない、と思いました」

神保は、渋滞の列に出会って、やっとそう思ったのである。

「不思議なことに、その時、音が〝消えて〟いました。津波の音が僕の耳から消えてしまったんです。津波の音をまったく覚えてないんですよ。思い出せと言われても、まったくわからなかった。ところが、しばらく経って、高速道路を走っている時に、トンネルに入って窓を開けて、ゴーッていう音が入ってきたことがありました。その時、津波から逃げた記憶がフラッシュバックしたんです。ゴーッという津波の音を思い出したんです」

止まらない足の震え

南相馬警察に着いた時は、午後三時四十分頃だっただろうか。市街地が近づき、やや渋滞気味になった中を、神保はようやく警察まで辿りついた。

南相馬警察は、国道六号線の手前にある。神保は、あっという間に、沿岸部から三キロほどを走破していた。

警察の前は、ごった返していた。

「屋上に逃げてください！」

「津波が危険です。屋上に上がってください」

逃げてくる住民に、警察官が叫んでいた。署の前の駐車場に車を停めた神保は、カメラを持った。屋上から津波の写真を撮ろうと思ったのだ。

「僕、屋上に行きますけど」

車に乗せてきた男性にそう言うと、神保は屋上に駆け上がった。男性とはその後、一度も会っていない。偶然、神保があそこにいなければ、おそらくこの男性はあの沿岸部で命を落としていただろう。

ちょっとした運が、人間の生と死を分けることを神保はこの時、知った。

「実は、二日前の九日も地震があって、その時は、僕は、相馬の松川浦に行っているんです。地元消防団の消防車とかが松川大橋をサイレンを鳴らしながら走ったんですよね。僕はそのうしろにくっついていって、彼らが見まわりしているところを写真に撮っていたんです。飯舘村で地震に遭遇した時、最初はあそこに行こうと、思ったんです」

しかし、飯舘村と松川浦は遠い。神保は思い直して、南相馬市の沿岸部に向けて車を走らせたのである。

「本来は、それまでに取材したことがある場所に行ったほうが要領がわかっているから、取材や撮影がやりやすいんです。初めて行くところより、効率的にできますからね。しかし、距離の関係で相馬に行くのを思い直して、南相馬に向かったわけです」

神保は、生命の危機に瀕しながらも、なんとか命を拾った。南相馬警察署の屋上に上がっていくと、そこには、避難してきたかなりの人がいた。

（津波を撮らねば……）

海が見える方に進んで行った神保の目に、馴染みの人間の姿が見えた。

福島民友新聞の相双支社長、菅野浩である。髪の色こそ白いが、まだ四十代前半の菅野が目の前にいた。

「あっ、菅野さん」

「おう、神保君か」

会社は違っても、南相馬を取材エリアにする記者同士である。二十歳近く年齢も離れているが、神保はベテランの菅野支社長には、日頃から可愛がってもらっている。

菅野の部下の熊田記者とは、同世代ということもあって、特に親しい。

「津波どうですか」

「かなりすごいな」

そんな会話を交わしながら、神保は海の方に目を向けた。凍りつくような光景が神保の視界に入った。そこには、津波と思われる青黒いものが、陸地を覆いながら、さらにこっちに向かってこようとしていた。

「海の方を見たら、防風林の二倍ぐらいの高さの波が見えました。それが、青黒いイメージで迫ってくるというか、津波そのものは青黒くて、先が白いんです。そんなものが目に飛び込んできました」

その波が、自分がほんのさっきまでいた沿岸部をまさに呑み込んでいた。直前まで〝陸地〟だった水面が、光を反射していた。空は、どんよりとしたねずみ色の雲に覆われている。

(……)

神保はこの時、足が震え出し、それが止まらなくなった。だが、写真を撮らなければならなかった。必死でレンズを数キロ先の津波に向けた。

しかし、シャッターが切れない。

(どうしたんだ……)

かなりの距離があるとはいえ、撮ろうとした津波がやっと見えたのである。しかし、肝心のシャッターが切れなかった。

なんと、この時、偶然にもカメラのリチウム電池が「切れた」のである。

なんということか。運が悪いにもほどがある。さすがにカメラだけを持って屋上に上がって来ているだけに、リチウム電池のスペアまであるはずがなかった。

「あの、菅野さん」

咄嗟に神保は菅野に声をかけた。

「どうした」

「あの、カメラの電池が切れちゃったんです……」

「うん？」

菅野は、神保の困惑した表情を見た。

「何やってるんだ」

そう言いながら、菅野は、自分のカメラの蓋をぱかっと開けてリチウム電池を抜き取った。二本で一本になっているような充電式のリチウム電池である。

「これ使え」

「ありがとうございます！」

神保が撮っている間は、菅野は写真を撮れない。しかし、神保が現われるまでに菅野は相当数、写真を撮っている。

記者にとって、写真を撮ることの重要性は、ベテランの菅野は一番よく知っている。

菅野は、リチウム電池を神保に少しの間だけ「貸した」のである。

結果的に、神保は毎日新聞に一週間後のタイミングで掲載されることになる南相馬の沿岸部の写真をここで撮ることができた。すべては、電池を貸してくれた菅野のお蔭だった。

しかし、望遠レンズがないため、津波を大きく撮ることはできなかった。それは、菅野も同じだ。

(せめて三〇〇ミリの望遠レンズがあれば……)

神保はそのことを悔やんだ。シャッターを切りながら、それでも、神保の足は震えが止まらなかった。がくがくと震える足を踏ん張って、神保は何枚も何枚も、シャッターを切った。

「ちょっと神保君の精神状態がやばいな、と感じていたんですよ」

そう振り返るのは、菅野浩である。

「(顔が)真っ青というか、普通じゃない感じでした。何があったのか、と思いました。神保君は、海の近くまで行って、危なくなって戻ってきた、と言っていました。自分の命がどうなるかわからないという経験だったので、かなり興奮していたというか、怖さがあったのかもしれませんね。足の震えまでは気づきませんでしたが、非常に不安定な落ち着きのない顔だったことを覚えています」

異様な空間

夕方になって南相馬署の屋上から下に降りた菅野浩は、ちょうど顔見知りの市役所の広報の人間と出会った。被害の状況を確かめに来たようだ。菅野は、頼み込んで公用車に乗せてもらい、一緒に見に行くことにした。

しかし、警察から四、五百メートルも海の方に向かうと、もう瓦礫に行く手を阻まれた。津波で流されてきた家が原形をとどめず、家財道具や本などが、道路に散らばっているのである。車は引き返すしかなかった。

暗くなりかけた頃、菅野は自分の車で、もう一度、海の方角を目指した。記者として、さらに被害の状況を把握する必要があったのだ。

その時、カーラジオから南相馬の老人介護施設「ヨッシーランド」で老人が五人亡くなった、というニュースが流れてきた。

ヨッシーランドは、南相馬署から七、八百メートルしか離れていない。目と鼻の先だ。

（あんなところまで津波が来たのか……）

菅野はただちにヨッシーランドに行き先を変更した。しかし、瓦礫と渋滞で、なかなか車が進まない。

途中で車を降りた菅野は、徒歩でヨッシーランドに向かった。

そこは原町区の上渋佐《かみしぶさ》という場所だ。道路から、海の方にやや降りていく形で敷地がある。かなり広い敷地に平屋の建物がいくつかに分かれている。

「やや、敷地がすり鉢状になっている感じで、東側と西側は田んぼです。海岸から数キロあり、もちろん海は見えないところだし、そんな土地に津波が来るというのは、誰も考えていなかったと思います。しかし、平屋の建物全体が津波にやられていて、道路から降りていく入口あたりまで汚泥《おでい》が来ていました」

実際には、ここで、寝たきり老人をはじめ、「三十六人が死亡、一人が行方不明」になるという大きな悲劇が起こっていたのだが、菅野はこの時はまだ知らない。

午後五時半頃、玄関に入っていった菅野は、わが目を疑った。非常ベルが鳴りつづけている玄関ロビーの右手の壁に、軽自動車が頭を上に向けて寄りかかっていたのである。

「非常口はこちらです」「非常口はこちらです」

自動音声なのか、「非常口」を教える大きな声がロビー中にエンドレスで流れていた。

建物の中に自動車があり、しかも、壁に押しつけられ、立っているのである。凄まじい勢いで津波が襲い、巨大な力で建物の内に押し込んだに違いない。

それは、異様な空間だった。

菅野は、長靴を履いており、泥はものともしない。すでに暗くなっており、近づいてフラッシュを焚いて写真に撮った。

泥だけではない。多くの草や木が、泥とともにあった。なにもかも、津波が運んできたのである。

「そこに五分ぐらいいたでしょうか。戻る途中に余震があり、また通行止めになりました。あとは、近くの中学校に行って炊き出しを取材したり、市役所に行ったり、支社に帰ったり、というのがつづきました」

菅野は熊田記者と連絡がつかないため、相双支社はシャッターも開け、電気も点けっ放しにして、いつでも入れるようにした。

携帯電話の電波事情が極めて悪化しており、ほかにも連絡がつかない人間はいた。相馬支局の小泉と電話で話ができたのも、やっと午後八時頃のことである。まだ、この時点では、菅野も、それほど心配はしていなかった。

菅野は、支社に上がって、原稿を書き終えた頃から、

「熊田君から連絡がないなあ」

そう思い始めるのである。

電話は何回かけてもかからず、コールしても、すぐ「留守番電話」になった。だんだん心配になった菅野は、警察や消防に行って、

「うちの熊田君を見かけたら、俺のところに連絡するように言って下さいね」

あちこちで、そんなお願いをしていた。

第六章　機能を失った本社

「みんな伏せろ！」

福島民友新聞本社は、福島駅から南東に車で五、六分の福島市柳町にある。阿武隈川を背にして建つ、六階建ての白い社屋である。福島県庁から徒歩五、六分で、取材にはなにかと便利な場所だ。

福島民友新聞編集局の報道部長、菊池克彦（五〇）は、四階の編集局で午後三時から始まる統一地方選に関する本部会議の準備をしていた。取材部門だけでなく、電算、紙面制作部門など、すべての幹部が集まる重要会議である。

福島県では、統一地方選の先陣を切って四月一日に県議選が告示されることが決まっている。県議選から始まり、会津若松市長選などの市長選、そして、町長選、市町村議選がつづく。地方紙にとっては、国政選挙より遥かに重要なものである。

略歴、顔写真集め、候補者へのアンケート……等々、準備には多大な労力を要する。報道部デスク、県政担当のキャップなども出席し、進捗状況の確認と、さらにこれからおこなうべきことを話し合う重要な会議だった。

同時にこの日は、菊池にとって、「夜責《やせき》」と呼ばれる夜の編集責任の当番日でもあった。編集局では、一週間に一回、「輪転機が回るまでの一切の責任を負う」この役が、管理職にまわってくる。それを福島民友では「夜責」と呼んでいた。

夜責の出勤時間は、午後二時だ。菊池にとって、夜中三時ぐらいまでかかるハードな一日が始まったばかりだった。

午後二時四十六分。

編集局員たちの携帯電話が一斉に奇妙な音を出し始めた。

ピーピーピーというのもあれば、ウィーンウィーンウィーンというものもある。ブーブーブーという震動音とともに机の上で動き出した携帯もあった。

「なんだ？」

「どうした」

局内にそんな声が上がると同時に、ドドドドドッと、凄まじい縦揺れが始まった。

「地震だ！」

音は、緊急の地震速報を伝えるものだったのである。

「みんな伏せろ！」

そう叫んだのは、編集局長の加藤卓哉（五五）である。

加藤は、菊池のいる報道部長席の数メートル離れた北側にいる。東西に長い編集局には、報道部、写真部、整理部などが犇《ひし》めいているが、報道部はそのど真ん中に位置している。

（これは、すごいことになる）

加藤は、揺れを堪えながら、そう思った。

それぞれの部の上には、天井から「報道部」「写真部」「整理部」という札がブラ下げられている。その札が、激しく揺れている。

菊池は、伏せるのではなく、逆に立ち上がった。

菊池のいる報道部長席は、報道部のデスクが三人ずつ向かいあって座るシマにある。政治・経済を中心とする硬派記事、社会ネタ、スポーツ、文化などの軟派記事、あるいは、地域版などを担当するデスクたちが菊池の前の両側に三人ずつ分かれて座っているのである。

そのデスクの眼の前に置いてある端末には、各記者から原稿が入ってくる。編集局は、この時、コンピューターの配線を通すために、ちょうどフロアの改修がつづいており、報道部もいつもとは違う位置に移動していた。

縦揺れは激しいものだった。やがて、ゆっさ、ゆっさ、ゆっさという横揺れに移っていく。

(震源はどこだ？　揺れの大きさは……)

編集局の中央には、巨大な柱があり、その前にテレビが置いてあった。菊池は、自分の斜めうしろにあるそのテレビの方を振り返った。テレビに出るはずの地震のテロップを見ようとしたのである。

だが、凄まじい揺れで、テレビ自体が台から転げ落ちそうになっていた。

(危ない！)

菊池は、反射的にテレビに飛びついた。

「テレビは液晶の薄いものです。鎖で、留め具はしているんですが、すごい揺れで倒れそうになりました。それで、僕が押さえました。その時、プチッと画面が消えました。停電になったんです」

菊池が必死でテレビを押さえている時に、電気が「切れた」のである。同時に編集局内の電球、明かりが一斉に消えた。

窓から外の光は入ってくるものの、広い編集局の主な明かりといえば、天井の照明だ。それが一斉に消えたのである。その時、

「写真を撮れっ」

加藤編集局長の大きな声が響いた。

「強い揺れが来た時に、伏せろというか、机に潜れとまず言いました。私自身も潜りましたよ。その次に、カメラマンが一人、二人は必ず残っているので、写真を撮れ、と言ったように思います。社内でもいいし、外側に向かってでもいいから、とにかく揺れている時の写真を撮れ、と」

加藤はそう語る。新聞にとって、「写真」は命だ。

「外で写真が撮れていなかったら、とにかくなにか写真を使わないといけません。それで、写真を撮れ、という風に言ったと思います」

編集局の中で、加藤の声に呼応して、

「揺れているところを撮れ！」

そんな声が飛び交った。報道部の隣が写真部だ。そこにはカメラマンがいる。揺れている時こそ、とばかりに撮影を指示する声が次々と上がったのである。編集局は騒然としていた。

この停電が、その後、福島民友新聞始まって以来の〝発行の危機〟をもたらすことなど、編集局ではまだ誰も予想していない。

編集局には、さまざまな端末が置いてある。原稿を直すデスク端末、校正のための端末、紙面構成のための端末……いずれも台から転げ落ちないように、局員が押さえていた。

これらが破壊されたら、記事そのものが作成できなくなるのである。いわば新聞発行の命綱だ。局員も必死だった。

しかし、押さえていない書類や新聞、資料類は、次々と床に落ちていく。書棚に入っていた本も飛び出して落ちてくる。

(建物は大丈夫なのか)

菊池は、テレビを押さえながら、そんなことを考えていた。

五分ほどつづいた揺れは、午後二時五十一分、ようやく収まった。

「菊池、まず安否確認だ。それから、取材先。社会部と県政と、写真の確保！」

加藤は菊池にそう命じた。

「支局に連絡入れろ」

「浜通りは、大丈夫か」

さまざまな声が飛んでいた。

菊池は、停電によって目の前にある「端末が消えたこと」に不安を覚えていた。天井の照明も消えている。しかし、明かりが消えても、暗くなればろうそくでも灯せばなんとかなる。だが、各記者が記事を送ってくる端末が動かなければ、記事そのものを「受け取ること」ができない。

それぞれ個人が使っているノートパソコンは、内蔵のバッテリーが残っているため、消えてはいなかった。しかし、記者から記事を受け取る端末のディスプレーが、真っ暗になっていたのである。

実際に、そのことがのちに深刻な事態へと突き進む原因となるのだが、それよりも先に編集局が遭遇したのは、固定電話が「通じなくなる」という事態だった。

昔のダイヤル式の固定電話と違い、電気式の今の電話は、停電になれば使用できなくなるのである。

「停電なので、固定電話が使えませんでした。それで、手分けしてそれぞれが携帯で連絡することになりました。じゃあ、お前は誰、お前は誰、という具合に整理して、どんどんやっていったのです」

しかし、携帯電話も通じたり、通じなかったりする。災害時に頼りにできるものではなかった。幸いに地震直後は、かなりの携帯が通じた。

「メールで試してみろ」

そのうち編集局長の加藤が、そう指示した。

「電話は、ずっと、かけっぱなしですよ。連絡を取るのが商売なのに、それが通じないということで、何か方法はないのか、となりました。そういう中で、たまにメールがつながりました。電子メールが通じるというのは、新潟沖地震の時に、『新潟日報』の局長さんあたりから聞いていたんです」

間もなく、誰かが叫んだ。

「おい、ショートメールは通じるぞっ」

携帯のショートメール、いわゆるSMSで、つぎつぎと連絡をつけていった。

「いわき支社、連絡つきました！」

「××にも、連絡がつきました」

「○○さん、生存確認！」

電気の消えた編集局のあっちでもこっちでも、携帯電話の小さな液晶画面が光っていた。

こうして地震発生から早い時間は、携帯のメール、あるいはＳＭＳが威力を発揮した。だが、そのメールさえ、やがてムラが出て来たり、まったくつながらなくなっていく。新聞社としての連絡の「命綱」が途切れていくのである。

大きな余震が来るたびに、編集局には、

「おおっ」

「またか」

「今度もでかいぞ」

と声が上がる。

編集局は、記者たちの安否を確認しながら、取材にも手をまわしていった。しかし、どうにも困ったのは、取材の電話が「通じない」ことである。

停電によって、卓上の電話が完全に使えない。携帯電話も通じない。では、取材をどうするか。

福島県内各地に甚大な被害が生じていることは間違いなかった。これをどう紙面に表わすか。報道部長である菊池の頭の中は、だんだんそっちの方で占められていく。

はじめの喧噪が落ち着くと、編集局は一瞬、シーンと静まり返った。停電のため、編集局のフロア内に設置してある共同通信の「音声装置（通称・「ピーコ」）」が、鳴らなくなったからである。

大きなニュースが入ってくる場合は、学校のチャイムのようなキーンコーン、カーンコーンという大きな音が鳴り、速報的なニュースの場合も、ピコンピコン、ピコンピコン……と、編集局中に響き渡る音が鳴る。

これほどの地震である。本来なら、ひっきりなしにこの音声装置が鳴るはずだった。だが、停電となった福島民友編集局では、シーンとして、この「ピーコ」が編集局員の耳に飛び込んでくることはなかった。それは経験したことがない異質な静寂というほかなかった。

対策本部のスタート

「ん？」

地震が来た時、福島民友新聞社長の村西敬生《としお》（六三）は社の外にいた。会社から車で十分ほどの福島市西部、八木田にある歯科で、歯の治療中だったのである。

ガタガタガタガタガタ……凄まじい揺れが、診察台にいた村西を襲った。すぐに診察台から降りることもできない激しい震動だった。

「キャー」

歯科医院はたちまち大きな声に包まれた。揺れの中をなんとか立ち上がった村西は、診察室から壁に手をつきながら出口に向かった。だが、待合室まで来ても、揺れは収まらない。

治療待ちの患者や歯科衛生士などの悲鳴がつづく。

（長い……）

数分は経っただろうか。ようやく揺れが収まりかけた。村西は、治療中は脱いでいた背広を待合室で羽織ると、外へ飛び出した。

非常事態である。会社に戻らなければならなかった。

この時、福島民友の事業担当の取締役、黒河内《くろこうち》豊（六〇）は、事業局のある二階から五階に駆け上がっていた。

五階には社長室がある。一気に五階まで来ると、秘書役の総務部長に聞いた。

「社長は？」

「いないんです」

「どこだ」

「歯医者に行っています」

「すぐ迎えを出せ」

「（車は）一緒にいます」

そんなやりとりをしている間に、続々と、役員が五階に上がってきた。

その時、村西は、歯科医の前に待たせていた車に飛び乗っていた。会社への途中にある自分のマンションで妻の安否を確かめた村西は、午後三時を過ぎた頃、会社に到着した。

すでに社内は停電になっていた。

帰って来た村西社長を役員たちが取り囲む。

「まず社員の安否を確認しろ」

村西から出た最初の指示は、「安否確認」だった。

なにを措《お》いても、まずそれである。そして、経営陣は、対策をとるべく動き始める。

この時、役員の中で、広告を担当する菅野建二常務が東京出張中だった。菅野は編集畑を歩み、編集局長を務めた経験もある。

村西は、「対策本部」を立ち上げることにした。

尋常な揺れではなかった。大変な事態であることは間違いなかった。あらゆる事態に対処するためには、対策本部が必要だったのである。

まず、五階のホールに幹部たちを招集して、村西は情報を集約した。それぞれの部署から、まず安否確認の結果、そして新聞発行への問題はないかが報告された。

だが、大きな余震が断続的に起こっている。村西は、対策本部の場所を二階の黒河内取締役の部屋に決めた。黒河内が、自分の部屋を使いましょう、と申し出たのである。

村西社長がその経緯を説明する。

「最初、対策本部は五階のホールにしよう、という声があり、そこでやりました。しかし、余震がつづいている中で、連絡するためにいちいち五階まで上がってくるのは大変です。できるだけ（ビルの）真ん中あたりで、広いスペースの取れるところがいいと思ったんです。二階の事業局がいちばん広いスペースがあるということで、そこを対策本部にしました」

事業局の横に、黒河内取締役の部屋がある。事業局とひとつづきになっていて、黒河内取締役の席だけでなく、応接セットもあり、スペースに余裕があった。そこに降りて、対策本部が実質的にスタートする。

「この会議は、かなりつづけましたよ。翌日からは午前と午後の二回にわけて、五階に戻ってやりました。これは、どこの企業でもそうですが、ああいう災害があった時には、まず安否確認システムがあるんです。安否確認をまず取れという指示をしたので、結構、早い段階で、社員全員大丈夫ですという連絡を受けたんですよ。それはよかった、と安心しました」

相双支社の熊田記者も菅野支社長への連絡が一度通じている。彼も含めて、いち早く全員の安否が一度、確認できたのである。

だが、震度４クラスの大きな余震がつづいていた。

「一回、社の外へ出た時もあったなあ。そうしたら空が真っ暗になっていたことを覚えています。雪も降りました。天変地異というか、真っ暗になって、そのあとで雪が降りましたね。なにか不吉な感じでした」

一方、福島民友新聞取締役であり、電算編制局長の飯沼敏史（六〇）は地震発生の時に三階の自分の席にいた。

（でかいぞ）

飯沼は立ち上がって、すぐに目の前のパソコンのディスプレーを手で押さえた。デスクの上にあるパソコンが、激震によって、ずりずりと動き始めたからである。

しかし、棚の上の書類や本が、音を立てて落ちてくる。まるで、海で波乗りをしているように、飯沼の身体は、前後左右に揺さぶられた。経験したことのない揺れだった。

揺れが収まると、飯沼はただちに四階に駆け上がった。

福島民友新聞の記事は、もちろん編集局で作成されるのだが、それを紙面化するシステムはすべて電算編制局にある。電算編制局は、編集局と同じく四階にあった。新聞社にとってまさに〝心臓部〟にあたる。

飯沼は、取締役であると同時に電算編制局長でもあった。つまり、記事を紙面化するシステムの責任をすべて負っていたのである。

飯沼の頭にあったのは、機材は大丈夫か、というものである。

電源が落ちた社内は、すでにＣＶＣＦ（Constant Voltage Constant Frequency）と非常用バッテリーに電源が切り替わっていた。これは、停電の時に自動的に切り替わるものだ。

ＣＶＣＦというのは、「安定化電源」と呼ばれる。

「普通の商用電源というのは、波に揺れがありますよね。それをきれいに整波するシステムです。非常用バッテリーというのは、自家発電に切り替わるまでに時間がかかるので、それまでのつなぎのバッテリーです。この時点で、すべてが順調に動いていました」

編集・電算フロアである四階に上がってきた飯沼は、部員たちが必死で端末を手で押さえていたため、CTS(Computerized Typesetting System)機材がすべて無事だったことを知る。

CTSとは、コンピューターを利用した写真植字機による「組版システム」のことである。新聞制作は、長くつづいた鉛板に活字を彫る凸版印刷の方法から、「電算写植」での印刷、さらに刷版(新聞を印刷するアルミ版)に直接製版するデジタル化へと制作システムが移行している。これがCTSによる新聞制作である。

簡単に言えば、新聞紙面大のフィルムに出力された紙面のネガを刷版に焼きつけるのが「電算写植」、それを一歩進めて直接、刷版に紙面を焼き込むCTP(Computer-to-Plate)が現在の主流だ。この刷版を工場の輪転機に掛けるのである。これらをすべてコンピューターでおこなうのだ。

福島民友では、編集局と同じ本社四階にある電算部が、これをおこなっていた。そのための機材が破壊されれば、言うまでもなく新聞は発行できなくなる。

飯沼は、これが無事かどうかを真っ先に確認しに来たのである。

電算部員たちは、地震が収まったあと、手分けして、このシステムに異常が生じていないか、状況確認に入った。

この時、工程資材室長だった大橋吉文（五七）も、飯沼と同様、真っ先にシステムをチェックしている。

「システム関係は、ほとんど電算編制局に集中しています。電算の機器が大丈夫なのか、ということを、まず第一に考えましたね。このシステムがやられると紙面づくりが直接、影響を受けます。次は電気ですが、停電にはなっていましたが、当社は自家発電設備を持っているので、それほど心配していなかったですね」

その次に重要なのは、郡山にある福島民友の印刷工場が打撃を受けていないか、ということだった。ここも大丈夫なら、新聞発行には問題はない。

「工場と連絡がつくかどうか、さっそく電話を入れました」

と、大橋。しかし、

「つながりません。電話がもう使えなくなっていたんです。福島民友は、読売グループですから、そのホットラインというか、一般の電話回線を使わないグループ内の線が一本だけあります。今度は、それを使って連絡してみました。これが生きていたんです」

いわば災害用の非常電話である。

「それで一度、郡山工場につながりました。工場が無事であることは確認できました。しかし、その後、それも、つながりづらくなっちゃったですね」

幸いなことに、ちょうどその時、本社の印刷を担当する工程資材室の人間が、郡山工場に行っていた。数日のうちに別刷りとして本紙に挟む福島県内の「高校入学ガイド」の印刷の確認のためだった。

その社員から携帯のメールが届いた。

「輪転機は無事です。印刷可能です」

メールには、そう書かれていた。このメールを受け取って、大橋は、取り敢えずホッとする。

こうして、福島民友では、地震後、新聞の発行に関しては「打撃を受けていない」ことが、ひとまず確認されたのである。

飯沼取締役は、この確認の報告を受けたあと、五階のホールに一度、上がっている。

「私は、電算部員たちにシステムのことを任せて、一度、五階のホールに上がったんです。まだ二階に対策室が移る前で、役員は出張に出ている者以外は全員いました」

すでに空調も停止している。熱気で温度が上昇していく中での会議だった。

ＣＴＳと郡山の印刷工場が無事であることが、ここで報告された。

新聞人にとって、新聞が発行できない事態を招くことは許されない。百年以上の歴史を誇る福島民友新聞が「紙齢を欠く」ようなことは、どんなことがあろうと許されないのである。

役員たちが、一様にほっと安堵の声を漏らしたのは、当然だった。

だが、気がかりなのは、停電に対処するための自家発電が大丈夫かどうか、ということだった。

編集局の苦闘

編集局は、停電によって端末が使えなくなり、「原稿を受け取ることができない」という最悪の事態に陥っていた。

「原稿も来ないし、県の災害対策本部の会見内容も来ないんですよ。それで、安否確認と並行して、とにかくここにいる人間が、直接外に出て、取材してきてくれ、ということになったんです」

菊池報道部長は、この時の苦境をそう語る。ある者は徒歩で、ある者は自転車を使って、取材に飛び出していったのである。

この時、菊池の目の前にいた報道部デスクの田村和昭（四九）も、外に取材に出た一人だ。

「私は福島地方気象台に自転車で行きました。社員の自転車を借りて、十分ほどかけて行きました。しかし、まだ気象台も各地の状況は全然わかっていない段階で、情報がとれませんでしたね。これは、いてもしょうがないと思いました」

威力を発揮したのは、この自転車だった。

「道路が渋滞で通れない時は、もう自転車が一番です。記者もカメラマンも、雪の中、かなりしんどい中を行ってくれました。悪いな、という気持ちがありましたね」

菊池はそう語る。

とにかく、彼らは〝情報隔絶地帯〟にいた。電話も通じないから、外の情報がまったく入ってこないのだ。停電のためにテレビもついていなかった。

報道部デスクや、たまたまその時、編集局にいた遊軍記者たち、あるいはカメラマンたちが自転車で、あるいは徒歩で出かけていって、直接、写真と情報をとってくるしかなかったのである。

「たまたま編集局にいた若い記者に〝人間バック便〟になってもらいました。これは昔のアナログ時代、支社局が手書きの原稿やフィルムのネガを本社へ送る時や、本社から支社局へ連絡事項の紙を送る時に路線バスなどに託した〝バック便〟をもじった表現です。〝バック〟には〝戻す〟という意味合いがあったと思います。この時は、送り届けを人間の足に託したわけですから、実際に、〝人間バック便〟と呼びました。要は、発表資料とか、情報をメールやファックスで受け取ることができないので、実際に、とにかく行ってくれ、そして何か出たら、それをすぐ持って帰ってきてくれ、と頼んだのです。通信手段がないので、人間が行って、帰ってくるしか、ほかに方法がなかったですね」

そんな原始的な方法でしか、編集局は情報を集められなくなっていた。県庁や市役所、県警などに詰めている記者たちと「連絡がつかない」のだから仕方がなかった。

「とにかく県庁へ行け。対策本部ができているはずだ」

「市役所には、誰が行ってくれるんだ？」

「発表資料があったら、それを持って帰ってこい！」

編集局には、〝人力〟以外に頼れるものはなかったのである。

被害状況がどんなものなのか、また、それがわかるのかわからないのか、どんな発表がおこなわれているのか、それが編集局は把握できていなかった。

「発表資料もそうですが、この福島市がどうなってるんだ、というところも知りたかったですね。デスクも記者も、写真部員も、(編集局に)いた人間を次々と外に送り出しました」

菊池のもとに、そうして出ていった人間が帰って来て、ようやく情報が入り始めた。

「写真部が福島学院大の校舎の一階が押しつぶされていたことを写真と一緒に伝えてくれました。そういう具体的な情報がやっと入り始めたんです。地震のすごさは体感でわかっているんだけど、被害がこれほどになるのは、すごいぞ、と。ただ、この時点で福島だけなのか、郡山はどうなんだとか、具体的なことはわからない。どこの地震なんだとか、中心はどこなんだという全体像がわかっていなかったですね」

そんな時、総務局から加藤編集局長のもとに〝あるもの〟が届けられている。

ラジカセである。

「結構な大きさのラジカセでした。それを総務局が持ってきてくれたんです。これは助かりました。このラジカセからNHKのラジオが流れてきました」

と、加藤。ここから流れ出してきたニュースが「津波」である。

「テレビと違って断片的なので、状況がつかめないんですよね。しかし、津波が起こっていることはわかりました。これは、やはり大変な状況になっている、と伝わってきました。また、県庁や県警から上がり始めた情報で、被害規模が相当なものだとわかりました」

加藤が気にかかったのは、浜通りの記者たちのことである。

「これは、浜通りにとにかく連絡を取って、安全の確保をもう一回言わないといけない、と思いました。取材はして欲しいんだけど、無理には海に近づくなというのが一番ですから。それは常日頃言ってはいましたけど、やはり記者ですから、改めて言わなければ危険だ、と思いましたね」

加藤は、前年に長らく見ていなかった南相馬市の「野馬追《のまおい》」にも行ったし、秋には浪江の「十日市」も見に行っていた。さらに請戸漁港も、また、南相馬市中心部の原町も歩いている。

加藤は、あれは虫の知らせだったのか、と思った。浜通りのありさまが、特に気にかかったのは、つい半年前に行った時の光景がよみがえってきたからに違いない。

その時、加藤は、うしろを振り返った。編集局長席のうしろは窓である。方角でいえば、北だ。

（なんだ、これは……）

窓の外に目をやった加藤は、「これが天変地異なのか」と思った。突然、みぞれのような雪が降り始めたのだ。

「これも地震のせいなのか、と思いましたね。何なんだろう、と。とにかく今やることをやるしかない、と、あの時、思いました」

外は、だんだんと暗くなり始めていた。

さあ、紙面はどうするんだ——報道部長の菊池はそのことに向かい合わなければならなかった。

「電気がどうなるかという心配はありましたが、編集局では、とにかく、材料、素材を集めなきゃならんぞ、ということで……」

しかし、肝心の素材を集める「端末」がない。この時、編集局から県政記者クラブなどに持っていったものがある。

原稿用紙だ。

今の記者は、原稿用紙を使わない。パソコンで記事を書き、それを専用のインターネット回線やFOMAカードを差し込んだ記者のパソコンを使って、そのまま本社のシステムに放り込んでくるのである。

そのため、原稿用紙に手で原稿を書いた経験がない。しかし、停電で普段の作業ができなくなった以上、かつてのアナログ方式ともいうべき「原稿執筆」が必要になったのである。

「おい、原稿用紙はないのか。それをクラブに届けろ」

菊池の指示で原稿用紙を社内で探した。間もなく十五字詰めで十行という、福島民友新聞の赤茶けた古い原稿用紙が発見された。

資料室か、あるいは総務部の物品管理セクションに残っていたものだと思われる。

それを持って、また〝人間バック便〟がクラブに走ることになる。

「今の記者たちが、原稿用紙の書き方を知らないので、驚きました。せっかく持っていった原稿用紙をメモ代わりに使うというか、裏に横書きでメモのようなものを書いてくるだけでしたね」

長い年月は、「原稿用紙に原稿を書けない新聞記者」たちを大量に生みだしていたのである。

浜通りのようすは、相変わらずまったくわからなかった。加藤は、外勤を経験していた整理部の中堅記者を「二人一組」にして、相馬といわきという〝二方面〟に出すことを決意する。

「各二人で班を編成して行け、と指示したんです。整理部員も出しましたよ。編集局は総動員体制でした」

加藤編集局長は、そう語る。

「なによりも連絡の取れない浜通りに出したかったんです。メンバー構成は、菊池と相談して決めました。注意事項は、まず安全確保。そして、何時までには帰ってこい、とにかく記事と写真を受け取ったら、すぐ帰って来い、無理は絶対するな、ということです」

すべての前提は、向こうから「送るツール」がないだろう、ということだった。

「あっちで記事を書いていたとしても、送る手段がないので、物理的にこっちから行く、ということです。時間が時間でしたからね。ただ、心配なのは道路の土砂崩れでした。何かあれば、無理はしないですぐ帰ってくる、ということは、くれぐれも言いました」

道路が寸断されている可能性もあり、辿りつくかどうかも、わからなかった。

安全を確保しろ。無理せず帰って来い。そして着いて記事と写真を受け取ったら、すぐ戻って来い——それが、絶対条件だった。

加藤にとっては、遅くても午後八時台には、どうしても帰って来てもらわなければならなかったのである。

自家発電をめぐる攻防

社長の村西が開く対策会議は断続的に持たれた。最初が午後三時五十分からで、それ以後も、二階事業局の黒河内取締役の部屋に移して開かれていった。

村西社長がどっかりとソファに座り、その横に黒河内、前に飯沼、編集局長の加藤も、ソファに腰をかけ、あとは、それぞれが事業局から持ってきた椅子に座り、ソファを囲んだ。

座れない者は、立ったままである。各局が状況報告をしながら、それに対して、村西の指示が出た。その中で、村西から「非常用自家発電装置」について質問が飛んだ。

このとき確保されていた明かりは、総務部がホームセンター等で買い込んできたランタンである。ランプオイルなどの液体燃料を使うものだ。

「ろうそくはやめろ、ここは新聞社だぞ」

村西のそのひと言で、福島民友は紙に燃え移るのを警戒して、ろうそくは極力使わず、ランタンを唯一の明かりにしていた。そのランタンが灯す光だけを頼りに、対策会議は続けられた。

「自家発電は大丈夫か」

村西の問いに答えたのは、工程資材室長の大橋吉文である。大橋は、部下の工程資材部部長の佐藤正敏（四八）を伴って、対策会議に参加していた。佐藤は、社内で唯一、電気主任技術者の免許を持つその道のエキスパートである。

「大丈夫です。新聞を発行する程度の電源は確保できます」

しかし、と、大橋はつづけた。

「新聞制作が仮に午後十時、十一時までかかると、それまで自家発電は持たない可能性があります。燃料が持ちません」

自家発電の燃料は満タンだった。それでも、「五時間以上、持つ」という保証はなかったのである。

午後十時といえば、まだまだ新聞紙面作成には重要な時間帯である。そこまで持たない可能性があるというのは、編集サイドにとって厳しい問題となった。

非常用自家発電機は、屋上にある。煙突も備えた巨大なものである。囲われてはいるものの、うしろの方からは丸見えだ。停電後、すぐに自家発電機は、動き出している。停電の「一分後」に自動的にまわることになっているのだ。

しかし、電気はついていない。ブレーカーを入れなければ、電気が供給されないからである。動き出した時、福島民友の屋上から白い煙が上がったのを近所の人が目撃している。火事かと勘違いし、近所から連絡が来たほどだ。

自家発電機はタービン発電機であり、燃料の重油が燃える時に白い煙が出るのである。ある程度まわり出せば、キーンという甲高い音も出る。

佐藤は、地下一階の第一電気室に向かった。福島民友ビルのすべての電気をコントロールするところである。

自家発電機は、動き出しており、特に問題はなかった。

地下も、非常灯を除いて真っ暗である。

非常灯というのは、専用の非常用バッテリー装置から電気がいくことになっている。自家発電で生み出される電気とは関係がない。

かつて福島民友では、地下一階で印刷もしていた。現在は印刷は行っていないが、輪転機をある程度動かせるだけの自家発電の装置を、当時のまま屋上に設置してあるのである。

午後十時から十一時まで自家発電が持たない可能性があることを聞いた村西は、編集局長の加藤に問うた。

「加藤君、それで大丈夫か」

記事をそれまでに完成させることができるか、という意味である。

「ギリギリですが、なんとかやります」

加藤はそう答えた。

自家発電が五時間しか持たないとなると、どうなるのだろうか。いろいろなことが加藤の頭に浮かんできた。

「時間的なことが、やはり気にかかりましたね。浜通りへ向かわせている人間が、仮に戻ってきて、原稿を書いて、写真を入れる。それらを完成させることが〝五時間〟でできるのかどうか。そもそも浜通りへの道路の状態もわかりませんから、それまでに現場から戻ってこられるのかもわからない。編集局としてはいくらかでもシッポの時間を遅くしたかったですね」

それは、すなわち「自家発電機を動かし始める時間」をできるだけ遅くすることを意味していた。

対策会議の議論は、次第に「自家発電機をスタートさせる時間をいつにするか」という方に移っていった。すでに試運転をしている自家発電機をいったん、止めて、ふたたび動かそうということである。

それは、五時半か、六時半か――。

どんなことがあろうと、記事作成中に「電気が落ちる」ということはあってはならない。それは、絶対に避けなければならなかった。

大橋がその時の記憶を辿る。

「自家発電は大丈夫かと聞かれ、私が大丈夫ですと言って、佐藤も大丈夫だと答えて、じゃあ問題はないね、となったんです。そして、郡山工場も印刷可能ということで、工程の状況が確認されました。そのあとに、新聞紙面を作る方の話になりました。電気がいつ回復するかわからないから、自家発電はなるべく遅くまで使えるようにしようということになりました。それで、いったん自家発電を切ることになったんです」

すでに試運転中の非常用自家発電装置をその「五時間」に合わせるために、いったん「切る」ことが決められるのである。三月十一日午後四時過ぎ、地震から間もなく一時間半が経過しようという時のことだ。

しかし、このことが福島民友の「紙齢」がつながるか否か、という創刊以来、最大の危機の原因となる。もちろん、そんなことを懸念した幹部は、この時、対策本部には一人もいなかった。

緊急事態の発生

午後五時半、一度止めた自家発電装置をふたたび動かす時間が近づいていた。いよいよである。ここからは一挙に紙面を完成させるところまで待ったなし、だ。

「もうすぐだ」

報道部の菊池以下、現場のデスクも端末に電気が戻る時間が近づいていることで、時計を気にしていた。まわりはランタンの光だけで薄暗い。電気が戻って、照明も、そして端末も、正常になる時を今や遅しと待ちかまえていた。

その時である。今まで社内に灯っていた非常灯や豆電球が、急に消えてしまった。

「あれ、どうしたんだ？」

「非常灯が消えたぞ」

ランタンの明かりがあるから、非常灯が消えたことに気づかなかった編集局員もいる。

だが、それは無情にも、非常用のバッテリーが枯渇してしまった瞬間だった。

（しまった！）

その時、この事態の意味を真っ先に悟ったのは、工程資材部部長の佐藤正敏だった。工業高校出身の佐藤は、前述のように福島民友の中で、電気主任技術者の免許を持っている唯一の人物である。いわば電気の専門家だ。

血の気が引いた佐藤は、慌てて地下一階の第一電気室に向かった。懐中電灯を持った大橋吉文があとを追う。

佐藤は、地下一階の第一電気室で立ち尽くした。

目の前にあるバッテリーの電圧計は、針が87ボルトを指していた。通常は、100から120ボルトの間である。

「これは、電気室の系統を切り替えるためのバッテリーなんですね。そのバッテリーの電圧計が、通常100から120ボルトはあるところが、87ボルトまで落ちていたんです」

その針の位置が、佐藤は今も頭から離れない。

「電圧計の目盛りは、0から200までなんです。だから、100がちょうど真ん中です。その真ん中より〝左〟に針が来ていました」

バッテリーの「電圧低下」だった。そのバッテリーに電気が充電されていないと、自家発電装置をいくらまわしても、館内に電気が行くように切り替えができないのである。

社内で灯っていた非常灯や豆電球でバッテリーを消費し、肝心の時に「電圧が低下」してしまったのだ。つまり、非常用の自家発電装置を「動かす」ためのバッテリーが尽きたのである。

ブラックアウト状態——福島民友は、絶望的な状況に陥ってしまった。

報告を受けた電算編制局長の飯沼は、思わず天を仰いだ。

「もうダメですよね。ショックですけど、来るものが来たな、と」

それは、紙面制作の責任者にさえ、あきらめをもたらすものだった。ことは、それほど重大だった。だが、現場はあきらめるわけにはいかない。地下の第一電気室での佐藤の闘いは、実質ここからスタートする。

編集局にも、この異常事態が伝わった。

「なんで発電しないんだ」

「どうしたんだよ」

編集局でそんな声が飛び始めたのは、午後六時前後のことである。

「どうも電気を使い切っちゃったらしい」

「使い切ったって、使ってねえだろう」

電気がつく予定の時間が来ても暗闇のままで、そんな冗談にもならない冗談が記者たちから出た。

編集局長の加藤は、工程資材室に人を出して状況を聞いている。

「工程資材室に行かせたところ、どうも非常用の電気を使い切ったらしい、という報告が来たんですよね。使い切ったって、何に使い切ってるの。使ってねえじゃないか、となりました。何が起こっているか、わかりませんからね。そうしたら、これだって指さすんですよ。これって何？　と尋ねると、豆電球ですよ」

あちこちにある非常用の豆電球、あるいは緑色の非常灯である。

「発電機を動かすバッテリーがなくなってしまって発電機が動かせなくなった、と聞かされました」

加藤は、さっそく二階の対策会議に出ていくことになる。

「真っ暗闇の中、また二階に降りていきました。階段は、携帯電話の明かりで足元を照らして降りていきましたよ」

対策会議の部屋は、これまで以上に緊迫していた。新聞発行が危ぶまれる事態が突然、目の前に現われたのである。さすがに村西社長も、

「うーん」

と、唸ってしまった。対策本部を一挙に重苦しい空気が包み込んだ。

加藤が、緊迫の場面を振り返った。

「発電機を動かすのに、スターターがまわせないという説明だったと思います。だから、車のキュキュキュッというのはスターターですよね。あれをまわす電源がないわけですから、その電源を別の発電機で作ろうとしたけど、それもなかなかうまくいかない。そんな説明だったように思います。これは、紙面制作ができない、ということです。それまでとは、まったく状況が変わってしまいました……」

それは、考えられうる最悪の事態だった。

「紙齢が途切れるというか、新聞を出さないということは読者の信頼を失うことですから、これが新聞社にとって一番あってはならないことなのです」

仮に明日、ライバル紙の福島民報は出たのに福島民友が出ないとすれば、「会社の存亡」にかかわる問題だった。当然、地元紙は、避難所にいる被災者にも新聞を届けるべきだろう。そんな時に新聞そのものが「発行できない」などという事態は、そのまま会社の「死」を意味するといっても過言ではなかった。

「何とかならんのか」

誰ともなしに、対策会議で、そんな言葉が出た。どんなことがあろうと「紙齢を欠く」わけにはいかない。それは、誰もに共通する思いだった。

阪神淡路大震災以来、新聞業界は、自社が打撃を受けた場合でも新聞が発行できるようなシステムを構築してきた。神戸新聞が、京都新聞の協力によって、なんとかぎりぎり新聞発行にこぎつけたという例があったからである。

福島民友新聞は読売新聞系列の会社だ。災害時の緊急事態にあたっては、お互いが助け合うことが取り決められていた。

「危機対応策として、出せない時は読売新聞の協力を仰ぐことが決まっています。ここに頼るしかない、という方向になっていきました。というか、それしかない、ということなんです」

この時、ついに村西社長が決断した。

「読売新聞に協力を仰ごう」

七時までに自家発電機が動かない場合は、読売に協力を要請する――。福島民友新聞は、土壇場に追い込まれていた。

第七章　救世主

東京出張していた二人

この日、偶然、二人の人物が別々に東京に出張していたことが、窮地に立たされた福島民友新聞に幸運をもたらすことになる。

常務取締役営業統括本部長の菅野建二（六〇）と、電算編制局次長の鈴木善弘（五四）である。

「この二人が東京に行っていなかったら、民友の〝紙齢〟はつながらなかったかもしれない」

今もそう言われる〝偶然〟が、この時、福島民友に味方している。

常務の菅野建二は昭和二十五年生まれで、これまで整理部や報道部で勤務し、編集局長や論説委員長を歴任した編集のエキスパートである。

一方の鈴木善弘は昭和三十一年生まれ。電算編制局に所属し、紙面制作という技術面を専門として育って来た。この二人が、お互い全く知らないまま、千代田区内幸町にあるプレスセンターでの別々の会合に出席し、東京で地震に遭遇したのである。

「あの日は、新聞協会の広告委員会があったんです。私は（福島民友の）広告局長でもあったので、プレスセンターでの委員会に出ていたわけです。毎月一回、定例で会合を行っていて、いわゆる新聞業界の広告を取り巻く状況とか、協会としての広告分野の決めごと等を全国各新聞社、中央紙・地方紙の、広告局長あるいは広告担当が集まって話し合っていました」

しかし、菅野は必ずしも毎月出席していたわけではない。

「実は私は広告局長がその三月末で最後ということで、四月には後任の新しい広告局長に替わることが決まっていました。ですから最後の広告委員会ということで、出ていたわけです。その後、午後五時からは、東北新聞連盟という東北の新聞社の広告担当が集まる総会が予定されていました。それが銀座の三笠会館であるはずでした」

広告局長としての最後の東京での会合ということで、菅野は、福島から上京していたのである。

「広告委員会は、午後一時半からだいたい一時間ぐらいだったと思います。二時半頃には終わって、私はプレスセンターを後にしたんです。日比谷公園の角を曲がって、帝国ホテルの前を通って、(日比谷通りを)歩いていたんですね」

地震が発生したのは、その時である。ちょうど帝国劇場にさしかかっていた。東京は、この時、震度5強の激震に見舞われた。だが、菅野は歩いていたために、一瞬、地震が起こったことがわからなかった。

菅野が気づくより先に、異変が生じていた。目の前の帝国劇場から、どどっと人が溢れ出てきたのである。

「たぶん、その人たちは帝劇で観ていて、グラグラになったんじゃないかな。それで、あわてて劇場から出てきたと思うんですよね。人が溢れ出て来たのを見て、何だろうと思ったら、ビルが揺れていたんですよ」

地震だ。初めて菅野は揺れに気づいた。しかも、かなり大きい。

「首都圏に地震が来る、来る、という風な予測がずっとあったじゃないですか。だから、これは、東京にいる時に首都圏地震に当たってしまったな、と思ったわけです。

かなりの揺れでした。人が、ワアワアとビルから出て来て、みんなで道路の真ん中の緑地のところに逃げたんですよね。中央分離帯のところですよ。ゾロゾロと人がいっぱいになって、あのへんのビルが揺れていましたね」

東京はまもなく、交通機関をはじめ、さまざまなものが機能停止となる。菅野は、福島民友の東京支社がある銀座二丁目に向かった。デパートの松屋の裏の方である。

「揺れが落ち着いてから、私は東京支社に向かったんですね。徒歩でね。JRの線路をくぐって、プランタン銀座の横を通っていきました。東京支社には、支社の人間がいたんですが、その時に、初めて大変な事態であることを知ったわけです」

震源が関東ではなく東北で、東北一帯が凄まじい激震に見舞われているということだった。

「ビルの六階に民友はあります。エレベーターが停まっていたので、歩いて上がって行ったんです。支社に入っていった時、六、七人はいたでしょうか。壁にかけていた絵が落ちたりしていましたが、業務に支障を来すようなことはありません。東京支社に着くまでは、地震が東北で起きているとはわかっていないので、入るなり、どうなっているんだ？　と聞いたんです」

支社長から返ってきた言葉は、菅野を仰天させた。

「東北で大地震です。本社に電話が通じません」

東北が震源か――。東京がこれほどの揺れなら、福島は……。「本社に電話が通じない」という状況は、そのまま事態の重大さを示していた。

しかし、それは、菅野の想像を遥かに超えるものだった。まさか、「紙齢」がつながるか否かの極限まで突き進むことになるなど、菅野には見通すことはできなかった。そして、その社の運命が、まさか自分自身に託されるとは夢想だにしなかった。

新幹線ホームの災害時優先電話

一方、福島民友新聞電算編制局次長の鈴木善弘も、この日、日本プレスセンターでの会議に出ていた。

鈴木は、菅野が出席していた広告委員会ではなく、日本新聞協会の技術委員会に出席していた。同じ日本プレスセンターへの出張だが、そのことをお互いはまったく知らない。

「新聞協会に加盟している新聞社の技術系の局長が出席する会議で、年に何回かあるんですが、この日は、私が福島民友から出席していたんです」

午後一時過ぎに始まり、午後二時半ぐらいに会議は終わっている。鈴木は、地震が発生した時、プレスセンターの一階にある書店で本を見ようとしていた。

（変だな）

ちょうど書店に入ったところで縦揺れを感じた。ガタガタガタガタ……揺れは、止まらない。

（だいぶ長いなあ……）

近くにいた人と顔を見合わせた鈴木は、そのまま店から外に出た。揺れはまだ続いている。

出たところは、プレスセンターの西隣にある昔の長銀ビル（新生銀行旧本社ビル）のあるスペースである。その時、大きな揺れが来た。

今度は横揺れだった。

（！）

身体を前後左右に動かされるような激しい地震だ。

（これは大きい）

鈴木は地震の大きさを、その身で体感した。

―大きかったですね。結構、時間も長かったと思います。私は、出張先ですから、どこで何が起きたかわかりません。それで、どこかわかるところまで行こうということで、うろうろしながら、新橋駅に向かいました」

鈴木は、たぶん駅に行かないと何もわからない、とにかく、駅に向かおう、と思ったのである。プレスセンターから一番近いのは、ＪＲ新橋駅である。

（まず、新橋駅の方に向かおう）

プレスセンターから東に向かい、日比谷通りを渡った鈴木は、東電本店の前に出た。その後、東電が自分の住んでいる福島県を舞台に、日本中を揺るがす原発事故に突き進むことなど、鈴木にはもちろんわからない。

ゆっくり歩いていった鈴木は、やがて新橋に辿りついた。

新橋駅の日比谷口には、通称「ＳＬ広場」あるいは、「機関車広場」と呼ばれて親しまれている広場がある。駅の西側である。

一日平均三十万人が行き交う東京でも有数の広場である。ここの名物は、なんといってもかつての鉄道省が設計した過熱タンク式の「Ｃ11形蒸気機関車」だ。

広場にどっかりと座るこの蒸気機関車のまわりは、人々で溢れかえっていた。ＪＲはすでに全面運休である。携帯電話もいっさい通じない。

どこにも連絡できない人々の群れで、広場はごった返していた。

この広場には、大型オーロラビジョンがある。「驛舎《えきしゃ》珈琲店」屋上に設置されている「スーパーライザ新橋」の屋外大型ビジョンだ。大きさはおよそ横五メートル、縦三・五メートルという238インチ画面である。広場からはもちろん、新橋駅のホームからも見ることができる。

このオーロラビジョンに映し出されている光景を見た鈴木は、絶句する。

（これは……）

仙台の名取川を遡上《そじょう》する津波のようすだった。猛烈な勢いで、名取川をさかのぼっていく激流を鈴木は見た。

大変な事態である。

「そこでしばらくいました。身動きできないぐらい人がいましたね。しかし、ここにいても仕方がないので、とりあえず東京駅に行こうと思いました。皆さんが東京駅のほうに歩いていたんですよ。新幹線が止まっているという情報でしたが、本当に止まっているかどうか確認するためもありました。だから、僕も東京駅のほうに歩いていきました」

黙々と、人々は東京駅に歩いていた。鈴木もその流れに乗って、東京駅に向かった。新橋駅と東京駅との距離は、およそ二キロだ。三十分ほどして、鈴木は東京駅に着いた。

「東京駅の中は、スルーで入れました。とにかく新幹線が止まっているところを見てこようと思いました。というのも、下のほうで皆さんが公衆電話をかけるのに列をつくって待っていたんですね。電話は、どこもすぐには使えない状態だったんで、ひょっとして、と思って新幹線のホームに上がっていったんです」

新幹線のホームまで上がったことが、結果的に「民友本社」と東京にいる「鈴木」を結びつけることになる。

「新幹線のホームに災害時優先電話があったんです。そこには、二人ぐらいしかいなかった。僕も並んで、そこから電話をかけました。会社にかけたら、これがつながりました。一本かけるたびに交代して、三人で順番に電話していったんです。家にも電話をかけて、お互い無事だということも確認できました」

ここで電話が会社につながったことが、はかり知れないほど大きな意味を持つのである。

「これから発電機をまわすので、発電機がまわったら、今のところ、大丈夫です、という話でした。もし、まわらなかったら、その時は大変になるね、とも話しました。こちらの状況も伝えて、僕は、今日は福島には帰れないから、とうちの部員に言いました。そこで連絡がついたので、あとはどうしようかなと思って、読売新聞に行こうと思ったんです」

発電機がまわったら、問題はない。しかし、万一、なにかトラブルに見舞われることもある。読売新聞に行こうとしたのは、鈴木の頭の片隅にその不安があったのかもしれない。

だが、鈴木が考えていたのは、「情報」である。自社の東京支社より、読売新聞に行った方がよりたくさんの情報が入ることは間違いない。読売新聞に行こうとしたのは、そのことの方が大きかった。

読売系列である福島民友新聞は、当然ながら技術者たちも、交流がある。技術者同士、気心が知れた人間が少なくないのである。

「自分がよく知っている読売新聞に行った方がいろんな意味でいいなと思ったから、読売新聞に向かいました。頭の中には、不測の事態というか、起きるかもしれないという思いも少しありました」

鈴木は、こうして読売新聞に向かった。当時、読売新聞は、新社屋建設のために、築地に近い銀座六丁目に仮社屋があった。普段の大手町の社屋なら東京駅から歩いて十分もかからないが、銀座六丁目となれば、そうもいかない。

鈴木は、およそ二キロの道をまた歩いた。

「途中ですき家が開いていたので、ここで食事をしました。不測の事態が起こった時には食事もできないだろうと思いました。それから、ローソンで夜食用のパンも買いました。そうして、読売新聞に辿りつきました」

やはり、本人が強くは意識していないだけで、鈴木の頭には、「もしもの時には……」という思いがあったのである。

顔色が変わった菅野常務

鈴木が、読売新聞に入ったのは、午後六時前のことである。

旧知の技術系の人間に挨拶した鈴木は、さっそく福島民友の同僚たちにメールを送信している。

「読売に入って、とにかく読売の方と挨拶をして、そのことをうちの部員への一斉メールで出したんです。メールが通じなくなっていることは知っていますが、一斉メールなら誰かには通じるだろうと思いました。〝読売に入りましたので、何かやることはありますか〟というものです。そのメールに一人だけ、同じ電算部の人間が携帯メールで返事を寄越してくれたんです」

返信の内容は、驚くべきものだった。

〈社内で発電機が動かないので、新聞づくりを読売でお願いしてください〉

鈴木の目は、文面に釘づけになった。

発電機が動かない？　新聞の制作を読売にお願いする？

まさに恐れていた事態だった。頭の片隅で心配していたことが、現実になった瞬間だった。時計の針は、午後六時をまわっていた。

読売では、技術系の引き継ぎの会議が午後六時十分にある。技術系の交代である。この時間に日勤から夜勤に代わるのである。

たった一行のメールが、鈴木を走らせた。すぐに技術系の部長に事態を知らせた鈴木は、この引き継ぎの会議に無理やり出席させてもらった。

「慌てて引き継ぎの会に出させてもらったんです。それで、なんとかお願いします、と言ったんです」

紙面制作ができなくなるということがどんなことなのか、もちろん新聞人たちには説明を要しない。鈴木の必死の形相に、技術系の協力はすぐ承諾された。だが、それは、あくまで技術系の現場での話である。

社として、協力体制を敷くことが正式に承認されなければ、それは「動き出す」ことができない。福島民友は読売系列であり、読売新聞と「災害協定」を結んでいる。万一の事態が発生した場合は、お互いに紙面を作り合いましょう、という協定である。

〈新聞づくりを読売でお願いしてください〉

このメールでは、どういう事態が実際に引き起こされているかわからない。しかし、社内の自家発電機が動かず、紙面制作が完全にストップしていることだけは間違いない。

ならば読売新聞に全面協力を仰ぐしかない。紙面制作のエキスパートである鈴木には、ことの重大さはわかった。

しかし、電算編制局の局次長に過ぎない自分では、編集も含め、全面協力を求めることはできなかった。

「社長ないし、編集局長からの正式な依頼をお願いします」

案の定、鈴木は、読売新聞から正式な協力要請をするよう求められた。

さて、どうするか。本社への連絡がままならない中で、どんな手段があるだろうか。

「社長もしくは編集局長の依頼がなければ作れない、ということでした。それは、当然だと思いました。ただ、技術的なところはやらなきゃいけませんし、技術部の方は皆さん手伝ってくれましたので、正式に協力が決まった時のために、先に動き始めました」

たった一人で読売新聞の中にいる鈴木は、福島民友の東京支社に、助けを求めた。

その頃、東京都内の電話は固定電話同士がやっと「通じる」ようになっていた。

そして、鈴木は、菅野常務が「東京支社にいる」ことを初めて知る。昼間に、同じ時間帯にプレスセンターにいた菅野と鈴木――もし、廊下ででもすれ違っていれば、お互いの存在が認識できていたに違いない。この時間になって、やっと鈴木は、菅野常務の存在を知るのである。

「助かったあ、と思いました」

鈴木は目の前が開けたように感じた。

「僕は、なんで菅野常務が東京支社にいらっしゃるのか、まったくわかりませんでした。とにかく誰か手伝いに来てほしかったんです。そこに常務がいらっしゃることがわかって、びっくりしました。でも、これで助かったあ、と本当に思ったんです」

それは、菅野常務のこれまでの経歴も関係しているだろう。

「菅野常務は、整理部も経験しているし、もちろん記者、デスクとしての経験も豊富です。そして、編集局長も経験された常務取締役です。読売新聞に社を代表して正式に協力を要請するのにふさわしい方でした」

読売新聞に正式に協力要請する「格」だけでなく、これから紙面制作をする上で、充分な助言を得られるだろう。読売新聞内で〝孤軍奮闘〟していた鈴木が、百万の味方を得たような気持ちになったのも当然だった。

「とにかく菅野常務に読売に来てもらってください」

必死の願いが菅野常務に届き、菅野はすぐに読売に向かっている。しかし、当の菅野には、まだどんな事態になっているのか、わかっていなかった。

菅野が鈴木と顔を合わせるのは、読売新聞の一階フロアから階段を上がり始めたところである。時計は、すでに午後七時をまわっていた。エレベーターが停まったままなので、すべて階段で上り降りしなければならない。

そろそろ着く頃かと思った鈴木は、一階で菅野常務を迎えようと思い、自分のいた七階から下に降りていった。菅野は東京支社長と支社員と共に、三人で階段を上がろうとするところだった。両者はその途中で遭遇した。菅野は鈴木に気がつくと、

「何があったんだ」

と聞いた。

「実は本社で新聞を作れなくなっているんです」

「なに？」

菅野の顔色が変わった。福島との連絡がままならず、菅野はまだ事態がそこまで深刻化していることを知らなかった。

「自家発電が動かずに……」

鈴木は階段を上がりながら説明をしたが、すぐに菅野は状況を把握したようだった。

「そうか。これは大変だな……」

菅野はそう呟いた。一行は、そのまま二階の編集局に入っていった。

編集局長席のところに、編集局長と、読売新聞東京本社代表取締役社長であり、編集主幹でもある老川《おいかわ》祥一（六九）がいた。ちょうど二人が揃っていたのである。もちろん、菅野はグループ全体の大幹部である老川を知っている。

菅野常務の登場で鈴木の心にかすかにゆとりが生まれた。

「四人で編集局長席のところに行って、事態を説明して（協力を）お願いします、と菅野常務がお願いしたんです。もう快く、その場で協力を承諾してもらいました。私には、にこやかに承諾してくれたように見えました」

老川社長は、菅野常務に向かって、

「いや、大変でしょうけどね、頑張ってください」

そう励ましてくれた。

（ああ、これで助けてもらえる……）

ひとまず、鈴木が胸を撫で下ろしたのは、当然だった。だが、いうまでもなく紙面づくりに向けて格闘が始まるのは、「それから」のことである。

第八章　本社はどうした？

なんとしても写真を……

「早く写真を送らなければ……」

相馬支局長の小泉篤史は、一刻も早く支局に帰ろうとしていた。しかし、小泉のいる栄荘を中心とする高台は、完全に孤立している。ここ以外は、すべて瓦礫と水の世界である。

もし、脱出するなら、瓦礫の上を伝っていくか、それとも、水の中を行くしかない。

「瓦礫の上というのはかなり危ないなと思いました。水のほうを突っ切ったほうが道もはっきりしているしいいだろうと思ったんです。それで、腰というか、太ももまで入っていって、水に浸かったまま行こうとしました。でも、股間が浸かったところで、本当に冷たくて、これはダメだ、と。これはもたないと思いました」

この時の相馬の気温は、摂氏四度。腰まで浸かったまま歩いて脱出することなど、とても不可能だった。

遠まわりにはなるが、小泉は瓦礫の上を伝っていくルートを選んだ。

瓦礫は、向こう百メートルぐらいつづいていた。

「瓦礫も低くなって、崩れているところが、まだ歩きやすいなと思ったんですね。それで、屋根の上とか、トイレの上を歩いて、一人で瓦礫の上を伝っていったんです」

百メートルほどつづく瓦礫を越えるのに、どのくらいの時間を要したのか、小泉にはわからない。だが、悪戦苦闘の末に、やっと道路に出た。

「(高台に)車を置いてきていますから、誰か車を貸してくれないかなあ、とか、自転車貸してくれないかなあ、と思いながら、歩きつづけました」

歩いている人間はほとんどいない。四キロほど先にある国道六号線を小泉は目指した。

相馬市では、浜通りを南北に走る国道六号線が、二手に分かれる。「国道六号線」

と、そこから一キロほど海寄りを走る「国道六号相馬バイパス」である。この道は、渋滞に引っかからず相馬の市街地を抜けることができる、文字通りのバイパスである。

津波は、海から三キロほどの地を走るこのバイパスまで押し寄せていた。

「ちょっとした高台になっているところは、無事なんですが、それ以外は津波でやられていました。小学校と中学校は高台にあるので、校舎自体は大丈夫だったのですが、家に帰った子供たちの中から犠牲者が出ています。小学校は下校時刻になっていたので、家に帰って津波の犠牲になった子供たちがいるのです」

小泉がバイパスまで来ると、やっと歩いている人が見えてきた。すでに暗くなり始めていた。

バイパスには、車が走っていた。支局まで、まだ三キロほどある。小泉は、乗せてもらうべく車に向かって手を挙げた。だが、ずぶ濡れで汚れきった小泉をなかなか乗せてくれない。

しかし、何台目かの車が停まってくれた。

「ワゴン車が一台停まってくれました。それで市役所まで乗せていってもらうことにしたんですが、少し進んだら、今度は渋滞で全然進まなくなってしまいました。そこで降ろしてもらって、また歩きました」

これ以上暗くなったら、動けなくなる。そうなれば写真が送れなくなる。

「携帯電話が〝電波〟を探し続けて、電池を消費してしまって切れていました。とにかく携帯を充電し、支局に戻って電話回線がどれぐらい生きてるのか、確かめなければなりませんでした」

歩きつづけた小泉が支局に辿りついたのは、夜七時台のことである。ずぶ濡れで、汚れきった小泉は、足だけ水で流して支局に上がった。

「真っ黒な土がいっぱい付いてて、それを洗い流して、パソコンをつけました。まず電話回線がダメだったんですね。電話する前にとりあえず写真を送ろうと思いましたが、会社のインターネットに通じない。僕はあらかじめUSBでつなぐことができる携帯を使っていたものですから、次にパソコンにその携帯をつなぎました。これだと、パソコンから充電もできるし、データのやりとりもできるんですよね。まずつないでみて、それで携帯電話のほうで、速度は遅いけど、インターネットの回線を使ってみたんです」

要するに携帯電話を通じてインターネットにつなぐということである。ネットにつながれば、メールを送ることはできる。小泉は、USBから充電とデータ通信ができるコードを使っていたのである。

「うろ覚えに、こうやればできるはずだよな、と思いながらやりました。それでまず写真を何枚か送りました。その間に原稿も仕上げたんです。その後で携帯の受信を見たら、写真は小野広司デスク（四七）の携帯に送れといって、小野デスクのメールアドレスが入ったメールが本社から来ていたんです。それで、そのアドレスにも全部送りました。それから、支局が引っ越したばかりですから、新しいマンションにはマンション自体のネット回線もあったんです。だから会社のネット回線だけじゃなく、それも使って送ってみました」

どれが届くか、わからない。しかも、いつ届くかもわからない。しかし、どれかは届くだろう、という思いがあった。いずれも宛先は、デスクの小野宛てである。

ほかにも試してみた。

「自分の個人のパソコンから、イーモバイルの回線を通じても試みましたね。それは、会社の方に送りました」

ありとあらゆる方法を小泉は試したのである。どれかが届いて欲しい。ただそれだけだった。

凄まじい執念

小泉が支局を空けている間に、編集局から派遣された二人は、相馬まで来ていた。だが、小泉とはついに会えずじまいだった。

「あっという間に携帯の電池が切れていましたね。携帯というのは自動で電波を探し続けますから、電池の消耗がすごく早かったですね。だから、栄荘のところの高台から逃げ始めた頃には携帯の電池がなかったですから、二人が来ていたこともわからなかったんです」

それは、あとになって携帯に入っていたメールでわかったという。

〈相馬に来ていますが、どこにいますか。連絡をください〉

そんなメールが入っていた。だが、通信手段がほかにない以上、災害時に連絡を取り合うことはお互いできなかったのである。

小泉は、相馬に来ていた二人が、警察で小泉の消息を尋ねていたことを知る。しかし、派遣された二人は、加藤編集局長に「早く帰ってくるように」とくれぐれも言われている。ずっと〝行方不明〟だった小泉と会うことは、とても不可能だった。

自分が目撃したことについて、小泉は記事も書いた。午後八時頃までにそれを普段通りの方法で送った。しかし、届く確信はまったくなかった。

小泉は、そこで初めて支局から相双支社の菅野浩支社長に電話をしている。電話はつながった。

「小泉君、無事か。ああ、やっと連絡がついた」

菅野浩支社長は開口一番そう言った。

「無事です。大丈夫です」

「心配したぞ」

「携帯の電池がなくなって、連絡のとりようがなくて……」

小泉は、そう言うと菅野にこう告げた。

「とりあえず、このまま取材を続けます」

「よし、頼む」

小泉は入社一年目から菅野に仕えており、二人には独特の阿吽《あうん》の呼吸がある。それだけで、わかりあった。

小泉が言う。

「この時、初めて、（菅野支社長の口から）〝熊田がいない〟という話を聞きました。

ました」

支社長からすると、僕も、熊田も、両方連絡がつかない状況だったので、だいぶ心配されてたんだと思います。熊田も、こういう時は連絡しなきゃダメだよなあ、と思いました」

気がついたら昼から何も食べていない。しかし、空腹感はまったくない。食事のことは何も考えられなかった。

「こうなっちゃえばフリースでも何でもいいですからね。とりあえず背広からそれに着替えました」

小泉はそこでタクシー会社に電話をしている。相馬市の北の新地町に行こうと思ったのである。新地町もまた、小泉がカバーしなければならないエリアだった。驚くばかりの取材への執念である。

しかし、電話がつながらなかった。仕方がない。小泉は相馬駅前のタクシー会社まで歩いていった。

「相馬市役所は一応歩いて帰る途中に顔を出しましたが、やはり(自分のエリアである)新地にも行かなくちゃいけないなと思って、新地町役場を目指したわけです」

しかし、新地に向かう国道六号線は、途中で通行止めになっていた。

「おそらく、津波が来ていたのだと思いました。それで、タクシーには、山側にまわってもらいました。町役場に着いたら、停電で真っ暗でした。着いたのは、午後十時前だったでしょうか。もう、うちの新聞が間に合う時間帯ではないのがわかったので、とりあえずようすを見て、帰ることにしました。真っ暗な上に、瓦礫が役場の目の前にありました。だいたい相馬の海側と同じ状況なんだなというのだけ確認して、帰っていったんです」

こうして、小泉は相馬支局に戻った。小泉がやっとひと息ついたのは、二度めに支局に着いてからのことである。

「支局に帰ったら、夜十一時頃になっていました。テレビをつけたら、すごい映像がどんどん出ていました。瓦礫はもちろんのこと、津波も映像が出てきました。じゃあ、どこも同じだから、たとえ自分が伝えきれなくても、正直、大丈夫なのかなと、ちらっと思いました」

新聞記者として、相馬で驚くべき執念を見せた小泉は、そう語った。

「遠くへ逃げろ！」

富岡支局長の橋本徹が、毛萱地区を見渡せる高台から富岡町役場の災害対策本部に上がってきたのは、もう午後五時になっていた。

役場は電源が落ちていたので、文化交流センターの「学びの森」の二階が臨時の役場となり、災害対策本部となっていた。本部の中心に遠藤勝也町長がどっかり座っていた。

「できる限りの救助と救出をおこなう。自分は遅れていく」

橋本が毛萱地区での町議会議長の言づてを伝えると、町長は、

「わかりました」

と応えた。

災対本部は、自衛隊員や第二原発の職員、警察官などでごったがえしていた。

「役場の職員も、もちろんいました。とにかくそういう人たちがいっぱいまわりにいたので、かなり騒然としていました。私は、菅野支社長とは連絡がとれていますが、相変わらず本社とはつながらなかった。それで学びの森の一階で自分のパソコンを使って原稿を送ろうと試みましたが、一向に送れませんでした。もちろん写真も送れずに途方に暮れました」

記者にとって、取材内容と写真が送れないことほど悔しいことはない。橋本は、富岡のニュースが明日の紙面に掲載されないことを心配した。少しでもいいから、富岡

の事態が明日の福島民友の紙面に載って欲しかった。

町民の不安をかきたてるかのように、空を舞うヘリコプターや、至るところからサイレンの音が聞こえてきた。

午後六時を過ぎ、周囲が暗くなり始めると、けたたましい自家発電機の音が、「学びの森」の二階の不穏な空気をさらに増幅させていった。

時間が経つにつれて、暗闇が広がっていく。

普段、明かりがある町が、暗黒の世界に落ち込んでいるさまは、不気味だった。九時を過ぎ、双葉署に顔を出したあと、橋本は富岡を離れることを決めた。

これ以上、富岡にいても、仕方がなかった。気がかりなのは家族のことだ。妻と子供は楢葉町の実家に無事、着いているだろうか。

普段なら、富岡から十五分で着く距離である。

父親（六二）は楢葉町の役場で原発の担当をしていた。

橋本は、原発と共に大きくなった。小学校の写生大会では、建設中の原発プラントを描き、福島第二原発ができ上がったあとは、構内のグラウンドで町内会の地区運動会をやった記憶もある。

原発の隣で物心がつき、それと共に大きくなったのが橋本だった。原発とは、橋本にとって、最も身近な「空気」のようなものだった。

今は、その原発が、地元住民を危機に陥らせていた。橋本は、富岡から楢葉に向かった。

しかし、地震の被害は、甚大だった。陥没や段差、そして渋滞……厳しい地震の爪痕が橋本の行く手を阻んでいた。

「通行自体が不可能になっていました。途中の福島第二原発の入口の国道も崩落していて、通れなくなっていました。道路全体が沢に落ちていたんです。片方というか、一部の車線だけが残ってましたが、ほぼ全部ダメでしたね。それで、第二原発の進入路の端を入って、旧県道を楢葉に向かったんです」

地元の人間ならではの迂回路をとって、十分か十五分の距離を四十分ほどかけて、橋本はようやく実家のある楢葉町波倉《なみくら》に着いた。

実家は真っ暗だった。誰もいない。海沿いの崖の上にある実家は静まりかえっていた。

(どこに行ったんだろう……妻と子はここまで辿りついたんだろうか)

そんなことを考えながら楢葉町役場で避難先を聞き、橋本は避難所を探した。

地区集会所のある場所は、そこだけ電気がついていた。浄光西《じょうこう》集会所である。そこ

に、妻が乗っていた白のエィマが停まっていた。

（あれだ！）

避難所に入っていくと、

「パパーっ」

二歳の息子が叫びながら寄ってきた。地区の住民が二十人ほど避難していた。水疱瘡で、熱があった息子を抱きしめた橋本は、ほっと息をついた。午後十一時近くのことである。

その時、橋本に一通のメールが届いた。

〈1F―2が極めて危険なとにかく遠くに避難を〉

橋本には、東電に勤めている親族が一人いる。その人物からのメールだった。

「1F―2」って福島第一号機ということか？　それが極めて危険な状況とはどういうことだ。橋本は福島第一原発周辺三キロに避難指示が出されていたことをまだ知らない。

いずれにしても、福島第一のいずれかの原子炉が危険な状況に陥ったということを伝えようとしているに違いない。その親族は、冗談でそんなことを言う人物ではなかった。

危険な状況って、ひょっとしか爆発でもするということだろうか。だが、ほかに情報がない。

あまりに唐突な情報であり、さらに言えるものではなかった。ただ、橋本は、すぐに一F、すなわち福島第一[illegible]している同僚の木口に電話した。

しかし、通じない。もし、情報なら、一Fの近く、双葉、浪江あたりにいる木口が危ない。だが、ほかに連絡は、なかった。

父も母も、この親族のことは知っている。真偽はともかく、メールが伝える通りにした方がいいかもしれな[illegible]避難所にいるみんなに言おう。不確かな情報で混乱を招かないほうがいいだろうというのが、父の意見だ。父は役場を定年退職したが、まだ六十二歳である。

「明日には帰ってこよう。とりあえず、いわきに向かおう」

ということになった。

「親父が、〝テレビで菅首相が原子力緊急事態宣言みたいなのをやっていた。でも、制御棒が入ったとのことだ〟と言いました。原発は、わが家にとって、空気のような存在だったので、まさかな思って、いたずらに不安をあおる必要はないと思ったんです」

息子が水疱瘡だけに、なるべく人と一緒にいない方がいい、という判断もあって、橋本たちは、日付が変わる頃になって、避難所をあとにした。助手席には父親、うしろに妻、母、息子が乗った。

「妻が乗ってきたエスティマを自分が運転して、両親と妻と子供を乗せて、一台で南下したんですよ。しかし、国道六号線はダメで、途中から県道のいわき浪江線という山麓線を使っていきました」

午前一時頃、途中のセブンイレブンの駐車場で、車は停まった。

「どうせ明日の朝、また戻るから仮眠を取ろうということになりました。余震で揺れもすごかったですからね」

しかし、大人四人、子供一人の計五人がいる車内で、仮眠は難しい。

カーナビのテレビをつけて、みんなで観ていた。それは、「食い入るように観ていた」と表現した方がいいかもしれない。

「この先どうなっちゃうんだろうね」

橋本は、ぽつりと言った。車内は無言になった。メールが時々、届くようになっていた。

「大熊町のオフサイトセンターで会見を開くから行けというメールが来ました。それで一Fが極めて危険な状況というメールをもらったから、と親族からのメールを転送しました。その記者は南相馬から南下しようとしてたんですけど、来るな、来ないほうがいい、というメールを送りました」

メールは、たぶん届かないのではないか。そう思いながら、橋本はメールを送ったのである。その後、橋本は、ほとんど寝ないまま運転席でずっとテレビを観ていた。

朝、テレビに空からの沿岸部の壊滅的な状況が映し出された。

（これは、戻らなければ……）

橋本は、記者として戻るべきではないか、と思った。車は、いわきとは逆の富岡に向かった。

「一Fに近づいてるじゃないか」

「いや、でも仕事だから。原発は大丈夫だよ。絶対、大丈夫だと聞いてるから……」

そんなやりとりになった。車は北上している。危険に近づいているのである。車内は異様な空気に変わっていった。

その時、橋本は、うしろに乗っている母親（六一）が、声も出さずに泣いているのに気づいた。ルームミラーに映る母親が鼻をすすりながら、必死で嗚咽をこらえているのである。

道路は、第一原発から離れようとする車ばかりなのに、自分たちの車だけが逆に近づこうとしているのだから無理もなかった。

昨夜の親族からのメールは、どうなったのか――。

母親は、息子の「新聞記者」という因果な商売に、こみ上げてくる感情があったのかもしれない。のちに母親はこの時のことを、橋本にこう打ち明けている。

「どうなるんだろうという不安と、一刻も早く逃げたいけれど、息子の仕事の関係でそれもできず、いろんな葛藤が心の中にあった」と。

橋本は、無言でさらに車を北上させた。

しかし、四倉《よつくら》まで来た時、ついに道路が寸断され、通行止めになっていた。テレビからは、「十キロ圏外への避難指示」が盛んに流れていた。

（……）

これ以上は無理だった。富岡町の住民は、川内村に避難していることが報道されていた。橋本は北上をあきらめ、ハンドルを左に切った。西の川内村を目指したのである。

「とりあえず川内に行こうと決まったんですよね。逃げることも可能だったんですけど、自分も仕事がこういう仕事なので逃げられない。だから、富岡の人たちが避難してる川内へ行くことにしました。川内村だったら一Fとは山ひとつ隔ててるし、ちょっと様子を見ようとなって川内へ向かったんです」

それが朝七時頃のことである。菅直人首相がヘリで一Fにやって来た時間とほぼ一致する。

「ちょうど菅首相の訪問がテレビに映っていて、一国の総理大臣が視察に来るぐらいだから、大丈夫じゃないかなと思ったのは覚えています」

富岡町から川内村へ向かう「県道一一二号富岡大越《おおこし》線」は、多くの車で先に進むことはできなくなっていた。しかし、橋本がとったルートは、国道三九九号線だ。

いわきと山形県の南陽市までを結ぶ百八十キロにも及ぶ道路だ。その川内村への道は、がら空《す》きだった。

「熊田君と連絡が取れないんだ」

相双支社長の菅野浩は、次第に焦りを深めていた。部下の熊田記者との連絡が、その後、まったくとれなくなったのである。

夕方に別れた毎日新聞の神保記者が、ふたたび菅野と出会ったのは、南相馬市役所の一階だった。午後十時頃、たまたま、菅野と神保、そしてNHKと福島民報の記者、あわせて四人が一階のロビーで顔を合わせたのだ。

「これからどうするか……」

ライバル社同士であっても、地方の支局や通信部では、記者たちは本当に仲がいい。取材の融通をつけあったり、酒を飲んだり、仲間意識は極めて強いのである。

そこで菅野が、突然、こう洩らしたのだ。

「まだ、熊田君と連絡が取れないんだよね」

「えっ？」

その時、全員が驚きの声を上げた。もちろん、全員、熊田記者とは親しい。年齢は一番若いが、とにかく人なつっこい性格で、明るい熊田記者とは、それぞれが交流を持っている。

「深刻な表情で菅野さんが言うので、みんながびっくりしたんです。市役所に近くの民家から毛布が届けられたりしている時でした。一瞬、それはやばいと思って、みんな押し黙ったんです。完全な沈黙ですよ。その時にはもう、原町高校に遺体がどんどん上がってきていました。高校の体育館が遺体安置所になっていたので、十人ぐらいが運ばれてきて、これは明日の朝は相当な修羅場になるだろうと話していたところなんです。四人とも動揺したことを覚えています」

神保記者は、そう述懐する。

市役所の一階ロビーは人の出入りが激しく、ホワイトボードがいくつも立てられ、そこに行方不明者や、連絡が取れない人の名を書いた紙が、ところ狭しと貼り出されていた。

四人は全員が最前線の記者である。熊田記者が、津波を撮りにいった可能性が高いことを、言葉には出さずともわかっている。

三人の記者は、菅野にかける言葉が見つからなかった。

「実は、市役所のロビーに行く前に、僕は津波の犠牲者が運ばれてくる原町高校にいたんですよ」

神保の頭に、いま見てきた安置所のようすが浮かんだ。

「原町高校は、市役所から五分もかからないところです。そこに、病院から救急車でご遺体が運ばれてくるんですよね。棺もないような状態ですから、ご遺体は毛布に包まれているだけです。体育館の入口には、警官が立っていて入らせてもらえないので、僕は、体育館の下の通気口みたいな窓から中を覗いていました。それで、〝いま何人目が運ばれてきた〟ということを、公衆電話から福島支局に三十分に一度の割合で電話をかけて報告していました。携帯がまったく通じていないので、公衆電話を使っていました。ご遺体は、体育館のステージの逆側から並べられていきました。それを見ていた直後だったので、声を失ってしまったんです」

それに追い打ちをかけたのが、テレビのテロップだった。

「その時、NHKだったか、テレビ画面に、宮城の方で何百人の遺体が流れ着いているというテロップが流れたんです。市役所のロビーは騒がしかったですが、四人とも何も言えなくなってしまいました」

その後、四人は、またそれぞれの取材に走っていく。

菅野が「これはやばいぞ……」と、思ったのは、神保たちと別れたあとのことである。

南相馬警察署の隣にある相馬地方広域消防本部にその後、菅野は向かっている。

「夜十時過ぎぐらいに消防本部に行った時に、原町沿岸の千八百戸が全滅、という報告が入ったことを聞いたんです。これはやばいぞ、と思いました。会社に、原稿は送れないですが、メールだけは通じていたので、支社に帰って来た直後にメールはしていました。これは、本当に大変だ、想像を絶する、と思ったのは、この千八百戸全滅という情報を受けてからです。十分ごとぐらいに、警察と消防を行ったり来たりして、熊田君のことを探していました。午前一時頃まで、そういう状態がつづきました」

菅野は、夜中に自分のアパートから毛布や食料をまとめて車に積んで支社に運んだ。長丁場を予想したのである。

熊田からの連絡は、相変わらずなかった。不安は抑えようがなくなっていた。昼から何も食べていないことに気づき、菅野は支社でカップラーメンをすすった。

テレビをつけると、長野でも地震があったことが報じられていた。日本列島に津波警報が数多く出ている画面を見ながら、菅野は支社のソファで仮眠をとろうと思った。

しかし、熊田記者のことが気になって、眠りに落ちることはとてもできなかった。

第九章　「民友の記事を」

「私たち福島県民にとって」

福島民友新聞の論説委員長、岡崎正治（五九）が一気に「社説」を書き上げたのは、午後五時過ぎのことである。

岡崎のいる論説委員会は、編集局のある四階の西の端にある。窓からは、東北新幹線が行き交うところを見ることができ、また、その向こうには山形へとつづく吾妻《あづま》連峰を望むことができる。地震が起きた時、岡崎はその日の社説をほぼ書き終えたところだった。

福島民友では、一面の下のコラムを「編集日記」という。朝日新聞は「天声人語」、読売新聞は「編集手帳」、毎日新聞は「余録」と題し、欠かさずコラムが載っている。

福島民友は、これを「編集日記」と呼び、このコラムと五面に掲載する「社説」が、誰もが認める社を代表する二大コラムである。福島民友では、この二つの記事（コラム）を「三人」の論説委員でまわしていた。

「本来は、四人なんですが、あの時、一人欠員が出ていまして、社説と編集日記を三人態勢で書いていました。今日は社説、次の日は編集日記、その次の日は休み、という具合にやりくりしながらローテーションで書いていました。三人で二コマをまわすわけですが、全国の新聞社の中でも、一番きついかもしれませんね。ほかの新聞社の人に話すと、〝信じられない〟とよく言われました」

岡崎は早稲田大学文学部の出身で、優しい目が特徴の温厚な紳士である。福島民友に入社後は、社会部畑が長かった。しかし、社説と編集日記には、政治も経済も社会も、区別はない。世の中の森羅万象を書いていかなければならない。

コラムニストである岡崎は、社説と編集日記という完成原稿を書く立場にあり、締切時間内に仕上げれば、それでいい。午前中の早い時間から書き始める時もあれば、午後のぎりぎりになってから書き始める時もある。岡崎は、いつも午後六時頃には、仕上げるように心がけていた。

この日のネタは、前日に最高裁で出た「大阪・愛知・岐阜」の三府県で起きた連続リンチ殺害事件の少年に対する死刑判決に関するものだ。いわゆる長良川連続リンチ殺人事件である。三人の元少年の死刑が確定した上告棄却の判決である。

各報道機関が「死刑確定によって更生の可能性が事実上なくなった」として、実名報道に踏み切るなど、世間の耳目を集めていたものである。

岡崎は、四階の自分の席で激震に遭遇した。

「揺れて、物が落ちて来て、私は机のところで動かずに踏ん張っていました。すると、論説委員室の隣の庶務部の女性が〝岡崎さん、危ないです！〟と叫んだんです。それで、振り向いたら、うしろのロッカーの上に置いてある大きな旧式のブラウン管のテレビが揺れていました。慌てて、無我夢中で左側によけたら、私がいたところに、そのテレビがボンと落ちて来たんです。だから、その女性が叫んでくれなかったら、私は、今ここにいなかったかもしれないですね」

論説委員室は部屋ではなく、仕切りがない単なる〝スペース〟である。庶務部と連なっており、そのために庶務部の女性から岡崎のうしろにあるテレビが見えたのである。

「最初に地震の揺れを感じた時に、私は宮城県沖地震だと思ったんですよ。ついに来たか、と。一人で、これは宮城県沖地震だ、と叫んだ記憶もありますね」

三十年以内に九九パーセントの確率で起こることが予想されていた「宮城県沖地震」は、新聞記者である岡崎には、常に頭から離れない事柄である。もし、これが本当に起こったなら、社説であろうと、編集日記であろうと、即座に対応しなければならなかった。

岡崎の足元に落ちたテレビは壊れ、またすぐ近くにある書棚の百科事典も床に落ちて、散乱していた。

岡崎は、すぐに行動に出た。これだけの大きな地震である。

「いま書いた社説は、もう使えないだろう、差し替えするしかない」

保存の意味もあって、いったん少年事件の社説を出稿するや、岡崎は、さっそく地震の社説に取りかかった。

「これまで経験したことがない地震でしたからね。宮城沖地震（一九七八年）や新潟沖地震（一九六四年）は経験していましたけど、まったく桁違いの地震でした。私はこの日は社説の担当でしたが、当然、『編集日記』も書き換えないといけないですよね。この日の編集日記の担当は、紺野《こんの》滋さんという先輩です。それはもう、アイコンタクトでした。目と目で、〝差し替えですよね〟と合図しあって、さっそく取りかかりました」

同じフロアにある編集局に行った岡崎は、停電によって照明も端末も消え、その上、電話まで不通になって騒然としているようすを目撃する。編集局で一次情報を収集することは、とても無理だった。

（そうだ。ラジオだ）

その時、岡崎は、ラジオのことに気がついた。岡崎は、毎日、郡山市から在来線を使って、福島市の民友本社まで電車通勤している。その〝通勤用〟に、いつも小さな小型ラジオをカバンの中に入れてある。そのことを思い出したのである。カバンからラジオを取りだして、さっそく聴き始めた。

ラジオから地震の情報が流れ始めた。それは、これまで経験したことのない広範囲にわたる巨大地震の惨状だった。

「社説には、必ず一次資料が必要なんですよね。それが手に入らないんです。それで、頭の中が真っ白で、何から書いていいのかわかりませんでした。被害状況がなにもわからない。しかし、とてつもない地震であることはわかりました。そういう状態でパソコンに向かったんです」

大きく深呼吸をした岡崎は、社説の執筆に取りかかった。その時、岡崎がパソコンのキーを叩いて、打ち込んだ最初の一文は、この時の体験そのものだった。

〈私たち福島県民にとって、これまでに経験したことがない、想像を絶する揺れだった〉

それは、〝私たち福島県民にとって〟という書き出しから始まる「福島民友新聞」ならではのものだった。これが、のちに読売新聞を借りて制作された紙面構成の中で、福島民友であることを示す重要な一文となった。〈震度6強　支え合って復旧を〉――岡崎の書いた社説は、そう題された。文章は、こうつづく。

〈11日午後、突然襲った東北地方太平洋沖地震では、最大で震度6強を観測。被害は全県にわたって拡大した。残念ながら、最悪の事態と言わざるを得ない。被害の全容がわかるまでには相当時間がかかると覚悟しておく必要がある。

宮城県沖地震は30年以内の発生確率が99％とされていた。震源地から離れている本県にとっても影響は及ぶと考えていた。

万一に備えてきたつもりだったが、大地の猛威の前にはなす術《すべ》がなかった。

だが、わたしたちはくじけるわけにはいかない。それぞれの地域で、職場で、お互いに励まし合いながら、ふるさとの復興に向けて第一歩を踏み出して行く必要がある。

交通網や通信・管理システムが破壊されたところも少なくない。県民生活にも大きな影響が出ている。事業所などでは大規模な火災が起きたところもある。

建物の倒壊は免れても機能がまひしてしまったところもあるだろう。各地で土砂崩れや建物の倒壊も起きている。行方不明になっている人もいる。気がかりだ。トンネルが崩壊したとの情報もある。一刻も早く救出を急ぎたい。一般住宅でも被害は大きい。当面は不自由な生活を強いられることになるだろう。できるだけ早くライフラインの復旧を急いでほしい。

太平洋に面した浜通り地方では大津波に襲われた。集落がのみこまれたという情報もある。海岸付近での被害は予想をはるかに上回っているようだ。昨年2月にはチリ大地震による津波があった。そのときの教訓が今回、生かされただろうか。

不自由な生活が長く続けば「災害弱者」と言われる人たちへの支援も大切だ。

避難場所などはどうなっているだろう。被害に遭った人たちの中にはお年寄りなど体が不自由な人たちも大勢いるはずだ。近くにそんな人たちがいたら、できるだけ手を差し伸べてあげたい。山間地などに積雪が多い時期に大規模地震が重なってしまった。事態が深刻化しないよう祈るばかりだ。

孤立する集落も出ているかもしれない。避難場所での寒さ対策も万全にしておきたい。高齢者などを優先にしたい。しばらく、余震への警戒を怠れない。行政機関等には地域の実情に応じたきめ細かな対策を求めたい。

未曾有の災害だ。幸いにして被害を免れた地域や人たちも、困難に直面している被災者たちのために力を与えて欲しい〉

大地の猛威の前にはなす術がなかった。だが、わたしたちはくじけるわけにはいかない。励まし合いながら、ふるさとの復興に向けて第一歩を踏み出して行く必要がある――それは、福島県民である岡崎の思いが凝縮された文章だった。

岡崎に、自身の社説を読み返してもらった。

「〝私たち福島県民にとって〟という書き出しは、今、読み返してみて、ああ、こういう書き出しにしたんだ、と、自分でもびっくりしてます。あの時、私のまわりにいろんな社員がいました。彼らがまずやったことは、家族の安否確認なんですよ、メールでね。その中で、連絡が取れて喜んでいる人もいれば、連絡が取れなくて戸惑っている人もいました。人それぞれなんですよ。これは、大変なことになったな、というのは、そういう光景から見て私自身が感じたことです。そこで、社説は何ができるのかと考えた場合に、もう、助けあうことしかないだろう、と思ったんです。助けあう、支え合う、というフレーズは、そこから出てきたのかな、と思います」

岡崎は、この社説を三、四十分ほどで一気に書き上げている。

「福島県全体のことを思い浮かべて書いていますので、浜通りだけでなく会津や、そのほかの方も思い浮かべています。この社説は〝訴え〟です。これしかないと思いました。だから、普段の社説とは違います。呼びかけの社説なんです。はからずも、福島民友を表わす社説になりました。私も、ご指摘いただくまで、そこまで考えませんでしたけど、こういう形になっているんですねえ」

被災直後の心境を思い起こしながら、岡崎は、自分自身が動転していたことを明かす。

「自分では冷静だと思ってるんですよ。だけど、冷静だと思っているからこそ、揺れが来たにもかかわらず、そんなみっともないことができるか、みたいに自分の机にいたわけです。それなのに、うしろのテレビには気がついていない……。やはり動転していたんでしょう。なんとなく情緒的で、普通の自分の書き方とは違います。私は、論説委員会はこの時、通算で八年目でした。こういう社説は、ほかに書いたことはないです。こんな書き方は、これが初めてですね。その後もありません」

　でき上がった社説は、電算編制局の担当者がＵＳＢメモリに入れて、持っていってくれた。

「実は、この社説には原発のことが入ってないんですよ。あとで原子力緊急事態宣言が午後七時頃だったかに出て、それを入れなくちゃいけない、と思ったんですよ。入れたい、と。ところが、非常事態ですから、入れられなかった。それが、ずうっと、心の中に引っかかっています。今も悔やまれるんです。これは誰にも気づいて欲しくないから、誰にも言わなかったんですが、ほかの新聞の社説には、たとえ一行だけでも、原発のことが入ってるんですよ。それは、私だけが知っています。全国で、原発のことが入っていない社説はうちだけではないでしょうか。いまだに悔やまれます」

　岡崎は、そう言って溜息をついた。紙齢がつながるかどうか、という非常事態でのことは、忘れることができない。岡崎はその後、この日だけでなく、一週間ほど会社に泊まり込んでいる。睡眠は、会社のソファでとったのである。

「妻と子供は、メールが通じて安否がわかっていましたのでね。初日は、災害対策本部を設置した二階の事業局のソファで寝ました。毛布は取締役の黒河内さんが、自宅から持って来てくださって、お借りして、それを掛けて寝た記憶があります。とにかく、やらなくちゃいけない、という思いが強くて、当時は、苦しいという意識はあまりないんですよね。実は、この悔いの残る社説ですが、初めて家内に褒められたんです。一度も私の書いた社説をどうこう言ったことのない家内が、初めて、〝これはよかったよ〟と励ましてくれました。家内にだけは、〝原子力緊急事態のことが一行も入らなかったんだ、悔しい〟という話はしてるんです。しかし、福島県民の一人として、福島県民に呼びかけたこの社説を、初めて家内が褒めてくれました。そのことが印象に残っています」

岡崎は少し照れくさそうに、そう言って笑った。

それは、間違いなく「福島人」が「福島の風景」を思いながら書いた「福島の社説」にほかならなかった。

読売本社で始まった紙面制作

午後八時――。

読売で福島民友の紙面制作にとりかかったのは、この時間だった。場所は、三階にある編成部の「県版編成」のセクションである。読売の技術部員たちも七階から三階まで降りて、支援してくれた。

まず読売新聞の紙面を複写したものが菅野建二常務と鈴木善弘次長に示された。これをそのまま「福島民友新聞」と題字だけを代えて印刷すれば、少なくとも〝欠号〟は免れる。すなわち形だけでも「紙齢はつながる」のである。

しかし、いかに緊急の事態であってもそれは福島の地元紙である福島民友新聞には、耐えがたいことである。読売新聞に感謝しながらも、そこに福島ネタをどう組み込んでいくか——それが闘いの中心になっていった。菅野も鈴木も、そして、もちろん本社編集局も同じ思いだっただろう。

菅野は、まず「おことわり」を入れさせて欲しい、と言った。

今からつくるのは「災害特別紙面」である。そのことを読者にことわらなければならない。菅野は、真っ先にそう思った。

「何か書くものはあるかい?」

菅野は鈴木に聞いた。鈴木が紙と鉛筆を差し出すと、菅野は、なにかを書き出した。それは、「災害緊急特別紙面でお届けします」という文章だった。まずタイトルを書くと、あとは一息に文章を綴った。

〈この度の地震により、被害を受けられた皆さまに心よりお見舞い申し上げます。本日の発行紙面は、地震のため読売新聞東京本社の協力により、緊急時特別紙面を発行いたします。読者の皆さまには配達の遅れ等が生じる場合も予想されます。大変ご迷惑をお掛けしますが、何卒ご理解賜りますようお願い申し上げます。福島民友新聞社〉

それは、まぎれもなく福島民友新聞の紙面であることが印された最初の文章となった。

その頃、報道部長であり、同時にこの日の「夜責」でもあった菊池克彦は、絶望的な状況の中にいた。

「ひょっとしたら、初版はもうだめなんじゃないかと、そういう思いもありました」

菊池はそう吐露する。電気は戻らず、相変わらずランタンの光だけが頼りの編集局に菊池はいた。

「この時はもう、県政キャップと社会部キャップが編集局に上がってきてくれていました。彼らに、自分たちが取材した情報を、とにかく打ってくれ、と言いましてね。

自前のパソコンのバッテリーで原稿を書いてもらったんです。それを僕のところに集約して、確か初版の原稿は、僕が報道部長席で書いたんです。共同通信からの原稿も、電気がないからもちろん入ってこないですから、全員の持っている情報と、県の発表ほか、そういうものをとりあえず原稿に書かせて、僕のデスクのところに持ってこさせたんです。それを僕が記事にしていきました」

果たして、紙面に反映できるのか。それも確たることはわからなかった。

「最悪、題字しか変えられないかもしれない、というような話まで出ていました。記事も、写真も民友独自のものは無理だ、と。しかし、こちらは、やれることはやろう、とそれだけでした」

菊池にできることは、記事をとにかく「書くこと」だったのである。菊池は、一面トップの総合リードと、それにつづく記事を書き始めた。

編集局長の加藤卓哉は、この時、どういう気持ちだったのか。

「私としては、やはり福島民友の紙面をどうしても出したかったですね。あとは、その自社記事をどうやって、どれだけ入れ込めるか、ということだけです。それを考えました。郡山工場は無事だったので、紙面制作は読売本社でやってもらって、印刷はあくまで郡山でやる。なんとか独自の紙面に近づかせたいと思っていました」

新聞人のプライドをかけて、福島民友四階の編集局は、苦闘していた。早く紙面を制作し、印刷し、トラックに乗せて、読者のもとに運ばなければならないのである。

被災した福島県民は、新聞、すなわち情報を待っている。停電のために何もわからず、不安と焦燥の中にいるに違いない。彼らに新聞を届ける。自分たちは、なんとしても、地元紙として、福島県民の期待に応えなければならなかった。

福島民友の紙面は、通常の日は、七、八、十版と三つある。七版が、いわゆる「早版」だ。広大な福島県の隅々まで新聞を配るには、郡山の印刷工場を早く出なければならない。

そのために、早版を含めて、時間を追って三つの版がつくられる。だが、よほどのことが起こらない限り、大抵は七、八版の二つで終わる。

しかし、これほどの緊急事態である。初版を下ろすのは「午後九時半」と、いつもより早い時間が決められていた。福島県内は、道路があちこちで寸断させられていた。土砂崩れも、また、道自体が崩落したところもある。浜通りは、津波で潰滅《かいめつ》的な打撃を被った地域もある。

一刻も早く遠方に向かって配送をスタートさせるために早版である「七版」を下ろす時間がいつもより早く設定されていたのである。

加藤は、できるだけ民友の紙面にするために腐心した。

「電算編制局経由で、東京の読売にいる鈴木次長とは、やりとりができていました。とにかく、入れられるものは、全部入れます、とのことでした。特別緊急紙面のおことわりと、社説と編集日記は、まず、どうしても入れたかったですね。それから、漫画も入れようと思いました。読売新聞の連載漫画は、『コボちゃん』ですよね。うちは、『カンちゃん』なんです。『コボちゃん』が載れば、それは読売新聞ということになってしまいます。なんでこんな時に漫画なんだと思われるかもしれませんが、とにかく民友らしいものを送りたいと思ったんです。漫画は、すでにできているわけだから、送ることとさえできれば入れてもらえると思いました」

漫画『カンちゃん』を入れる——確かに福島民友新聞であることを示すためには、それは必要不可欠なものだった。

しかし、民友の社内にあるのは、『カンちゃん』の原画である。これを読売に送る手立てがない。

この時、電算編制局長の飯沼敏史に、あるアイデアが浮かんだ。

「手元にあるのは、原画そのものですから、漫画の絵が来ているだけなんですよ。電源がありませんから、これを取り込むスキャナも動かないわけです。スキャナには内蔵バッテリーがありませんので、動かせない。さあ、どうするんだという時に、四階の真っ暗な階段で、読売新聞福島支局の塚田（牧夫）支局長と会ったんですよ」

読売の福島支局は、福島民友新聞の中にある。しかも編集局のある四階である。飯沼は、民友ビル全体が停電に陥った時、読売の福島支局が小さな自家発電機を使って、かろうじて電気を確保していることを知っていた。

「ああ、ツカちゃん」

飯沼は、真っ暗な階段で塚田支局長に話しかけた。

「〝自家発〟、動かしてるよね」

「ええ、なんとか動いてます。どうかしたんですか」

塚田支局長は、そう尋ねてくれた。

「悪いけどさ、スキャナ、貸してくれない？」

「何かありましたか？　いいですよ」

塚田は二つ返事だった。

「助かるよ。漫画をスキャンさせて欲しいんだ」

「漫画のスキャンですか……」

塚田も驚いた風だった。

　これも綱渡りだった。読売の福島支局が民友ビルの中にあり、しかも、小さな簡易の自家発電機を用いて、どうにか「電気を確保」していたために、漫画の原画をスキャンさせてもらえたのである。

「いいか。間違うなよ」

「気をつけろ」

大袈裟なようだが漫画のスキャンなど初めての経験である。それに失敗は許されない。飯沼は、声をかけあって無事、スキャンに成功した。

「無事、取り込んでもらって、USBメモリに落として、それを電算編制局まで持って行って送ったんです」

　ここでも民友の紙面にするための「壁」がひとつクリアされた。

編集の責任者である加藤は必死だった。

「それから、データがすでにコンピューターに入っているニュース面、ラジオ面はそのままいけると思いました。あとテレビ面も通常の番組がなくなって虫食いのように空白がありましたが、これも入れようと思ったんです。災害緊急紙面は、八ページと決められており、限られた紙数にどれだけ民友らしさを出せるかと考えた時に、そういうものも送ろうと思ったわけです」

なかでも「社説」は最重要だった。しかも、岡崎論説委員が執筆したこの日の社説は、

〈私たち福島県民にとって〉

と、始まるものである。誰がなんと言おうと、これは、福島民友そのものの社説だ。そして、菊池が書いた記事も完成してきた。各デスクが書いた記事もそれぞれ上がってきたのである。

その時、加藤の目に留まったものがあった。

写真である。

それは、小泉が必死で撮った相馬の写真だった。浜通りに送り出した記者は、結局、相馬支局の小泉と現地で会うことはできなかった。

しかし、携帯メールをはじめ、いくつもの方法で小泉が本社に送った写真が、編集局に届いていたのである。

（これは……）

加藤は、その写真を見た時、どんな言葉も出てこなかった。

津波に破壊されて流されている家、燃えている家屋、セメントの壁がぶち抜かれ、建物自体が空洞になっている相双信用組合のビル、さらには、遠くに発電所の塔が屹

立している光景……その凄絶な風景を切り取った写真である。

津波の悲劇を余すところなく伝える一枚だった。小泉が命がけで撮った写真である。

「これを送れ」

加藤は、そう指示した。

読売新聞の本社にいる鈴木のもとには、これらがどんどん入ってきた。

「紙面に入れる原稿がモバイルカードで送られてきました。ノートパソコンのバッテリーを利用して記事を作って、そのデータを電算の人間が預かるわけです。電算部のパソコンにモバイルカードを差し込んで、それでメールで送ってきたんです。報道部長の菊池さんが書いた記事や、一面の下の『編集日記』、それから『社説』……これらが一本一本、送られてきました」

写真が送られてきた時、菅野常務は思わず絶句した。菅野は、小泉の撮った写真がどこのものであるか、ひと目でわかったのである。

「まさか、あそこが……」

相馬市の原釜から新地の方角に向かって撮ったものであることは、一目瞭然だった。この塔は、新地発電所だ。間違いない、小泉が写真の中に入れた「相双信用組合」の看板がそれを証明している。

それは、菅野が初めて福島の惨状を実感した瞬間だったかもしれない。

「これをなんとか入れてもらえ」

菅野は鈴木にそう命じた。凄まじい勢いで、紙面づくりはつづけられていた。

中面にラジオ面を入れ、終面にテレビ面を入れることを決定し、八ページすべてをカラー面としていたが、ラジオ面だけは、モノクロだったため、この面だけをモノクロにした。

読売新聞の技術部員が、てきぱきと作業をつづけてくれた。

読売にある出稿用の「クライアント端末」で、福島民友の社説、編集日記……等々を探し出してくれた。そして、それを待ち構えていた読売編成部員がさらに紙面へと反映してくれたのである。

スキャンされた漫画『カンちゃん』が送られてきたのは、早版を下ろす直前の午後九時二十分頃のことである。すべてがぎりぎりの中でおこなわれていた。

だが、早版をいざ下ろす寸前の九時二十三分、今度は「一号機の半径三キロメートル以内の住民に避難指示」というニュースが流れてきた。

三キロ以内に避難指示とは、まさに地元福島にとっては、見逃せない大ニュースである。

「これは、入れるべきじゃないでしょうか」

紙面制作をやってくれている読売編成部員からの助言だった。菅野も鈴木も、少しでも読売側に負担をかけるのは、申し訳ないと思っている。しかし、逆に読売側がそう言ってくれたのである。

「ありがとうございます」

二人はそうお礼を言うと、一面の縦見出しにその情報を大きく入れてもらった。こうして福島民友の紙面は、着々と制作されていった。

「一刻も早くトラックを……」

読売新聞の東京本社で紙面制作が進んでいる時、福島民友新聞の工程資材室長である大橋吉文は、郡山の印刷工場を目指していた。

電気の復旧が遅れ、読売本社に依頼することが決まった時、大橋は佐藤に電気の復旧の一切を任せ、印刷所に行かなければ、と思った。

「郡山工場というのは、民友、読売、報知という三社の新聞を刷っているところなんです。すでに私たちは、グループの読売仙台工場、弘前工場が地震でやられていることを知っていました。これらの工場が使えないとなると、バックアップとして新聞を刷ることができるのは〝郡山工場しかない〟ということがわかっていたんです。つまり、三工場の分を一体どうやって刷るんだということです。当然、読売新聞、報知新聞については読売新聞がコントロールするだろうけど、その間に立って民友新聞のコントロールをするのはやっぱり工程資材室長の私しかいない、と思ったわけです。だから、私自身が工場に行かなきゃいけないということで、郡山に向かったわけですね」

しかし、福島から郡山までのおよそ四十五キロの道程をどう行くべきか、未知数だった。停電で真っ暗な中、渋滞や陥没の恐れがあるところを通っていくのである。

「高速道路を使えるかということで当初、向かったんですが、ラジオで高速はダメだとわかり、下から行くことにしました。国道四号線で向かおうとしたところ、四号線も、真っ暗な中で、車が数珠つなぎになっていました。そこで運転していた部下が四号線と高速の間にある、細い山道のようなところを選んだんです。そこは渋滞もなく、福島から二本松の間を通り抜けることができました。二本松の先に出たら、もう車の渋滞はなかったですね。そこから四号線のバイパスに出て、郡山に向かいました」

午後七時十五分頃に会社を出た大橋は、この機転によって予想より早く郡山工場に着いた。郡山工場は、郡山市の西工業団地にある。午後九時前、大橋を乗せた車は、郡山工場にすべり込んだ。

大橋は、すぐに、工場全体が殺気立っていることを感じ取った。

「すでに読売新聞は刷り始めていたんですよ。弘前工場というのは青森県と秋田県の分を刷っていますから、当然、弘前に持っていくものでした。そのあとは宮城の分です。これは仙台工場の分を刷るということでした。私が行った時にはすでに、これら読売新聞の印刷が始まっていました」

工場の二階には、「制作センター」という印刷をすべてコントロールする部署がある。そこに、それぞれの地域の担当者が集まっていた。

「状況はどうですか、いま何版を刷っているんですか、次はどこの何版だ、とか、そういう会話が飛び交っていました。その時点で、工場内は、どこの県のどの版を先にするかという調整で大変だったんですね。制作系だけでなくて、販売店を担当するいわゆる〝担当員〟も各県から来てて、それぞれの目が血走っているわけですよ」

この時、弘前工場は通信障害で紙面出力ができなくなっており、仙台工場は、激震で巨大な輪転機が傾き、印刷不能に陥っていた。仙台工場、弘前工場が動かないとなれば、担当員たちの目の色が変わるのも当然だろう。高速道路が不通になっている中で、青森や秋田に運ぶとなれば、一刻も早くトラックを出発させなければならない。郡山から渋滞を抜けて、果たして遠隔地へ届くのかどうか。自分が担当する版を一刻も早く刷り上げて欲しい、と思うのは、どの担当員も同じだった。

（一番先に刷って欲しい）

（一刻も早くトラックを出さないと……）

口には出さなくても、集まっていたそれぞれが、同じ思いだったに違いない。十数人が広さ二十畳ほどの制作センターの中で火花を散らしていた。

「早く刷ってください！」

「うちの方の版はどうなっているんですか！」

我慢できずに工場長に対して、そんな声を飛ばしている者もいる。郡山工場は、焦りと殺気が入り混じった修羅場となりつつあった。

地元の福島民友は、彼らに比べれば、地理的には恵まれている。まだ紙面ができていないにしても、そこまでのやりとりは、まだ必要ではなかったのである。

大橋が言う。

「うちで一番遠いのが南会津郡の只見《ただみ》町というところです。ただ、いずれにしても福島県内においては、新聞輸送というのは民友と読売が〝同送〟なんです。販売店も同じですから、どっちかが先に終わったとしても、もう片方が終わらないかぎりは、出発できないんです。だから、無理やり自分のところを先に刷ってもらっても仕方がない。読売新聞は輪転機をフル回転させて、弘前、仙台、郡山工場の分、という風に刷っていきました」

一つの印刷工場で三つの印刷工場分を刷る——まさに〝非常事態〟だった。

大橋は、福島民友の状況を工場長に伝えた。あとは民友の紙面が読売本社から送られてくるのを待つ、という状態である。

最初の版である「第七版」の出力は、午後九時四十四分になった。刷り出し、すなわち見本の印刷紙面が出たのは、午後十時になる直前の九時五十七分のことだった。

それは、福島民友が「紙齢を欠く」という危機を脱した瞬間である。

大橋には、独特の感慨がこみ上げた。

「紙齢がつながった時には、ほっとしたということと、もう一つは、自分の社だけで作った紙面でなかったという残念さと、両方ありました。読売新聞への感謝は、それは大きかったですよ。でも、そこの現場にいたのは、菅野常務、それと電算編制局の鈴木君の二人でした。本来の民友の紙面を作る担当者はいませんでした。でも、読売に紙面を作ってもらい、二人が参加させてもらって、やっと紙面制作ができたわけです。二人は、読売の紙面を使わせてもらう立場ですからこの写真をそっちに入れ替えろとか、こっちの記事はここへ、とか、なかなか言いにくかったと思います。読売さんにしても次の紙面制作が待ってるんですからね。私は刷り出しを見て記事の中身というより、まず印刷自体に誤りがないのか、ページ数が飛んでいないかとか、新聞の体裁の方をしっかりチェックさせてもらいました」

一方、ようやくここまでの作業を終えた読売本社にいる菅野と鈴木は、放心状態だった。

「紙齢をつなぐというのが、われわれにとっての責務ですからね。これは、読者に対する責任です。大震災の状況を読者に届けるというのが新聞の使命だと思っていますので、なんとしても新聞を届けたいという思いがありました。当時、われわれには、二十万読者がいましたからね。その責任を果たせて、ほっとしました」

菅野常務は東京の地で、被災した福島県民に思いを馳せていた。

福島民友の読売本社でのぎりぎりの早版の紙面制作は、こうして終わったのである。

第十章　「民友をつぶす気ですか」

地下「第一電気室」での格闘

工程資材部の佐藤正敏部長の本社地下一階での格闘はつづいていた。

（どうやったら回復するんだ……）

真っ暗な地下の第一電気室で一人、佐藤は作業に没頭していた。ほかに専門知識を持つ社員はいない。佐藤は、自分自身で、すべてをやるしかなかったのである。佐藤は、中の盤を開けて手動での切り替えを試みた。しかし、これもうまくいかなかった。

「専門的に言えば、電圧が下がって〝真空遮断機〟が動かなかったんです。これは、なんらかの事故があった時に障害が波及しないように、ところどころに遮断機を設けて、それがトリップするようにしているシステムです。そういう系統が二、三個ありました。東北電力から来る通常の電気のルートと、緊急用の発電機のルートがバッティングしないように、切り替えるんですね。ところが、電圧が下がったことによって、その切り替えが作動しなくなったのです」

部品をはずしたり、線をつないだり、佐藤は必死でその「遮断機」を動かすために電気系統と格闘していた。

だが、おそろしい力がかかっており、とても「手動切り替え」ができるような状態ではなかった。

「どうしたら動かせるようになりますか？」

地下に総務局の幹部など、何人かが来て、佐藤に質問をした。

「バッテリー（分電盤）に電気を入れられればいいですが……」

「じゃあ発電機を買って来ましょうか。小さいモーターの発電機を買ってきて、そこから電気をつなげましょう」

総務局は、ホームセンターに行って、ポータブル発電機を買ってきた。屋台で使うような小型のものである。しかし、それをつないでも、まったく動かせなかった。

焦りは、深まっていく。佐藤は「ユアテック」という東北電力の下にある電気会社に「充電」を依頼した。

佐藤の説明はこうだ。

「バッテリーが電圧低下してしまったわけですから、そこに電圧をかけて〝電圧を上げたい〟のです。それを充電といいます。そのお願いをしました。大きな発電機を持ってきてもらって、第一電気室にあるバッテリーに電気を充電してもらうわけです。それができないと、上の自家発電をまわしても、館内に電気が行くように切り替えられないんです」

福島民友の運命が自分自身の肩にかかっていることを、佐藤はどの程度、認識していたのだろうか。

「いや、もう、直すことしか考えてませんでしたね」

それだけ必死だったのである。

工程資材室長の大橋吉文の言葉には、自戒がにじむ。

「確かにあとで検証してみれば、非常用バッテリーがどのくらいもつのか、あるいはどのくらいまで電圧が下がったら切り替えができなくなるのか、そういう検証を今までしてなかったわけです。だから、遅い時間に使えるように自家発電をいったん止めようという話に、私も、佐藤も、同調してしまいました。そこが悔やまれます」

東北電力への要請

午後九時を過ぎた頃の福島民友編集局は、焦燥と苛立ちが入り混じった尋常でない空気に包まれていた。

読売新聞の協力によって紙面制作が進んでいたものの、編集局では、どんな紙面になっているのか、実際にその目で確かめることができなかった。

午後九時四十四分に早版（七版）が出力されたとの連絡は受けたが、大刷りが出てくるわけでもなく、また端末で見ることも叶わなかったのだ。

ピリピリとした緊張と、一方で形容しがたい不安が編集局には充満していた。

そんな時間帯に福島市内は、次第に停電から回復しつつあった。一定の地域ごとに復電していったのである。

「あっ、太田町が点《つ》いた！」

福島民友の五階からは、直線で一キロほど離れた太田町にあるライバル紙「福島民報」本社付近のようすを見ることができる。まだ自社は復電していないのに、その時、福島駅の西側の太田町一帯の電気が点いたのである。太田町とその周辺は明るくなり、もちろん、福島民報が復電しただろうことは間違いなかった。

「誰か、東北電力に電話をしてくれ。東北電力は民友をつぶす気か」

思わず役員の間からそんな声が飛んだ。

たしかにライバル紙の福島民報が発行されて、民友が発行できなければ、痛手ははかり知れない。役員が口にした思いは、福島民友の幹部たちに共通していた。

災害緊急用として〝生きていた〟事業局の一本の固定電話から東北電力に電話を入れたのは、加藤編集局長である。

相手は、いつも広報の窓口となっている東北電力の担当者だった。

「とにかく電気を通してください。(東北電力は)福島民友をつぶす気ですか」

加藤は必死だった。新聞が発行できなければ、実際に福島民友はつぶれてしまう可能性があった。

「いや、全力でやっています」

「一刻も早く電気を復旧させてください」

担当者と緊迫のやりとりを加藤はおこなった。

その時のようすを村西はこう語る。

「僕が言ったのは、とにかく通電を急がせろ、ということです。駅の反対側にある民報さんは復電するんですよ。ところが民友のほうは復電しない。復電はエリアごと、というより、系列ごとだったんでしょうね。それがブロックごとに電気が灯いていく形になったんだろうと思います。加藤君が東北電力に電話をかけて、〝東北電力は福島民友新聞をつぶす気ですか〟とまで言って、やっと復電するんです」

加藤は、その時の心の内を明かす。

「福島民友としては、電気を回復させてもらうしかなかったですからね。そうでなければ、編集ができないんです。ちゃんとうちの新聞を作りたいという気持ちで、あの時、一杯でした。強い口調ではなく、あくまで復電をお願いしただけですよ。大きな声も出してはいませんが、とにかく東北電力に電話したのは事実です」

加藤はこの時に何回か、東北電力と話し合っている。

「こちらから一回電話をして、あっちからどういう状況かという説明の電話が来ました。言ったのは、その時だったと思いますよ。向こうからかかってくるのは、たぶん事業局か、受付にかかってきたと思うので、それに私が出たわけです。その時に、このまま電気が戻らなければ、会社はつぶれるかもしれないので、電気を早く通してください、とお願いしました。（福島民報のある福島市の）西側は点いてるというのは、とにかくわかっていました。全力でやっています、一生懸命頑張りますから、ということを東北電力は仰っていましたね」

「命」が復活する音

だが、この時、東北電力からの通電があったとしても、本社ビル地下一階にある「分電盤（バッテリー）」の電圧が回復しない限り、本社ビルの停電は解消されなかった。そのことを理解していた社員は、どのくらいいただろうか。

「東北電力の買電回線と自家発電が干渉しないように安全回路を設けていますが、専門用語で言えば〝インターロック〟というんですが、これをはずせなければ、復電はできませんでした」

そう佐藤は語る。前述のように「真空遮断機」が作動しなければ、福島民友の復電はあり得なかったのだ。

佐藤が要請した「ユアテック」による充電の成否が、すべての鍵を握っていた。交通渋滞の中、ユアテックが民友の本社ビルに着いたのは、午後九時をまわった頃だ。その時も佐藤は地下にいた。

「着いたぞっ」

社員が佐藤を呼びに来た。上がるとユアテックが持ってきた大きな電源車が横付けされていた。

佐藤は、ユアテックの社員と共に、直径二、三センチのケーブルを地下の電気室に引いていった。そして、悪戦苦闘しつづけていた盤の端子にケーブルをつないで、さっそく充電を始めた。

しかし、つないだからといって、電圧はすぐに上がるわけではない。目盛りは、ゆっくりゆっくり、としか上がらない。

「五分ぐらい充電しても、ちょこっと上がるぐらいです。針はなかなか動かなかったですね」

暗闇の中で、佐藤以下、何人かが目盛りを食い入るように見つめていた。発電機自体は地上にあるため、佐藤のいる地下からは発電機がまわる音も何も聞こえなかった。

だが、充電が「進んでいる」ことは確かだった。

「針は、真ん中までなかなか来なかったですね。その間で止めて、切り替えができるか手動でスイッチを入れて、何回か試しました。でも、やはりなかなかできなかったですね。結局、針が真ん中の１００ボルトを超えて、やっと動き出しました」

時間は、間もなく午後十時半を指そうとしていた。

「いろいろブレーカーとかを入れて、最終的に、十時半過ぎには復電できたと思います」

午後九時頃にユアテックの電源車が着き、充電を始めてから一時間以上かかったのである。

「その一時間二、三十分の間は、早く（目盛りが）上がってくれ、上がってくれっていう思いだけでした。手段はこれしかなかったですから、神頼みするしかなかったですね」

その時、何回目かになるボタンを佐藤は押した。

ガチャン。突然、大きな音がした。真空遮断機が入る音である。そして、ウィーンと動き出した。

福島民友の、〃命が復活する音〃だった。それは、暗夜に漂いつづけた重苦しい不安と苦悩が薙《な》ぎ払われた瞬間だった。

（助かった……）

佐藤は、肩に重くのしかかった〃何か〃が徐々にとれていくのを感じていた。東北電力は、とうに福島民友の近辺を復電させている。しかし、遮断機の切り替えができないため、民友本社ビルだけはその東北電力からの電気が入ってこなかったのだ。つまり、ビル自体のシステムの入口がストップしていたため「復電」が不可能だったのである。

「いや、あらためて言われると、本当に背筋が寒くなります」

ひたすら、目盛りが上がることだけを必死に祈っていた佐藤はそう語る。

「やった！」

「点いたぞ！」

復電して館内が昼間のように明るくなった時、それぞれの階で歓声が湧き起こった。社内ネットワークから端末に至るまで、すべてが動き出したのである。電算編制部の部員たちは、機材の点検に各フロアを走りまわった。

「これで自前で（紙面を）つくれる！」

記者たちの喜びは譬えようがなかった。

四階の編集局は、たちまち戦場のような忙しさになった。暗闇の中で、文字通り暗中模索の状態だった紙面づくりが、やっと「自分たちの手」に戻ったのだ。

「松川浦の写真は一面だ！」

「ヨッシーランドの写真は社会面に入れろ」

「最終面は、写真を何枚かぶち込め！」

本来の姿に戻った編集局は、たちまち記者たちの熱気と息遣いに満たされた。

相馬支局長の小泉が撮った写真は、実に一面、二面、社会面（七面）、そして最終面（八面）に計四枚も掲載された。

〈県内震度6強、浜通りに大津波〉

〈観測史上最大　浅い震源　津波巨大化〉

〈津波　街を直撃　続く余震　恐怖〉

〈相馬、建物流され火災　家族ら気遣い、眠れぬ夜〉

特大の見出しのもとに福島民友独自の写真と記事が掲載された。それは、これまでの欲求不満が一挙に解消されたかのような勢いのある紙面づくりだった。

午前〇時四十四分、最終版（第八版）が出力された。大刷り機から、実物大の紙面が刷り出されてきた。

福島市、郡山市をはじめ、県内の主要都市には、この最終版が配達される。それは、目を見張るような迫力のある紙面だった。

（よかった……）

加藤編集局長、菊池報道部長らに安堵の気持ちが広がったのは、この八版の大刷りをやっと手にした時である。

読売新聞の協力によって、浜通りをはじめ、地方に配達する紙面をなんとか制作し、かろうじて「紙齢」をつないだ時とは、また違う喜びを福島民友の面々は味わっていた。

この日最後の緊急の対策会議が村西社長を中心に開かれたのは、もう午前二時を過ぎていた。ここで、福島第一原発事故の放射能漏れを受けて、「特別号外」を翌日（日付が変わっているので「当日」）に出すことが決められた。

熊田と連絡がとれない――そのことを菊池が知ったのは、遅版の作業が終わって、ほっとした夜中のことだった。

「もうこの段階では全員の安否が確認できたと思っていますから、夜中になって、浩（菅野浩・相双支社長）から、その後、熊田君と連絡がとれなくなっている、という報告があった時は、びっくりしました。地震後、熊田君と話をして、市役所に行けと言ったから大丈夫だとこっちは思っていますので、もう全員が安否確認できたという認識でいたわけです。そうしたら、その遅版が終わったあとで、熊田君のことを知ったので、驚きました」

夜中の対策会議に、さっそくこのことが報告された。

（まさか……大丈夫だろう）

幹部たちは、自分の不安をかき消すように、それぞれがそんな思いでいた。

第十一章　放射能の恐怖

「車」から「バイク」へ

木口は、福島第一原発を担当している。

浪江、双葉、大熊という三つの町と葛尾村をカバーする浪江支局長の木口にとっては、福島第一原発は重要な報道対象である。

さっき自分が体験した身も凍るような恐怖の津波が、原発にどんな影響をもたらしたのか。気にかかってはいるものの、情報はまったくなかった。

それよりも、まず津波の被害を取材しなければならない。自分の命を呑み込もうとしたあれほどの津波である。沿岸部の被害は、凄惨をきわめていることだろう。

地震直後に行った請戸地区はどうなったのか。おそらく津波でひとたまりもなかったに違いない。すると、あそこにいた人たちは一体……。警察の呼びかけで、請戸地区を後にした自分は、ひょっとしたら、そのことで命を拾ったのか。それとも……。

大熊町から双葉町へ、そして浪江町と、木口は津波の被害を見なければならなかった。自分が担当する地域を新聞記者としてきちんと取材していかなければならないのである。

大熊町役場を出た木口は、福島第一原発のすぐ近くから浜街道を下りるルートをとろうとした。しかし、瓦礫に行く手を阻まれた。

「津波の被災地を取材しなければ……」

普段、通り慣れた道が、見るも無惨な状態になっていた。だが、記者としての責任感だけが、ぼろぼろになった木口の心身を支えていた。

薄暗くなりかけた中、木口は引き返したり、横にそれたりしながら、車を運転していた。

双葉町の沿岸部では、火災が起こっていた。電信柱や家屋が倒れ、家自体が田んぼの中に流されているところもあった。

木口は双葉町役場での取材を一旦、あきらめ、浪江町に戻ることにした。車の渋滞があちこちで起きていた。車を使っての取材は限界だった。

ハンドルを握りながら、おじいちゃんと孫の二人を助けられなかったことが頭から離れない。いや、その事実とあの光景に、ずっと責め苛まれていた。

しかし、自分には、記者としての仕事がある。木口は、少しでもあの現実から逃避するためか、余計仕事に没頭しようとしていた。新聞記者としての使命が、あの現実を忘れさせてくれないだろうか。木口は、頭の片隅でそう思っていたのかもしれない。

(車は渋滞で無理だ。バイクを使おう)

午後七時半頃だっただろうか。やっと木口は浪江支局に帰ってきた。激震で支局から飛び出して、すでに五時間近くが経過していた。

この五時間に木口が経験したことは、あまりに過酷なものだった。新聞記者の宿命と言えばそれまでかもしれない。しかし、それにしても無残であり過ぎた。

憔悴し、疲れ切っていたが、それでも木口は、取材をつづけなければならなかった。気がつくと、木口は午前中の中学の卒業式取材のままの背広姿だ。

動きやすく、温かいアノラックに着替えた木口は、バイクを福島民友新聞の販売店に借りにいった。浪江駅を挟んで反対側だが、歩けば十分とかからない距離である。

(あそこに行けば、新聞配達用のバイクがある。それを一台、貸してもらおう)

木口は、そう考えたのである。

福島民友新聞の鈴木販売店は、朝日新聞との複合専売店である。一九三七(昭和十二)年から新聞配達を請け負っている地元の老舗の販売店だ。

浪江駅から、通称「富岡街道」と呼ばれる国道一一四号線に向かって北に歩いていけば、鈴木販売店はある。浪江小学校近くの中央公園の真向かいである。

浪江は、ほとんどが停電になっていた。しかし、鈴木販売店のある町の中心部の一角だけは停電していなかった。鈴木販売店には、明かりがついていた。

「こんばんは」

木口が鈴木販売店に顔を出したのは、おそらく午後八時前後だったと思われる。地元の支局長と、販売店とは、もちろん日頃から何かと連絡を取り合っており、仲はいい。

鈴木販売店は、すでに三代目になっており、二十七歳の若社長、鈴木裕次郎が店頭にいた。

「裕次郎君」

木口は、いつもの呼び方で語りかけた。

「ああ、木口さん」

　そう応じた裕次郎に、木口は、

「渋滞で動かねえから、余ってるバイク貸して」

　と、お願いした。

「おう、木口さん？」

　奥から、父親の宏二（六七）の声が聞こえた。息子に譲る前年まで販売店の社長だった。宏二は、木口が来ていることに気づいて奥から声をかけたのである。

「取材に行くけど、車で行かれないんです。バイク貸してください」

　今度は、奥にいる宏二に向かって木口が声を上げた。

「どこへ行くだか？」

　と、宏二。

「請戸です」

「請戸は全滅してるぞ。大丈夫だか？　それに寒いぞ」

　普段から一緒に酒を飲んでいる木口である。宏二は、こんな寒い中をバイクで走ることが気にかかった。しかも、すでに津波で全滅している請戸に行く、というのである。宏二は、木口の身を心配した。

「大丈夫です」

「そうか、これ、乗ってけ」

木口は無事、バイクを借りた。

「気をつけていけよ！」

「ありがとうございます！」

バイクに跨った木口は暗闇に消えていった。

「木口さんは、夜、チラシがばらばらになったものを、もう一度あわせ直ししていた時に来たんだ。夜十時頃までかかったんだけど、それをやってる最中だったな」

鈴木宏二も震災のさなか、新聞のために体を張っていた。鈴木販売店は、翌朝の新聞に入れて配るチラシが激震で崩れてしまい、それを配達に備えて、〝あわせ直し〟していたのである。どんなことがあろうと、鈴木は翌朝の新聞を読者に「届ける」つもりだった。

「木口さんは、車が使えねえから、って言ってたな。ここさ、（バイク）あっからって、鍵を貸したんだ。倉庫にあったのを、俺が持って来たんです。バイクは、買って一年ぐらいしか経ってねえヒーター付きのカブですよ。それで、エンジンを掛けてあげたら、木口さんは、すみません、みたいな感じで、それに跨ってまず役場の方に向かって行ったよ」

浪江の役場は、騒然としていた。

バイクで行けば、鈴木販売店からはわずか数分の距離だ。役場は、国道六号線と国道一一四号線の交差点・知命寺《ちめいじ》交差点のすぐ脇の町の中心部に建っている。

役場と同じ敷地内にある町民第二体育館の玄関では、カップラーメンの炊き出しをやっていた。木口は、何もない暗闇の中でも、必死に助け合おうとする町民たちの姿を目撃した。

周囲は、完全な停電状態だった。ふと、空を見上げたら、星がキラキラと輝いていた。普段は、夜、空を見上げることもないが、停電であたりが真っ暗闇になっているため、空からの光に気づいたのかもしれない。

（きれいだ……）

それは、記憶もないほど小さい頃以来のきれいな夜空だった。過酷な体験で身も心もぼろぼろになっていた木口に、それは、美しく瞬《またた》く星が「頑張れ！」と、応援してくれているかのようだった。

（山形蔵王でキャンプした時以来かなあ。あれは、小学校の五年生か。こんなきれいな星空は、三十年ぶりぐらいだ）

木口はそう思った。電気が消え、透き通るような夜空と刺すような冷気が、一瞬、木口を感傷的にした。だが、そんな思いに浸っている時間と余裕は木口にはなかった。新聞記者として現実に戻った木口は、浪江の役場に入って行った。役場は、町民でごった返していた。

浪江町役場は、四階建てだ。町長室は二階にあり、災害対策本部はこの同じフロアにある庁議室にできていた。普段は役場の職員が会議などで使う大きな部屋である。馬場有・浪江町長をはじめ、町と消防団の主だった幹部が顔を揃えていた。東北電力の社員の姿もあった。

町民の避難の状況を報告する声や確認する声が絶えず上がっていた。確認された数字は、紙に書き込まれ、ホワイトボードに貼られていった。

やはり、請戸地区は、津波に呑まれていた。この時間が来ても、新たにわかった被害が次々と報告されていた。それは、絶望的なものだった。

（……）

いつも出入りしている役場だけに、木口の顔見知りは多い。

「やあ、木口さん」

「木口さん、無事でしたか」

いろいろな人が声をかけてくれる。しかし、それぞれが、家族や親戚に犠牲が出ているかもしれない人たちである。

きっと、その感情と、被災地に飛んで行って捜索に加わりたい思いを押し殺して、災対本部の仕事に従事しているに違いない。そこは、哀しみと責任感が凝縮された息が詰まるような空間となっていた。

木口は、一階の水道課に特に親しい友人がいた。そこで電話を借りて、何回も妻に電話をした。だが、つながらない。無事かどうか、きっと心配しているだろう。生きていることだけでも伝えなくては……。木口は、そう思ったが、電話からは、ツーツーという〝不通〟を告げる無情な音が聞こえてくるだけだった。

この時、木口は、本社とは通じないままだったが、やっと、相双支社長の菅野浩と電話がつながった。

「木口です。無事です」

今まで取材して来たことを木口は、菅野に伝えた。しかし、菅野も本社との連絡がついていないため、どうしようもなかった。

その時、菅野は木口に言った。

「熊田君から連絡がないんだ」

熊田から連絡がない？　どうしたんだろう。こんな時間である。木口は、自分の命が危うい状況に陥ったことが一瞬、頭を掠めた。しかし、自分にも言い聞かせるようにこう言った。

「こんな状態だから、まあ、大丈夫でしょう」

それは、心配を自ら打ち消すためでもあった。

請戸地区の惨状を受けとめきれずにいる木口に、さらに衝撃を与えたのは、福島第一原発のありさまである。

押し寄せた大津波によって、原子炉の冷却が不能となった福島第一原発が、原子力災害対策特別措置法に基づいて、国に対して緊急事態を知らせる、いわゆる「十五条通報」をおこない、午後七時三分には、枝野幸男官房長官が記者会見で「原子力緊急事態宣言」を発令していたのである。木口は、このことをまったく知らなかった。

（双葉町に行かなければ……）

木口は、浪江町役場をあとにして、さっそく暗闇の国道六号線と並行する旧道をバイクで双葉町に向かった。

「避難指示が出ました」

真っ暗な旧道を木口はバイクで南下した。

双葉町役場の災害対策本部に入っていったのは、まだ午後八時台だった。またしても驚異的なスピードだった。車がダメなら、バイクで——木口は、神出鬼没という言葉そのままに、重要な取材先に顔を現わしていた。

本社にこそ連絡がつかないものの、浪江支局長としての行動とその範囲は、驚くべきものである。

福島第一原発、通称「一F」が緊急事態となった双葉町の対策本部は、殺気立つ〝戦場〟となっていた。井戸川克隆・双葉町長ほか、町の幹部たちが顔を揃え、町民の避難へと大声が飛び交っていた。

木口が強い印象を持ったのは、町の原発担当者が東電社員が持っていた衛星電話で冷静にメモをとりながら、どこかとやりとりをしていたことである。

木口は、そこで出ている言葉や情報をそのままメモに書きとめた。

〈一F一号機　自動スクラム　高圧注水系作動中　電源なくトリップ　圧力・水位・炉心温度　不明　二号機　再起動前に電源喪失……〉

そこには、緊迫した状況が、専門用語を含めて次々と記載された。木口には、原発の技術的なことはわからない。だが、やりとりしている人間の緊迫した表情を見れば、深刻さはわかる。

役場の一階には、住民が大勢いる。その住民たちに東電の広報班が、必死に説明をおこなっていた。

「落ち着いてください。炉心は露出しておりません！」

「いま電源の復旧を急いでいるところです。電源が復旧すれば、冷却されます！」

ひとたび事故が起こった場合、目に見えない放射能の恐怖は、はかりしれない。

しかし、午後八時五十分、原発から半径二キロ以内の住民に避難命令が出た。

福島第一原発は、広大な敷地内に大熊町と双葉町の境界がある。一号機から四号機までは大熊町、五、六号機が双葉町に位置している。

そこから「二キロ圏内」に避難命令が出たのである。

避難命令とは、すなわち放射能が漏れている、もしくは、その危険性がある、ということだ。

〝浮き足立つ〟とは、このことだろう。

町民は、役場の中にある公衆電話に行列をつくっていた。なぜか、公衆電話はよくつながるのである。

しかし、寒気にさらされた外の電話には、ほとんど人がいなかった。木口はそこへ行って、電話をかけた。相変わらず東京にいる妻には、つながらない。本社にもつながらなかった。

午後九時二十三分、「三キロ圏内」に避難指示が出た。三キロといえば、双葉町役場は、ぎりぎりである。

「木口さん、危ないから浪江に帰りなさい」

この時、木口にそう声をかけたのは、双葉町の井戸川克隆町長である。井戸川町長は、三か月前に催された木口の結婚披露宴にも出席したほど親しい関係にある。

浪江なら原発から十キロは離れている。わずかな距離の差かもしれないが、井戸川は新婚の木口を気遣ってくれたのである。

外の公衆電話から、木口は相双支社長の菅野にまた電話をした。相双支社には、今度もつながった。

「木口です。今、双葉町の役場にいます」

「おお、木口君、大丈夫か」

菅野も原発が異常事態に陥っていることを承知している。

「たった今、三キロ圏内に避難指示が出ました」

「そうか。木口君もすぐ避難して」

「わかりました。とりあえず避難します」

この時、木口は、熊田から連絡があったかどうかを聞いている。

「それが、まだ来ないんだ……」

菅野の口調は暗かった。

（まだ連絡がないのか……）

さすがに木口の心の中に一抹の不安が生じていた。

木口がバイクに乗って、浪江町役場まで帰ってきたのは、午後十一時になっていた。

双葉町役場を出る時にもらったカロリーメイトをポケットに入れていた木口は、それを旧知の浪江町の総務課長と分け合って食べた。

浪江では、地震と津波での行方不明者が「およそ千七百名」という推定の数字が出ていた。人口二万人の浪江町の八パーセントを超えるという恐ろしい数である。

いったい実際の死者はどれほどなのか。木口には、想像もつかなかった。

その夜、木口は、浪江町の役場で仮眠をとろうとしていた。最初に寝ようとしたのは、総務課長室と町長室の間だった。しかし、いざ眠ろうとしたら、自分が助けられなかったおじいさんと孫の二人の姿が頭に浮かんできた。

自分が助けられなかったために、あの二人は死んでしまったのではないか。そのことが、どうしても頭から離れなかった。あのぎりぎりの場面で、二人を助けに行けば、木口も命を落としていたかもしれない。

しかし、この時の木口には、客観的に自分を見ることができなかった。津波に気づいた瞬間、カメラに手を伸ばしたせいで、「二人は死んでしまったのではないか」と、木口はどうしても思ってしまうのである。

その自分の行動そのものが許せないのだ。いや、自分が新聞記者であることが許せなかったのかもしれない。

相変わらず妻に電話がつながらなかった。妻は無事だろうか。

きっと心配しているだろう。俺は無事だ。心配しなくていい。そう伝えたかった。

役場の一階の水道課の友人に頼んで、また何度も電話をかけさせてもらった。

本社にもつながらない中、ふと、木口は、猪苗代支局に電話をしてみた。猪苗代支局長は、社会部時代に親しかった記者だ。

（被災地から離れた場所だったら、つながるんじゃないか）

そう思った木口は、試しにかけてみた。それは、たまたまつながった。ちょうど三月十一日から十二日へと日付が変わる前後のことだ。

「ああ、こっちも本社になかなかつながらないんだ」

浜通りのようす、そして木口の身を心配しながら、記者は、そう言った。記事と写真を送れないまま悶々とする木口は、それを聞いて、少しほっとした。本社で何かがあって、それで連絡がつかないのなら仕方がない。あきらめもつこうというものだ。

余震のたびに怖がる声が役場内に上がる中で、必死に眠ろうとしていた。しかし、とても寝つけなかった。

夫の安否がわからない

木口の妻、和香子（三七）は、その時、東京・港区のビルにいた。

東京で大手化粧品会社に勤める和香子は、新婚三か月の新妻だ。夫の木口拓哉とは、週末にしか会えない別居婚である。

二人は、福島県伊達郡の地元中学校の中学一年から中学三年まで、ずっと同じクラスだった。二人は、仙台で木口が浪人、和香子が大学生となって以来、実に十八年の交際を実らせて、ゴールインした。

高校は、木口が福島高校、和香子は、福島女子高校に進み、別々だった。しかし、中学時代から木口に好意を寄せていた和香子は、福島高校のグラウンドでラグビーに没頭する木口の姿を学校の帰りに、たまに見に行くような女子高生だった。

その頃から数えれば、さらに長い年月をかけての結婚だったことになる。

「主人は、ラグビーのこともあって早稲田大学の志望だったんですが、二浪して結局、一度、私と同じ仙台市の私立大学に入ったんです。でも、ここに二年通って辞めて、それから早稲田に入り直しました。だから、主人は福島民友新聞に入るまでに結構、寄り道をしているんです」

仙台で大手化粧品会社に就職した和香子は、やがて東京に異動になり、のちに福島民友新聞の記者となった木口とは、結果的に別々に生活することになる。

この日、三月十一日は金曜日。毎週金曜日、和香子は夕方の汽車かバスに乗って、週末を浪江で夫と過ごすことになっていた。

しかし、午後二時四十六分に東京を襲った震度5強の地震は、首都をあっという間に機能不全に陥らせた。

和香子の職場は、ビルの十一階である。大きく揺れたが、ビル自体に被害はなかった。しかし、交通機関はたちまち麻痺《まひ》状態に陥った。

間もなくその大地震の震源地が東北であることがわかる。

（……）

和香子はすぐに夫に電話をしてみた。しかし、つながらない。

大津波のことがテレビを通じて伝えられるのは、それからすぐのことだ。凄まじい津波が大地を覆っていくさまが、職場でつけっ放しになったテレビ画面にこれでもか、と映し出されていた。

つい前々日のことを和香子は思い出した。福島には、前日、前々日にも地震があった。その夜に夫と電話で話した時、

「津波が来るというから、取材で見に行ったら、五十センチ程度の津波だったよ」

そんなことを言っていた。大地震があれば、浪江支局長の夫が海に向かうのは確実だ。絶対に津波の写真を撮りに行っているはずである。

夫は、元ラガーマンだ。行動力なら、誰にも負けない。誰よりも早く津波を撮るべく海に向かったに違いない。

今、どこにいるんだろう。海の近くにいるんじゃないか。大丈夫だろうか。命に別状はないだろうか。和香子は、よく二人で行った浪江の海辺の光景を思い浮かべた。考え始めたら、もう湧き起こる不安をかき消すことができなかった。

何度も何度も、和香子は木口の携帯に、そして浪江支局に、電話をかけつづけた。しかし、一回もつながらなかった。

不安は不安を呼ぶ。福島第一原発のことが大きなニュースになりつつあった。原子炉の冷却ができなくなっている、あるいは、緊急事態宣言が発せられた、というニュースが流れ始めたのである。

そう言えば、地震がある度に、夫は、福島第一原発に電話をかけていた。原発が安全かどうか――。

それは、夫が必ず確かめていたことである。それが、夫の仕事だった。そんな夫の姿が、和香子の脳裡に浮かんできた。

(もしかしたら、原発の方に行ってるのでは……)

大丈夫だろうか。あの人は無事、生きているだろうか。

いずれにしても、危ないところに夫がいることは間違いなかった。そんなことを考えた和香子は、いてもたってもいられなくなった。これほど新聞記者という職業を恨めしく思ったことはない。それは、初めての経験だった。

職場の人間は、もちろん、和香子が新婚であり、夫が福島の新聞記者であることを知っている。東北の激震、そして大津波のニュースを見て、上司や同僚が声をかけてくれた。

「旦那さん大丈夫?」

「きっと心配ないよ」

励ましの言葉は、ありがたかった。しかし、和香子は、

「たぶん大丈夫だと思います」

そう答えるのが精一杯だった。そんな時、夜になって、ふと、携帯電話に「公衆電話」からの着信記録があることに気づいた。

音も何も鳴っていない。夫からの電話をずっと待っていた自分は、携帯電話に全神経を使っていた。だから、一回でも鳴ったら、すぐに取ったはずだ。気がつかなかったはずはない。

しかし、公衆電話からの「着信」があったことは間違いなかった。

(拓哉さんだ。間違いない)

夫が無事を知らせるために、公衆電話からかけてきてくれたんだ。絶対にそうだ。

電波事情が悪くてかけられない中、わざわざ公衆電話から無事を知らせるために、かけてくれたんだ。

（大丈夫、絶対、生きてくれている……）

和香子はそう思った。

「**絶対、無理しないで！**」

和香子の住まいは、港区の職場から十キロ以上離れている。女の足で簡単に歩ける距離ではない。いつもなら、地下鉄の丸ノ内線と銀座線を乗り継いで往復しているが、この日は、早々と会社に泊まり込むことを決めた。

アパートに帰って、たった一人で、この不安な気持ちに「耐えることはできない」と思ったからである。一人になることが怖かったのだ。

和香子は自分のデスクの下に、近くから段ボールを持ってきて敷いた。そこに寝床をつくった。

机の下に頭を入れて、顔は見えないようにして、足だけ出して寝ようと思った。毛布などはないため、自分のコートを掛布の代わりにした。同じようにして会社に泊まり込む同僚が結構いた。

和香子は、生まれて初めて、「机の裏の板」を見上げながら眠ろうとしていた。

しかし、眠れるはずがなかった。そもそも、いつ夫から電話が来るかもわからない。目を瞑っても、夫が生きているかどうか、気になって逆に冴えてくるのである。

あの公衆電話からの着信だけが頼りだった。夫以外に公衆電話からわざわざ自分の携帯に電話してくる人間がいるはずがなかった。

もし、この公衆電話からの着信がなかったら、ずっと、何時間でも電話をかけつづけていたに違いない。今もときどき電話をかけてはいるけれど、きっと〝狂ったように〟それに没頭していただろう。

公衆電話からの着信記録——それだけが心の支えだった。和香子は、大丈夫に違いない、と思っていないと、自分自身が何かに押しつぶされるような気がしていた。

寝床をつくった同僚たちも、ほとんどが眠れないようだった。結局、夜中になって、それぞれが会議室に集まってきた。

和香子は津波の映像、特に、仙台空港が津波に呑み込まれていくようすを捉えた映像が頭から離れなかった。仙台空港は、もちろんよく知っている。あの場所が、津波に呑み込まれるなんて、いったいどういうこと？　そんなことがどうしてあるの？

土地勘がある場所であればあるほど、テレビに映し出される目の前の映像が現実のものとは思えないのである。

それだけに不測の事態が夫の身にふりかかっていないだろうか、と余計、心配になっていた。

眠れなくて集まった会議室は、やはり暗かった。各々のデスクにいるのは寂しいから、一つの部屋に固まっていよう、となったのだ。みんな和香子のことを心配してくれていた。

そのまま電車が動き出す始発まで会議室で待つつもりの人も何人かいた。テレビでは、

「原発に電源車が向かっています」

そんなニュースも流れていた。

ちょうど福島出身の人も、一緒に残っている中にいた。

「それって、原発がやばいということなの？」

「福島、大丈夫なのかあ」

そんな会話が交わされたことを和香子は記憶している。

夜中の三時が近づいた頃、さすがに眠くなった人は、ぱらぱらと席に戻っていった。

会議室に五、六人しかいなくなっていた時だった。突然、和香子の携帯が鳴った。部屋に緊張が走った。

０２４０―３４―×××

和香子の携帯に電話番号が表示された。「０２４０」は、夫のいる浪江の市外局番である。

午前三時二分。その瞬間、和香子はまわりに向かって叫んでいた。

「これ、多分そうだと思います！」

和香子は会議室から出てすぐのところで、携帯に出た。

「もしもし」

携帯の向こうから、夫の声が聞こえてきた。待ちに待った声だった。

「あ、あなた？」

「ああ、やっとつながった」

「よかったあ……大丈夫？」

「ああ、大丈夫だ。そっちは？」

「こっちも、なんとか大丈夫よ」

「どこにいるんだ？」

「会社」

「何度もかけてたんだ」

「こっちも何度も……。心配した……」

同僚たちがすぐ近くにいる。こみ上げてくるものを和香子は必死で我慢した。

「信じてたよ。死んでないと思ってたよ」

和香子がそう絞り出すように言うと、一瞬、間が空いた。そして、

「今は役場にいる」

夫はそう言った。夫も、電話が通じて心底、安心したようだった。

「自分は無事だけど、目の前で木がなぎ倒されて、津波で流されてくるのを見て、急いで車をバックさせたんだ。おじいさんと孫が津波に呑まれた。でも、俺は助けられなかった」

俺は助けられなかった——夫は、そう言った。

それは、何かを心の底から吐き出すような口調だった。やっと自分の思いを聞いてくれる人間に出会ったかのような言葉だった。ようやくつながった電話で、一気に語ったこの「事実」が、その後の夫の心を苦しめ続けることを、この時、和香子は知らない。

「バイクを借りて動いているんだ」

夫はそうも言った。和香子はバイクに乗って、取材に走る夫の姿を想像した。きっと夫のことだ。新聞記者として、できるだけのことをしているに違いない。車がダメならバイクで、それでもダメなら、夫は徒歩になっても、写真を撮り、取材をするだろう。それが、新聞記者である夫の仕事だった。

その時、和香子の耳に忘れることができない言葉が夫の口から出た。

「今は、真っ暗だけど、明日、明るくなったら、目の前は地獄絵図だろう」

その言葉に、和香子は思わず、

「地獄絵図ってどういうこと？」

そう問い返していた。明日になったら、どういう景色になってるんだろう、と想像したら、和香子は背中が震えた。

「また地震が来るかもしれないし、津波だって来るかもしれない。無理しないで」

和香子はそう伝えるのが精一杯だった。

私の目の前にはない、夫の見たものとは、「何」だったのだろう。何を見て、そこに何があって、そして、夫は、どういうところにいるんだろう。

それを和香子は知りたくて仕方がなかった。しかし、それを想像するだけで、怖かった。

「やっと電話がつながった嬉しさと、どんな景色を今日、見て電話してきてるんだろう、というのが、すごくありました。次に会えるの、いつなんだろう、と思ったことも覚えています。次の電話は、いつかかって来るかわかりません。だから、明日の朝、目の前は地獄絵図だろう、という夫の言葉が耳から離れませんでした。絶対に無理しないで、ということしか、私には言えませんでした……」

ようやく夫と話ができてほっとしたが、和香子にはかけるべき言葉を見つけることは難しかった。電話を切って、会議室に戻ったら、みんなが一斉に口を開いた。

「どうだった？」

「誰だった？　誰だった？」

その時の上司が、皆を制するように、

「旦那さんだったか？」

そう聞いてくれた。

「主人でした……。大丈夫でした。ありがとうございます」

「よかったねえ。よかったねえ」

会社の仲間は手放しで、そして、わがことのように喜んでくれた。和香子にはそれが無性に嬉しかった。

「ありがとうございます。よかったです。ほんとによかったです」

和香子はそう繰り返していた。

夫の無事を報告して、やっと落ち着いたら、もう朝方になっていた。和香子が机の下に頭を入れて横たわると、ようやく短い眠りにひきこまれた。

第十二章　配達された新聞

集まってきた配達員

新聞をつくる側も必死なら、新聞を配る側の執念もまた並大抵ではない。最終的に読者のもとに届けるのは、各地にある新聞販売店である。

大震災を伝える二〇一一年三月十二日付の福島民友新聞を配達した人々にも、さまざまなドラマがあった。

店の中にまで津波が押し寄せた販売店もあれば、放射能の避難要請の中で、それでも配達の責任を果たした販売店もある。自身が震災の被災者でありながら、それでも新聞配達をおこなった人々が数多くいたのである。

福島民友の読者の中には、放射能による避難から半年経って「一時帰宅」した際に、三月十二日付の福島民友新聞を新聞ポストに見つけて感動した人間が少なくなかった。読む人が避難した主なき家に、それでも新聞は「配られていた」のである。

浪江支局長の木口拓哉にバイクを貸した鈴木販売店の鈴木宏二・信子夫妻も、三月十二日付の福島民友新聞を必死で読者に届けている。

木口がバイクに乗って去っていった後、鈴木販売店は、必ず届くだろう「福島民友」を待った。目の前で取材に向かう木口のうしろ姿を見ているだけに、この新聞はどんなことがあろうと配らなければならなかったのである。

昭和十二年から七十年以上も新聞販売店を家業とする鈴木家では、宏二が前年に息子に代を譲り、「三代目」となっていた。しかし、六十七歳となった宏二は、実質、まだ取り仕切っており、老舗新聞販売店として浪江では有名な存在だった。福島民友と読売、ほかにも朝日、あるいは日本農業新聞なども配達している「複合専売店」である。

浪江の鈴木販売店は、福島第一原発からおよそ十キロの位置にあり、原子力緊急事態宣言が発令された三月十一日午後七時以降、危機的な状況がつづいていた。

「あの日は金曜日で広告が多くて、二十種類くらいあったな。アルバイトと広告折り込み機を使って、チラシの準備をしていた時に、あの地震が起こったんだ。全部ぐじゃぐじゃになって、食器棚も倒れて、電灯も外れてバーンと落ちた。すごい状態だったな。一度、公園に避難したが、落ち着いたんで、戻って、また広告の折り込みの続きをやったんだ。翌朝、間に合わないと困るからね。それを、夜十時ぐらいまでやってたんだ」

公園の避難所にいる時に、宏二と妻の信子の耳に入ってきた情報は衝撃的なものだった。

「請戸は津波で全滅だ」

ところが、宏二はそう聞いても、「配る先がない」なんて、考えてもいなかった。

「うちに、午前中の事務員で請戸から通っている人がいたんだ。あの時、お昼頃、帰っていった。それで家にいるとき、津波が来たんだそうだ。家は流されたけど、家族六人は裏の竹藪に上がって全員助かった。自分も津波に浸かったんだが、何人かは手を引っ張って助けたと言ってたな。しかし、自分も危なくなって、あとは助けられなくて、何人か流されていくのを見た、ということだった」

しかし、そんな大災害だからこそ、新聞を配らなければならない、と宏二は考えていた。

「民友新聞と読売新聞が夜の〇時十分頃、トラックで配送されてきたのよ。普段は一時頃なのに、いつもより早かったの。そのあと、みんな地震でやられてるはずなのに、配達員がどんどん店にやって来たんだよ」

配達員が来るのは、普段は、だいたい午前三時頃である。しかし、彼らも、いつもより早く姿を見せたのだ。

「新聞、来てるの？」

「今日、どうしますか」

彼らも被災しているはずなのに、それぞれが新聞配達のためにやってきたのである。その数は、十数人にのぼった。

「危ないから、気をつけて。家があるところだけ配達して」

鈴木夫妻は、そういう注意を与えて、自分たちも配達に出かけている。

信子自身も、午前四時前に新聞配達に出ている。

「私、感動したんですよ。こんなすごい震災なのに、配達のためにやって来てくれたんです。配達の人は、親子でやっている人もいるし、いろいろですよ。私が家はどう？　と聞くと、〝ぐじゃぐじゃです〟と言っていました。被災して家も大変な状態になっているのに、それでも配達のために来てくれたんですよ。嬉しかったです」

信子夫人は、六区、七区、八区という町の中を配った。

「家がつぶれているところもあったし、電線が垂れ下がったり、瓦が落ちてたり、ブロック塀が倒れてるところもありました。そういうところは、よけながら配りました。それでも行けないところには、Uターンして、違う道から行ったりしました。配達には、バイクと自転車を使う人がほとんどですが、私は軽自動車を使います。この日、私は、部数でいうと、百ちょっと配ったかな。でも、あんな状態でも、十何人も集まってくれたのには、びっくりしたし、感動しました」

郡山の印刷所からの配送ルートは、いくつもある。鈴木販売店に来るトラックは、浪江が一番先で、双葉、大熊、とまわって、いわきまで南下していく。非常事態のこの日は、特別、配送時間が早かったのである。ここへ配送されてきた新聞は、福島民友が悪戦苦闘の末に東京の読売本社でつくった、あの「早版（第七版）」である。

この日は、朝日新聞が配送されてこなかったため、鈴木販売店の配達員たちは、福島民友と読売だけを配って終わった。

夜が明け始めた頃から、浪江は喧噪に包まれていった。

放射能からの避難の呼びかけが、あらゆる方法でおこなわれたのだ。町役場の車でも、消防車でも、あるいは、パトカーでもおこなわれたし、さらには、町の防災無線でも繰り返し呼びかけられた。

浪江には、福島第一原発から放出された放射能が、刻一刻と迫っていたのである。朝六時台には、国道一一四号線が避難する車で大渋滞となった。

「何回も防災の放送がありましたね。息子が〝早く逃げなきゃだめだ〟というので、それで、私たちも、息子、娘と一緒に四人で逃げたんです。車は、一五〇〇ccのグレーのスカイラインです。ガソリンがスカスカだったので、ガソリンを節約するために、エンジンを切っては入れ、切っては入れしながら逃げました」

配達の責任を果たした鈴木家も避難の列に加わったのだ。

「車に乗ったのは、七時ちょっと前だな。一一四号線を津島の方に向かったの。すぐ渋滞だ。そのたびに、エンジンを切ったんだ。ずうっと渋滞だから、ガソリンが三分の一ぐらいになったな。津島まで三時間かかったんだ」

まさか、そのまま三代つづいた新聞販売店を閉めなければならなくなるとは、宏二も、そして信子も、思いもしなかった。

「だって、私たちは新聞を配達していた格好のまま逃げているんですよ。普通のジャンパーにスニーカーを履いて、そのまま避難したんです。どうせ、二、三日だろう、と思っていましたからね。持ってきたのは、こんな小っちゃい鞄だけです」

ところが、浪江は、原発事故がいち段落したあとも、「帰還困難区域」に指定され、居住ができない町となってしまった。宏二たちも避難所暮らしの末、二本松市に移り住み、浪江には帰れないままなのだ。

信子は〝最後の仕事〟が頭から離れない。

「あの三月十二日には、福島民友を契約宅に配達しただけでなく、避難所にも配ったんですよ。〝こんな時に来てくれたの？〟と随分喜ばれました。〝まさか新聞を見られると思わなかった〟って。浪江東中、苅野《かりの》小、大堀小……避難所になっているところには息子が新聞を持って、全部まわったからね。それが〝最後の仕事〟になったんですよ。震災後、私の父が亡くなったし、主人が進行性の直腸がんになったり、あれから、本当にいろいろありました……」

信子の話を聞きながら、宏二はこう胸を張った。

「最後まで新聞を配ったのは、誇りだ。福島民報は、店の前に梱包《こんぽう》が解かれないで、そのまま置いてあったからな。二本松には、浪江から来た人がやってる居酒屋があるんだ。そこに行くと、浪江の人ばっかりなんだな。だから、その店でも、話したんだ。みんなが避難したけど、俺たちは十二日の朝まで新聞を配達したんだぞ、って。十二日にやったんですか？　なんて驚かれたよ」

そして、後日、一時帰宅した人から「福島民友」が入っていた感動を夫妻は聞かされたのである。

「避難して来ている浪江の人と、二本松で偶然、買い物の時に会ったんだ。その人は、一時帰宅で浪江に帰ったばかりで、〝一時帰宅で家に帰ったら、福島民友が家のポストに入ってた〟と感動してたな。こっちは、そりゃそうだ、十二日の朝まで配達したんだと、威張って答えたんだ」

宏二は、そう語る。

二〇一三年七月、その時の配達員たちが、二本松で一堂に会したことがある。

「会費なしで、私の方で全部出すから、ということで、みんなに連絡して二本松に集まってもらったんだ。あれから二年半も経ったからな。あの時いた十八人ほどが集まりました。うちに集まって飲んで、そのあと、陽日《ゆい》の郷《ごう》あづま館というホテルに泊まってもらったんだ。みんな、思い出話ばかりだよ。あの時は、ご苦労さんだったな、と言いましたよ。あんな状況で配達したのは、俺らしかねえ、本当にありがとう、と感謝しかなかったな。みんな、俺のところで新聞配達を十年、二十年やってくれてた人たちだからな。その時、〝浪江に帰ってやる時は、また、声をかけてね〟って、みんな言ってくれたんだ」

泥に埋まった店内

福島民友新聞の第七版は、新聞販売店に次々と届けられた。

いわき市小名浜の緑川新聞店に届いたのは、日付が変わる午前〇時頃のことだ。普段なら到着は午前二時頃だが、この日は、やはり特別、早かった。

小名浜は、いわきの中心街からは十三キロ南に位置し、危機的状況に陥った福島第一原発からは五十キロ離れている。そのために、浪江の鈴木販売店とは、放射能の危機感が異なる。

しかし、緑川新聞店は津波の被害を受けている。それも、海からではない。川からである。

「津波は、直接、海から来たわけじゃなくて、小名川《おながわ》という川をさかのぼって、逆側の北東から来たんですよ」

そう語るのは、店主の緑川一信（五四）である。

「いわきの震度は6弱だったんですけど、小名浜は地盤が弱いから、もっとあったたんじゃないかと思っています。揺れがすごくて、高さ二メートル、重さが三百キロ以上ある新聞広告の折り込み機が浮き上がって倒れそうになりました。私と社員と、パートのおばさんの三人で押さえたんです。みんな、〝やばい、やばい〟って叫んでいましたね。隣の家の石垣も崩れましたし、すごい揺れでした」

間もなく、大津波警報のサイレンと共に、沿岸部の人間が徒歩や自転車、あるいは車で逃げて来て、店の前が渋滞になってしまった。緑川新聞店も、海から直線にすれば、わずか五百メートルほどだ。

「女房がテレビを見て〝大津波警報が出てる、逃げないとまずいよ〟と言ったんです。従業員もいましたので、車じゃ逃げられないから、とにかく、高台にバイクで逃げました。女房は先に出て猫を籠に入れて歩いていましたが、途中でバイクのうしろに乗せて逃げたんです。従業員もみんなバイクで逃げました」

高台というのは、新聞店から七、八百メートルぐらいの小名浜二中のあるところだ。

しかし、津波は来なかった。

緑川新聞店が津波の被害を受けたのは、それから二時間ほど経った午後五時頃のことである。

「もう夕方近くですよ。避難先から帰ってきて、明日の配達に備えて、折り込み作業を四時半ぐらいから再開したんです。だから、五時は過ぎていたんじゃないでしょうか。その時、急に社員が〝水が来てる！〟と叫んだんです」

水が？　どこからだ——。緑川は、不審に思った。海は、店からいえば南東にある。そっちからは何もない。

ところが道路に水が溢れている。どんどん来てる！　そんな声が聞こえた。その時、ブチッと音がして停電になった。

「外に飛び出したら、目の前の水路が、まっ茶色な泥水になっていたんです。これはやばいんじゃないか、と思いました。たまたま一人の社員が北東の方を見たら、水が押し寄せていたんです。水が来てる、逃げないとまずい！　という声が聞こえたわけです」

緑川も咄嗟に叫んでいた。

「お前らも逃げろ！」

一人はバイクで逃げて、一人は軽自動車で逃げた。

「私と女房も軽自動車で逃げたんです。その時、水はもうタイヤを越えて車内に入ってくるぎりぎりの高さになっていました。追われるようにして、なんとか高台に向かったんです。水は、海ではなく川の方から押し寄せていました」

避難所には、ふたたび逃げてくる人が増えていた。

「おじいちゃんが、家にまだいるんだけど……」

そう泣きながらやって来る女の子もいた。

その後、緑川が新聞店に帰ったのは、夜の十時頃である。それでも緑川は、翌朝の新聞を配るつもりだった。

「水は、かなり引いていたんですけど、道路はもうドロドロでした。店のシャッターを閉めて逃げたので、夜十時に帰ってきた時は、もう、それを開かなかったんです。しかし、いつ新聞を運んでくるトラックがやって来るかわかりません。それで、今度はワゴン車に乗り換えて、ショッピングセンターの一段高くなっている駐車場で、店を見ながら待っていました」

すると、日付が変わろうとする午前〇時頃に店の前でトラックが停まった。郡山からの新聞配送の四トントラックである。

「お父さん、紙、来たよ」

女房も気がついた。

（これは、早い……）

緑川は驚き、車から降りてトラックに駆け寄った。

さすがに午前〇時では、新聞配達の従業員はまだ来ていない。緑川は、川からの〝津波〟から逃げて以来、初めて店のシャッターを開けた。

店の中は、ドロドロになっていた。

「すごいことになっていました。一面、泥です。土間から三、四十センチぐらいの高さのところに水がきた跡がついてました。ヘドロは数センチぐらいたまってましたね。店じゅうすみずみまで水が浸入していました。さすがに運転手が、新聞を床ではなく、折り込み用の台の上に置いてくれました。私も手伝いましたよ。これは、明るくなってから気がついたんですけど、そこらへんにボラが死んでたんです、バラバラ、バラバラと、結構死んでいました。裏の駐車場あたりまで転がっていましたからね。でかいのは、三十センチぐらいのものもいました。店内の泥は何回洗っても、とれませんでしたね」

運転手は、「これから（小名浜の北にある）江名《えな》、それからさらに北の豊間《とよま》まで行く」と言った。だが、そこは津波にやられている、という情報があった。

「沿岸部を通っていったら、たぶんそこまでは行けないよ」

緑川はそう教えてあげた。それでも、運転手は「一応、行ってみる」と言って、出て行った。

午前二時、その緑川の前に、従業員が続々と現われた。

「当時、社員が四人で、パートが十五人ぐらいいました。もちろん、新聞は社員も配りますし、パートも配ります。十九人で配るんです。店は停電で真っ暗ですから、明かりは、ろうそくと懐中電灯と、軽ワゴン車のライトを照らしたものの三つでした。部数は、全紙あわせて三千部くらいですか。地震で、パートの人が三、四人は来れなかったんですが、ほかは全員が来てくれました」

来られない人の配達エリアは、社員がカバーするしかなかった。

「とにかく配れるだけ配ろう」

「海の方は気をつけて、よく見て行ってくれ」

「無理は絶対するな」

緑川は、全員にそう告げた。もちろん、緑川も福島民友新聞の配達に出た。

「私も、来ることができなかったパートの人の分を配りに出たんです。やはり、一番心配なのは沿岸部でしたね。沿岸部に配達に行った人からは、これ以上、もう行けないという報告がありました」

緑川新聞店でも、配達員は執念を見せている。

「沿岸部を担当しているのは四人いました。それぞれが瓦礫をかき分けて、歩いて配達してくれたんです。小名浜には『アクアマリンふくしま』という水族館があります。そこは、トドが人気なんです。うちの配達員は、その一帯も担当していました。水族館は一階部分が津波でかなりやられている上、電源喪失に陥っていました。そこまで配りに行ったら、瓦礫になっている先の方から、トドの〝オウッ、オウッ〟って、鳴く声が聞こえたそうです。それでも瓦礫をかき分けて新聞を配達してくれたんです」

やはり緑川を感激させたのは、この非常時に、あたりまえのように集まってくれた配達員のことである。

「もちろん、来られない人もいましたけど、集まってくれて、私は素晴らしいと思うんですよ。やっぱり、新聞というものは、休んじゃいけない、という使命感があるんだと思います。新聞が発行されて、販売店に送られてきたものは、必ずお客さんに届ける、という思いを持っている。時間通りにみんなが来たのには、おおっと、感激しましたよ。頼むっ、という感じになりました。その後、配達のためのガソリンが枯渇して困りましたが、それでも配りつづけてよかったですよ。あの時の三月の集金は、普段の三分の一か四分の一でしたね。お客さんの中には、〝こんな中で働いているのは、新聞屋さんだけだよ〟って、喜んでくれた人もいました」

青空のもとで見た「第七版」

「えっ、出たんだ……」

その時、福島民友新聞いわき支社の報道部長、鈴木博幸（四八）は、目の前の新聞を見て、手が震えた。

三月十二日朝九時、いわき市の中心部から南東に九キロ近く離れたいわき市平《たいら》沼ノ内の海岸線。若手記者と二人で、津波の取材に来ていた鈴木は、ここで新聞を配達する人と出会った。

「青空を背に北の方からカブに乗ったおばさんが近づいてきたんです。まったく誰もいないところからですよ。夜明けと同時に津波の取材をしに来ていた私たちは、沼ノ内の漁協の方から、津波の取材をずっとやっていました。いろんな人を見つけては、声をかけて話を聞いていたんです。父親は見つけたけど死んでて、お袋が見当たらないんだ、といった津波で亡くなった人たちの生々しい話を取材していました。沼ノ内は、かなり津波の被害が出ていました」

鈴木は、大きく手を振って、おばさんを呼びとめようとした。

「すみませーん！」

鈴木が叫んでいることに気がついたおばさんは、近づいてきてくれて、カブを鈴木の目の前で停めた。防寒用のジャンパーを着込んだおばさんだ。

「ちょっとお話を聞かせていただけますか？」

「なんですか」

その時、鈴木は、カブが新聞配達のものであることに気がついた。カブの籠にまだ残っている新聞がかなりあったからだ。

「あの、いま、何をされているんですか」

興奮を抑えながら、鈴木が問うた。

「新聞配達よ」

「ちょっと見せてもらっていいでしょうか」

手に取らせてもらった新聞は、まぎれもなく福島民友新聞だった。

間違いない。うちの新聞だ——。

「東日本巨大地震」という黒地に白抜きの特大の横見出しが今日の朝刊であることを示している。そして、縦見出しにこれまた大きな字でこうあった。

〈M8・8　死者・不明多数

第一原発　半径3キロ避難指示〉

そこには、「特別紙面」と銘打たれた福島民友新聞が、確かにあった。

（……出たんだ……）

一面の大きな写真は、津波と火事に襲われた宮城県名取市の上空写真である。

「いわき支社の報道部は私を含めて、記者が四人いました。地震の取材を発生と同時に始めましたが、津波の取材はできていませんでした。夜が明けたら津波の取材に入ることを打ち合わせて、夜明けと同時に、それぞれが海の方に向かったんですよ」

鈴木も、海に向かわざるを得ない記者のひとりだった。

「南相馬では少なくとも百人規模で死者が出ている、という情報がすでにありました。あれは本社からだったと思います。テレビで映し出されている映像は、岩手や宮城のものばかりで、南相馬の映像は全然、出てこないんです。火が出ているような宮城の映像は見たけど、福島県内の沿岸の情報が全然入って来ない。暗い状態で百人規模ということは、夜が明けたらとんでもない数になる、とわかっていました。だから、とにかく、明日は日が昇ったらすぐに取材に行く、と決めていたのです」

その時、鈴木は、沼ノ内の岸壁で、恐怖の体験をしている。

「日が昇って、記者と二人で沼ノ内の漁港に行って、ひとまわり取材したあと、漁港から海伝いに隣の薄磯《うすいそ》というところに入ろうとしていたんですよ。沼ノ内でも津波でかなり死者が出ていましたが、さらにひどい被害が出ていると言われているのが隣の薄磯だったんです。しかし、薄磯への道路は全部封鎖されていて、港沿いに入ろうと思ったら、断崖がせり出していて、そっちからも薄磯に入れなかったんです」

そこで、鈴木は異変に気づいた。

「日が昇ってすごいいい天気で、二人で岸壁にいたら、目の前の海面がみるみるガーッとせりあがってきたんです。あっという間のことです。すごい怖かったですよ。あ、津波は終わっているけど、地球全体で考えると、たとえば洗面器に入れた水が、まだグラグラと揺れてる、そんな状態がずっと続いてるに違いないと、自分なりにそう理解しました。行った時は、水に浸かってなかったのに、十分もしないうちにガーッと水が上がってきて、カラカラに乾いていた白いコンクリートが浸かっていったんですからね。怖くなって逃げましたよ」

それが天変地異ということなのだろう。

この時、鈴木が懸念していたのは、「本社がえらいことになっている……」という情報だった。

「前日に福島の本社の電気が落ちて、電話もメールも不通になり、原稿を送ることもできなくなっていました。データが本社の受信サーバー（コンピューター）に入らなくなっていたんです。本社には、確実につながる専用回線の電話が、四階と二階に二本だけあると聞きました。新聞が出ないかもしれないというのは、本社がまさにそういう状態にあったからです。その時に、ああ、こんな大震災の時に新聞が出なかったら、会社自体が潰れるかもしれない、と思いました」

そんな時に鈴木は、福島民友の早版（七版）を配っているおばさんに出会ったのである。

「ああ、無事、新聞は出たんだ、と思って、このおばちゃんが、やけにカッコよく見えました。涙は出なかったけど、やたらこの時、空が青かったことを覚えていますよ」

鈴木は、このおばさんから話を聞いている。家が津波でやられたこと、不安な気持ちで夜中、山の上のゴルフ場にあるゲストハウスに避難をしたこと、ひと晩、そこで過ごして、朝になって平の新聞販売店まで新聞を受け取りに行ったこと……。

「おばさんの歳は六十ぐらいでした。自分が被災しながら、その街で、新聞を配達するなんて、なんて表現したらいいのか……。たぶん、こんなことをするのは、日本人しかいないんじゃないかと、話を聞きながら思いましたね。自分の家が被災してるのに、なんで？　って。避難すればいいのに、わざわざ新聞を（いわきの中心部の）平まで取りに行って、一軒一軒配達しているわけですからね」

もう新聞は「出ない」かもしれない——そう思っていた鈴木にとって、真っ青な空のもとで見たその強烈な紙面は、記憶に鮮やかだ。

小名浜の惨状

鈴木が報道部長を務める「いわき支社」は、福島民友の拠点の支社である。

いわき支社報道部には、前述のように記者も「四人」いて、そのほかにも、いわきブロック内に、「小名浜支局」と「勿来支局」という二つの支局を抱えている。同じ支社でも、相双支社より遥かに規模が大きいのである。

前日、いわきブロックでも地震と津波で、甚大な被害が出ている。

小名浜支局長の富山《とみやま》和明（二八）は、津波が小名浜港に押し寄せた時、小名浜機船底引網漁協の二階から津波の一部始終を撮り、陸に乗り上げてくる漁船や貨物船、あるいは陸上を流されていく自動車の姿の撮影にも成功している。この時、富山自身の車も、津波に流された。

られなかった。

だが、本社に写真や記事を送る術がなく、小名浜のことは第七版には、一行も報じ

「地震のあと、本社報道部の直通番号に電話をかけたんです。つながらないので、今度はいわき支社にかけてみました。ところが、これもつながらなかった。それで独自の判断で取材を開始したんです」

富山はさっそく小名浜港を目指した。福島県最大の港湾であり、カツオやサンマ、サバ、さらにはマグロ、イワシなど、県内で圧倒的な水揚げを誇る港である。

「小名浜機船底引網漁協は三階建てで、二階に事務所があり、下は空洞になっているんですが、その一階に着いた時に福島民報さんの支局長とバッタリ出会ったんです。その時、三メートルの津波が来るという情報を初めて聞かされました。車が（津波に）持っていかれるとまずいので、二人で二百メートルほど離れたラーメン屋さんの駐車場に停めさせてもらいました。漁協に戻ってきて夢中になって撮っていたら、波が足にピシャッとなって、あ、（津波が）来てる、というのに気づいたんです。ファインダーを覗いていたら、水が越えてきていることに気がつかなかったんですよ」

富山の命が助かったのは、小名浜港が「南」に向いており、津波が襲ってきた「東」には面していなかったからである。つまり、津波は、「まわり込んで来た」こと

になる。そのため、足に水があたるまで富山は気づかなかったのだ。

「最初に来た津波が引いたような感じになって、二階のベランダに上がった私は、でもこれだけじゃ終わらないよねって、漁協の人と話をしてたんです。津波は、ゆっくりに見えました。防波堤を越えてくるのが見えるのですが、最初の方の波自体はそんな高くなくて、五十センチぐらいだったと思います。この程度のものがずっと続くように思っていました」

だが、陸地に上がった水には、逃げ場がない。

「逃げ場がない水が、だんだん高くなっていたという感じですね。岸壁を越えてからは、ザーッと音がしました。さすがにワーッという叫び声が上がっていました。その後、漁協の女性職員が〝一階が埋まった！〟と叫んだんです。一階が、水に満たされたということです。自分の命の危険まではピンと来なかったですね。漁協には、まだ三階がありますからね。でも、ちょっとびっくりしました」

富山は、海とは逆の方を見に行った。

「海とは、逆側を撮ろうと思ったんですよ。はじめて見た陸側は、信じられない光景だったですね。目の前で起きていることが、ちょっと現実感がないような感じでした。陸地は、一面、水に覆われていました。前日、前々日も地震があって、津波の警戒をしてくれと言われてましたが、前日、前々日とは、まったく違いました……」

そこには、いろいろなものが流されていた。自動車や自転車、あるいは魚を入れる箱などが、浮いていた。

「しばらく経って水が引き始めました。私はやっと、ここを離れないと、と思いました。自分の車は大丈夫かな、というのもありましたからね。それでまだ水がある中を車を停めているラーメン屋の方に向かって走ったんです。水の中を走っていったという感じですね。その時、雪が急にパーッと降ってきました。小名浜はそんなに雪が降るところじゃないんですよね。本当に一瞬なんですけど、パーッと降ってきました。ふわふわというより、ひゅんって、感じです。一瞬だったですが、それをすごく覚えています。ラーメン屋に辿りついたら、僕の車はなかった。日産の黒のノート（NOTE）なんですが、どこかに流されて、もうなかったんです」

探しまわった富山は、二百メートルぐらい流されていた愛車を発見する。午後四時頃のことである。

「僕の車が、道の真ん中にポンとありました。車って、電気系統をやられちゃうと、ワイパーとかが勝手に動いて、クラクションも鳴るんですね。僕の車もブーッとずっと鳴っていました。勝手にライトもついちゃってますしね。クラクションがどの車も鳴りっぱなしで、町中がうるさかったですね。最初、ドアが開かなかったですが、ごちゃごちゃやってたら、やっと開いたんです。それで、車のダッシュボードに入れていた財布を取り出しました。財布は濡れてはいなかったですね。車はもう動かないことはわかりました。道路の真ん中だったので、どうしようかと思ったんですけど、近所の人が、〝もうそのままにしとけ〟と言ってくれたので、そこに置いたままにしました。どの道にも、同じように流されてきた車がありましたね」

徒歩で帰路についた富山は、ようやく午後五時を過ぎた頃に支局に戻った。

「本社に電話をしましたが、相変わらずつながりません。それで、本社の方に無事です、写真送ります、と書いて、ファックスをしてみました。しかし、これも送信できませんでした。いつも送っているフォトステーションにパソコンからも送ってみたんですが、これも〝送信に失敗しました〟という表示が出ました。不安なので、とりあえず、いわき支社に向かったんです」

だが、車を失った富山には、「足」がない。富山はタクシー会社まで歩き、さらにそこで一時間ほどタクシーを待って、六時半ぐらいにやっとタクシーに乗り込んだ。

「その時の荷物はカメラとノートと財布ぐらいです。びしょびしょだったので着替えはしていきました。ジーパンにジャンパーです。それで渋滞の中、一時間ぐらいかかって、いわき支社に着いたんです。ビルの四階にある支社に、お疲れさまですって、入っていったら、報道部長の鈴木さんをはじめ、何人かがいました。無事だったのか、となって、すぐ本社の報道部長に連絡しろ、と言われたんです。本社につながる電話番号を教えてもらって、そこにかけて菊池報道部長と話しました。私は、写真のことで頭がいっぱいだったので、写真を送ります、と言ったんですが、その時、初めて本社が写真を受け取れない状態であることがわかったんです」

〝空爆の地〟と化した久之浜

また、震災の夜、いわき市の中心部から約十六キロ離れた久之浜は、大きな火災を起こしている。甚大な被害を受けた久之浜に向かったのは、いわき支社報道部の記者、渡邊久男（二七）である。

渡邊は、幹線である国道六号線で動けなくなると、三五号線に迂回し、さらに四一号線を経由して紅蓮《ぐれん》の炎をあげる久之浜のようすを取材している。

「久之浜で火災が発生しているという情報を消防から聞いて、向かったんです。火災は、一軒だけ燃えているようなレベルじゃない、ということを教えてもらいました。

支社を出たのは、八時半過ぎでしょうか。普通だと久之浜までは直線なので、車でだいたい三十分から四十分で着きます。それが、さらに手前の四倉の草野という国道六号線の交差点で止められちゃったんですよ」

黄色いパトロールカーが停まり、国道管理事務所の人間が立っていた。

「先には、行けないんですか？」

渡邊が問うと、

「津波の被害があります。ここからは海に近づくので行けません」

蛍光色の道路パトロールの服を着た係官がそう答えた。有無を言わせぬ感じだった。

(県道三五号線は生きているのか)

渡邊は、即座にそう思った。いわき浪江線、通称「山麓線」のことである。

さっそく渡邊は道を変更し、いわき四倉インターに向かう道を北上した。幸いにこの道は、それほど混んでいなかった。

「途中の四倉高校で撮った写真が、午後九時四十六分なんです。校庭には車が沢山並んでて、そこにいる人に、久之浜はどうなってるんですか？　と聞いても、〝わからねえ〟という感じでした」

久之浜まで、そこから四キロはある。渡邊は、さらに久之浜を目指した。

「海沿いの道は暗くなってるし、津波の被害があって通れるかわかりません。車のライトだけでは怖いので、このまま進むのは危ないと思って、山側にまた戻って、ぐるっとまわりました。山側を通っていたら、なんか海の方の空が赤いんですよ。避難所になっているのが中学校らしい、というので、高台にある久之浜中学校に向かったんです」

そこで車を停めて、海が見えるところに行ってみた。真っ赤な炎が渡邊の目に飛び込んできた。

「これまで見たことのない大規模な火災でした。地域でお年寄りを見守るために、育てた花を持って訪問するところを私は、二日前に取材していました。あの老人たちはどうなったんだろう、と思っていたら、中学校の体育館に結構、お年寄りがいたんです。それで久之浜のようすを聞いてみると、大規模な火災が起きていて、まるで空襲のようだ、と教えられました」

空襲のようになった久之浜——渡邊には、それほどの炎に包まれた久之浜の姿が想像できなかった。もう午後十一時が来ようとしていた。

渡邊は、住宅街の入口まで行ってみた。焼け焦げた火災現場特有の臭いが鼻を衝《つ》いた。

「そこでは、消火活動がおこなわれていました。ただ、津波の警報、注意報が間断なく出るので、消火活動をしていても、津波警報が消防無線で伝えられるたびに消防隊員や消防団員が退去しなくてはいけないんです。その繰り返しの中で、消火活動をやっていました。そこでは話を聞く余裕はなかったですね。消火活動を進めたいのに、津波のためにそれができないという悔しさがこっちにも伝わってきました。僕自身も、暗がりで、どこがどうなっているのかわからないので、その津波警報を聞いて、これはまずい、と思って、逃げました。消火活動のようすは、カメラに収めました」

いわき支社に夜中に戻った渡邊は、鈴木報道部長から朝になったら沿岸部の取材をおこなうという方針を聞かされた。翌朝、渡邊はふたたび久之浜を訪れた。

「四倉から久之浜に向かいました。四倉も、車の上に車が折り重なり、それが軒先に突っ込んでいたり、国道に漁船が打ち上げられたり、津波の被害はすごかったですね。九時五十分頃、国道六号線で常磐線沿いに久ノ浜駅の方に行きました。電車が停まっていて、踏切がずっと、カンカンと鳴りっぱなしでした。これはひどいな、と思いながら、久之浜の町なかに入っていったんです」

久之浜の中心部は、すっかり瓦礫の山だった。

「火事がまだ燻《くすぶ》っていて、明け方の五時ぐらいにやっと鎮火したと聞きました。最後は、川の水を引っ張って来て、それで消火したそうです。この時間になっても消防隊の残火処理がつづいていました。電線は垂れ下がり、バスも焼けていました。津波に流された上に、焼け焦げたものが折り重なっているんです。これまでテレビや新聞で見た、空襲を受けた中東とかイラクとかそういう戦地じゃないか、と錯覚するような光景でしたね。見ている自分の中で、まだ信じられなくて、これは日本の出来事じゃないのではないか、という思いでした」

前日はネクタイ姿だった渡邊は、この日は、動きやすい山登りに使うような綿の入った温かいヤッケを着て、ジーパンを穿《は》いていた。

「町を通っていると、ちょうど左手にあった家から、自衛隊の方が高齢の男性のご遺体を運び出しているのに遭遇しました。毛布も何も掛けていなくて、そのままです。目が半開きのようになっていて、たぶん死後硬直が始まっていたのか、手を胸の前に突き出していて、虚空《こくう》を摑むような痛ましい姿でした」

さらに渡邊に強烈な記憶を残したのは、海に向かう途中にあった橋での出来事である。

「その橋は私がいる側から途中までが崩落していました。橋のそばを通りかかったら、向こう岸から中年の男性が来て、私に呼びかけてきたんですよ」

ウィンドブレーカーのようなものを着て、リュックサックを背負い、ジーンズを穿いた中年の男性だった。

「すみません」

途切れた橋の向こうから、その男性が渡邊に呼びかけている。

「私、××丁目の者なんですが、母が見つからないんです」

彼はそう言った。その住所は、渡邊がいま通って来たところだった。

「あの時間だと母は台所にいる時間帯だから、いるとしたら台所のあたりなんです。そのことを捜索してる人に伝えてくれないでしょうか」

男性はそう叫んでいた。

「すみません、ちょっと待ってください」

渡邊は、メモを取りだして、もう一回、名前と住所を聞いた。しかし、渡邊は、すでに久之浜の惨状を見て来ている。それは絶望的な状況だった。

「自衛隊か消防団にお伝えします」

渡邊は、そう言うことしかできなかった。

「その方が言った住所の近辺は、瓦礫や火事ですごいことになっているところでした。それですぐ戻って行って、言われた住所のあたりを探して、この家だろうという、当たりをつけました。近所の人に、台所あたりにいるはずだ、ということを息子さんから言われました、と、伝えたんです。その近所の人は、〝わかった〟と言ってくれました」

必死で家族の安否を探す姿は、あちこちで見られた。悲惨な光景は、人々の神経を麻痺させることを渡邊は知った。それは、知らず知らず自分自身も陥っていた。

「一度、いわき支社に帰って、その後、本社から応援部隊で来ていた先輩と一緒に薄磯、豊間という沿岸部に向かいました。ある程度のところまで行ったら、ここから先には車は入れない、と止められました。それで車を置いて、海沿いに歩いていきました。歩いていたら、途中で市の車が来て、〝潮位が下がっている、津波が来るぞ〟と注意されたんですよ。逃げなさい、と。でも、私たちは、構わずそのまま進んでいったんです」

薄磯と豊間は、完全に壊滅状態になっていた。津波の凄まじい威力を渡邊はまたしても目の当たりにした。

「結果的に津波は来なかったんですけど、もう一種の興奮状態になっていて、神経が麻痺していたんじゃないかと思うんですよ。いま冷静に考えたら、久之浜の火災現場も、本来なら、そんなところまで行けるはずがないのに、その時は、できるだけ近くまで行きたいとか、やっぱり、興奮状態になっていたんだと思います。津波の注意をされてもそのまま進んでいってしまったのは、事案が大きすぎて、神経が麻痺しちゃって、躊躇《ちゅうちょ》するとか、そういった気持ちにはなれなかったのだと思います。自分の身の安全が二の次になっていました。ただ、覚えているのは、あの壊滅した津波の痕は、いくら撮っても撮りきれないぞ、何千枚あっても撮りきれないという、そんな絶望的な諦めの気持ちになったことです。普通の会社員だったら、危険なところから逃げなくちゃいけない、と考えます。でも、新聞記者というのは、逆の意識が働くんでしょうね。むしろ危険なところに一歩でも前へ、ということなんだと思うんですよ。もう、完全に、入りこんでいた、という気がしますね」

あの久之浜の中心部を包んだ紅蓮の炎と、壊滅したいわきの沿岸部を目撃した渡邊は、その時の自分自身の異常な心理をそう説明した。

第十三章　地獄絵図

目の前に広がった惨状

夜中に妻と連絡がとれた木口拓哉もまた、やっと眠りにつくことができた。

浪江町の災害対策本部で、木口は一人用の椅子を三つほど合わせて、その上で、ちょっと丸まってみた。最初、床で寝ようと思ったが、結局、一人用の椅子をつなげて仮眠をとることにしたのだ。

疲労困憊の身体は、そんな状態でも少しだけ木口に「睡眠」という名の休息をもたらした。妻と連絡がとれたことが木口をどれだけ安心させたかしれない。それが、木口をつかの間の眠りへと導いたのだろう。朝方の四時から五時頃までの一時間程度、木口はこうして休息をとることができた。

浪江町役場は避難者で溢れ、ロビーや廊下など、あらゆるところで町民が身体を横たえていた。もう五時過ぎには、災対本部は動き出した。木口も、うとうとしている場合ではなかった。

すでに東京電力は格納容器内圧力の異常上昇により、原災法十五条に基づく「特定事象」発生と判断し、午前一時二十分に国への通報をおこなっていた。

それに伴い海江田万里・経済産業大臣は、東電の小森明生《あきお》常務を伴い、午前三時五分、記者会見を開き、格納容器破損を防ぐために一号機に対して、ベント（格納容器内の蒸気の放出）をおこなうことを発表していた。

原発事故は時間が経過するにつれ、深刻さを増していた。

朝五時四十五分、政府が原発から「十キロ圏外への避難」を指示していることをテレビが報じた。

浪江町役場は、福島第一原発からおよそ十キロの位置にある。まさに、「その圏外に出ろ」という意味である。

前夜、浪江町役場から双葉町役場へ、そして浪江町役場へと戻ってきた木口には、両方の災害対策本部の空気の違いがわかった。

どちらの災対本部も知っている人間は、極めて珍しい。それは、木口にだけ「わかった」ものかもしれない。

「とにかく、両方の感覚が全然違うんです」

木口はそう語る。

「双葉町は原発を立地している自治体そのものです。しかし、浪江町は、原発に近いけれども、町内に立地しているわけではない。つまり、浪江町には〝原発から逃げる〟という感覚がないんです。いや、もっと正確にいえば、夜の段階で、浪江町は、津波の被害者対応に没頭していました。原発事故対応じゃないんです。壊滅した請戸地区には、瓦礫の中で救助を待っている人もいるかもしれないし、また犠牲者もそのままなわけです。救助を待っている人をどう救出し、あるいは犠牲者をどう収容するか、が最大の案件でした。原発を立地していない浪江町には専門家もいないので、事の重大性がわからない。東電の人が詰めているわけでもないので、現実に原発で何が起こっているのかわからないんですよ。僕もその一人でしたが……」

この朝の日の出は、午前五時五十分から五十七分の間だった。木口は、どうしても日の出を見たいと思っていた。

　それは、明るくなれば、役場の屋上から「被害の全貌をその目で見ることができる」と思っていたからである。妻の和香子に、

「明るくなったら、目の前は地獄絵図だろう」

　そう語った通り、地元の新聞記者として、まず見渡すかぎりの「被害の全貌」を自身の視覚で捉えようとしたのである。

「もうすぐ日の出だから、屋上から朝日を見せてほしい」

　木口は、浪江町の総務課長にそう頼み込んだ。理由を話すと、被害の状況が真っ暗でわからなかった総務課長も、

「私も、被害の状況と海のようすをこの目で見たい」

　そう言って、屋上のカギを開けてくれた。

　木口と総務課長は、四階建ての役場の屋上に上がった。

　日の出前の薄暗い海の上に漁船の光が見えた。

　津波を避けて外洋に出た漁船が、まだ戻ることができないのか、それとも何かを探しているのか。何隻かの漁船の光がポツポツと見えた。そこに、太陽が上がってきた。

　木口の目が捉えた震災翌日の日の出はあまりにも鮮烈だった。

　目の前に、びっくりするほど大きな朝日が昇ってきたのである。それは、海といわ

ず、陸といわず、一帯すべてに光を浴びせ、あたかも陸上まで「湖」になったかのようにキラキラと照らし出した。人々が苦楽を刻んだ思い出の家々は、悉く舐め尽くされていた。

津波で瓦礫と化した地は、役場からあと一キロぐらいまで迫っていた。その津波の水が、美しく光り輝いているのである。太平洋まで遮《さえぎ》るものはなく、すべてが見渡せた。

眩《まばゆ》いばかりの光景を前に、木口は立ち尽くしていた。

(きれいだ……きれい過ぎる)

それは、〝地獄絵図〟にしては、あまりに美し過ぎた。多くの人命を奪った津波の傷痕が、これほどきれいだったことに、木口は言葉の意味が現実と解離していくのを感じていた。

「いったい何人死んでるんだ……想像もつかない」

その時、総務課長がぽつりと、そう呟いた。

「遺体収容」から「避難」へ

災害対策本部の会議は、朝六時から開かれた。もともとは七時に予定されていたものが、原発の状況悪化で前倒しされたものだ。壁には、「十キロ圏内」の印が入った地図が貼りだされていた。「十キロ」だと、浪江町で人口の多い地域がほぼ入っている。

「避難をどうするか」

「請戸地区をはじめ、津波の犠牲者の遺体をどう収容し、どこへ運ぶのか」

「役場の非常用電源が二十四時間しか持たない。今晩、すなわち三月十二日の夜は持たない。どうするか」

……等々、議題は、それこそ山のようにあり、解決策のない問題がほとんどだった。それは、行政機関として、切羽詰まった危機的な状況と言えた。

木口は、会議をその耳で直接、聞いている。

「会議では、津波の犠牲者のご遺体をどうするか、という話が出ていました。ちょうどこの三月末に十数億円かけて作った町立の体育館が完成する予定でした。まだ名前も決まっていない体育館ですが、駅からすぐで、うちの支局に近い便利なところにあります。相当大きな体育館ですので、ここに運ぶか、それとも、浪江町役場の隣にある体育館か、あるいは、もう一か所、もともと役場があったところにある古い体育館に運ぼうか、という議論になりました」

古い体育館は「耐震」の点でまずいんじゃないか、しかし、まだ「こけら落とし」もしていない体育館に遺体を運ぶのはどうか——等々の話し合いになった。

そうしている間に、政府からの避難命令が伝わってくる。原発の状況が、ますます切迫したものとなっていった。議論の中心は、「津波」から「放射能」の方にどんどん移っていった。

午前六時半頃には、すでにバスが何台か、役場前に到着していた。国土交通省が手配した避難用のバスである。

「高齢者は、どうするんだ？」

「歩けない人は、どうしますか」

ここでも喧々諤々《けんけんがくがく》の議論となった。バスに乗っても「どこ」に行くかが問題だった。

避難先として、候補に上がったのは、浪江町の内陸部にある県の救護施設「ひまわり荘」と、町立の苅野小学校である。二つは、いずれも「十キロ圏外」だった。

「あそこに行ってもらおう」

対策会議の結論は議論の末、決まった。

しかし、そのことは、請戸地区での遺体収容が「あとになる」ということを意味する。放射能の恐怖が、浪江町に迫っていた。

いずれにしても、「避難」を優先しなければならなかった。町民を驚かせたのは、避難させるべくやって来たバスの運転手の姿である。

運転手は、顔には防護マスク、身体は放射能を遮断するタイベック（防護服）を着込んでいた。

浪江町の人間は、「原発がどれだけ危ういか」というのがわからない。誰もが「原発は安全だ」と思い込んでいるのである。まして、原子炉施設が「爆発する」などとは、夢にも思っていない。

それだけに、運転手の格好を見て、町民からは、こんな言葉が飛び出した。

「まったく、こんな格好で来やがって」

「大げさなことをして、不安を煽るんじゃないよ」

そう言って、怒りをあらわにする町民までいた。

木口は、そのようすを写真に収めていった。

「前日の夜に、そもそも原子炉内の水位が燃料棒の上、およそ四メートル五十センチほどあるという話を双葉町の対策本部で聞いて、安心していました。そして、電源車も来るし、それから、菅直人総理が来る、と聞いて、総理大臣が来るぐらいだから大丈夫だろう、という認識でした。運転手が防護マスクまでしているのを見ても、〝あんまり、大げさにするなよ〟というような感覚でした」

新聞記者の木口ですら、安全な原発を信じ込んでいたのである。

「あの時、上空をヘリコプターが結構飛んでいましたね。騒然としていました。津波の犠牲者をどうするか、というのが決まらない内に、原発の方に対応が変わっていったんです。まず、生きている人を〝十キロ圏外にどう出すか〟ということが最優先になっていったんです。会議のやり取りは、結構冷静でしたが、いかんせん情報がなかった。テレビからの情報を見ながら、現地が対策を決めなきゃならない、という状況に陥っていました」

東京電力の社員が詰めていた立地自治体の双葉町や大熊町とは、まるで違う状況に浪江町は置かれていたのである。

バスに分乗して、町民は「ひまわり荘」と「苅野小学校」に向かった。

しかし、この時、木口は、まったく反対の方角に向かった。海に面している請戸地区である。

木口は、請戸地区を取材しなければならなかった。それは、地元に駐在する新聞記者として当然のことだった。

妻・和香子に語った〝地獄絵図〟をこの目で見て、世の中に伝えるべく記事を書かなければならない。それが、自分の使命だった。

死の世界から来た「命」

木口は、バイクを海のある東へと走らせた。

ひんやりとして晴れ渡った青空がきれいだった。放射能の汚染が迫っていることなど、想像もできない清々しい空気だった。

間もなくシャケの簗漁の名所として知られる泉田川が見えてきた。

毎年、十月、十一月には、シャケの簗漁が最盛期となり、子供たちがシャケをつかみ捕りする催しもある川である。大自然を満喫できる福島の浜通りならではの場所だ。

シャケは四年で回帰する。遠くアラスカ沖まで回遊し、故郷に戻ってくるのである。泉田川漁協は、泉田川に孵化《ふか》場を持っており、ここでシャケを孵化させ、放流している。

しかし、近づくにつれ、堤防やコンクリートが破壊され、瓦礫に覆われた泉田川の惨状が木口の目に入ってきた。

一人の老人が立っていた。

泉田川漁協の組合長、石井仁（七五）だ。木口は、これまで取材で何度もお世話になったことがある。シャケを放流して、育て、そして戻ってきたシャケを獲って糧とする泉田川漁協を率いる人物である。

石井は川っぺりに立っていた。木口には、かける言葉もない。しかし、バイクを停めた木口は、

「どうですか」

と、話しかけた。

「ああ……」

石井は、顔見知りの木口に気づいて、言葉を返した。

「もうだめだ……あれを見てみろ」

石井の視線の先には、瓦礫に埋まった川沿いのシャケの孵化場があった。

孵化場は、二十五メートルほどのプールに、いくつもの仕切りがある。その中でイクラを孵化させるのである。大事に育てなければ、大きなシャケとなって、故郷のこの川に戻ってきてはくれない。地元の漁民にとっては、愛情を持って育てなければならない、わが子のようなものだ。

しかし、その孵化場が、見るも無残な姿となっていた。

「これ、いつ再開できるんでしょうかね」

木口は、前向きな質問をしたつもりだったが、石井から答えは返ってこなかった。

石井は、ただ立ち尽くしていた。

「ここから請戸に行けますか」

木口は、質問を変えた。

「ここからは、行けない。俺、歩いて見てきたんだ」

石井はそう言う。そっちの橋からだったら行ける——と、請戸への行き方を石井は木口に伝えた。

木口は石井に別れを告げると、教えられた方に向かった。まわり込むように橋に向かうと、さらに惨憺たる風景が広がった。

「家屋とか瓦礫が、橋でせき止められているんですよね。だから、川の向こう側は津波に破壊されて何もなくなっているんですけど、その橋に、ものすごい量の瓦礫が溜まっているわけです。橋を降りていった先から、ずうっと、泥だらけです。だから、バイクから両足を、ほぼ下につけて蹴るような感じにしないと、バイクを走らせられないんですよ。時々、余震もあるし、下は、ぬるぬるしているし、悪戦苦闘しながら、前に進んで行きました」

前夜、瓦礫の中から呻き声が聞こえた、という情報も役場で得ていた。しかし、朝になった請戸地区は、一面、静寂と死の世界になっていた。

昨日自分がいた請戸漁協の近くまで、とても辿りつけそうもない。それほど、すべてが津波に呑み込まれていた。

のちに木口は、津波の注意を呼び掛けていた双葉警察浪江分庁舎の警察官も一人、犠牲になったことを知る。誰もが、生と死の狭間にいたのである。

自分自身も、ちょっとした偶然が重なって、命を「拾った」だけである。そのことを目の前に広がる圧倒的な津波の痕が木口に伝えていた。

やがて、道路を大きな丸太が塞いでいる場所に出た。木口は、そこでバイクを降りた。その手前にボランティア関係なのか、同じように丸太の手前で、車を停めている人がいた。

ふと、遥か向こうから老人二人が、手を繋いで歩いて来るのに気づいた。かなり距離がある。

木口の視力は、二・〇だ。目には、自信がある。おじいちゃんが腰の曲がったおばあちゃんの手を引いて、ゆっくり歩いてくる。

瓦礫に覆われた〝死の世界〟から、生きた人間が歩いてくる。しかも、年老いた二人である。

あの先は、どこにいても「生きていることはできなかった」はずだ。なぜ、こんなところで、生きることができたのか。

木口は、カメラを手にとった。そして、二人にレンズを向けた。

シャッターを切った。夢中だった。地獄絵の中から、「希望」が近づいてくるようなシーンだった。

近づいてくるまで、何分ぐらいかかっただろうか。やがて、二人は丸太のあるところに辿りついた。

木口は、言葉がなかった。

外は寒い。あいにく木口はバイクだ。バイクと一緒に停まっていた車の中に、二人に入ってもらった。

二人は、金井敏房（八六）と良子（八三）と名乗った。二人の話を聞いて、木口はさらに驚いた。

「車に乗ったまま、流さっちぇ。そこの山のふもとで引っかかって、ひと晩いたんだ」

おじいさんがそう語った。津波に呑まれて流され、そして山のふもとで「引っかかった」というのである。そして、そのまま二人で車の中でひと晩過ごした、というのだ。

奇跡だった。

車に乗ったまま、流さっちぇ、という福島弁が、木口の脳裡に深く刻まれた。

昨日から死者たちの吐息《といき》を背中に感じつづけていた木口に、二人が初めて「希望」をもたらしてくれたのである。

「二人を見るまでの風景が、あまりに圧倒的で、本当に何人死んでるんだろう、と思いながらバイクを走らせていました。瓦礫を見たら、人の手があったり、足があったり、顔があったりするんじゃないか、という怖さもあって、ファインダーをアップにして写せませんでした。ちょっとでもズームしたら、写っちゃうんじゃないか、見えちゃうんじゃないかという怖さがあったんです」

木口は、当時の自分自身の精神状態をこう説明する。

「あの助けられなかったおじいちゃんとお孫さんのことが、頭の中にずうっとあるんです。それは、いつ津波が来るのか、という怖さでもありました。それでも、請戸に行ったのは、たぶん、〝僕が撮らないと、誰も伝えられない〟という思いがあったからだと思います」

そして、こんな理由もつけ加えた。

「実は、浪江町役場には、請戸から通ってる人がいっぱいいるんですよ。その人たちが、〝うちの家、どうなってるんだろう？〟と話されていました。家族の安否もわからないまま、仕事をしているんです。請戸地区は、もともと七百人ほどですが、その中で二百人近くが亡くなっているんです。家族の安否もわからない人に、せめて請戸地区の写真だけでも見せてあげたい、と思っていました」

役場へ帰ってきた木口は、すぐに請戸から通っている人たちに撮ってきた写真を見せている。

「やっぱり、家がないなあ」

「こんな状態になっているんですか……」

木口の写真を見ても、彼らは信じられないような表情を浮かべるだけだった。

原発事故が悪化していく中で、その後、遺体収容ができないまま避難を余儀なくされた浪江町は、海沿いの地区での遺体捜索が一切、できないままとなる。津波で壊滅的な打撃を受けたのは、請戸地区だけではない。中浜地区や両竹《もろたけ》地区、幾世橋《きよはし》地区ほか、多くの地区で犠牲者が出た。

「安否がわからない人が千七百名いる」

浪江町が避難するのは、そんな数字さえ出ていた〝混乱〟の真っ只中だった。やがて、津波の犠牲者は、時間の経過によって男女の区別もできなくなり、DNA鑑定でしか、家族のもとに戻ることができないという二重の「悲劇」に見舞われるのである。

それがのちに津波による犠牲者百七十三名の遺族が東電に裁判外紛争解決手続きという手段で賠償を求める事態（和解で決着）に発展していくのである。

「ヨウ素剤を飲んでください」

富岡支局長の橋本徹が、川内村に着いたのは、お昼過ぎだった。

二歳の息子を含めた五人を乗せた白いエスティマは、ようやく辿りついたのである。

橋本は、前日の地震に、ここ川内村で遭っている。阿武隈山地の最高峰である大滝根山の東側に位置するこの高原の村に、橋本はつい前日に来たばかりなのだ。

来たるべき村議会議員選挙の顔写真をとりに来た橋本にとって、それからの一日は、あまりに多くの出来事があり過ぎた。

山林が九割以上を占める典型的な山あいの村、川内村は騒然としていた。人口三千人弱の川内村に、五倍以上の一万六千人の富岡町住民が一斉に「避難してきた」のだから無理もない。

川内村への道は渋滞し、村の中に入っていくことも叶わなかった。役場の前では、ちょうど炊き出しのおにぎりが配られていた。

「おにぎりも一家族いくつとか制限があったので、親父と私は食わなかったですね。子供と女性は、たぶんひとつずつぐらいもらっていたと思います」

さっそく橋本は取材に入った。

橋本は、ここで双葉署が川内村役場に移転してきているということを初めて知る。すでに村の機能は、麻痺状態に陥っていた。

「とても、無理なんです。受け入れられません！」

「なんとか、お願いします。そのまま、そっちに向かわせますから」

村の職員のそんな声が聞こえてくる。どうやら、川内村で受け入れられる人数を遥かに超えているため、田村市など、ほかの隣接自治体への「受け入れ」を職員が電話で要請しているらしい。

川内村役場の職員同士による罵声も聞こえていた。

「もう受け入れられない」

「無理に決まっているだろう！」

そんな刺々《とげとげ》しい言葉もいき交っている。あらゆる村の公共施設を使っても、避難民を収容しきれなくなっていた。

橋本は、そんな中を取材して歩いた。

公民館に列ができていた。館内では、職員が拡声器を持って何か叫んでいる。五、六人の職員が何かを配っているのが見えた。

（食料でも配ってるのか……）

橋本は公民館に近づいていった。そこで橋本は、驚愕する。

配られていたのは、安定ヨウ素剤だった。原子力災害が起こった時に、放射線障害の予防薬として用いられるものだ。甲状腺の機能異常をもたらす副作用もあるため、服用には注意を要する薬剤である。

さすがに橋本も、「ヨウ素剤を配る」ことの意味はわかっている。かのチェルノブイリ事故でも、真っ先にこれが配られた。その薬が、公の場で配られている――そこまで、事態は切迫しているのか。橋本は、事態の深刻さに慄然とした。

「家族は何人ですか」

「年齢構成を仰ってください。何歳と何歳と何歳ですか」

「受け取ったら、すぐ服用してください」

職員が、並んでいる町民にそう聞いている。そんな中で、橋本の耳にこんな言葉が入ってきた。

「四十歳以上には、あげられません」

職員はそう言っていた。

（四十歳以上はダメ？　どういうことだ。両親はどうなるんだ？）

橋本は、年寄りは死ね、ということか、と思った。さすがにヨウ素剤を配っている公民館のあたりは、町民も殺気立っている。

結局、橋本は、並んでヨウ素剤をもらったが、「二錠と四分の一」しかもらえなかった。

二歳の息子は、一錠の「四分の一」だったのである。両親の分は、もらえなかった。数が限られているというのが理由だった。

ヨウ素剤が四十歳以上には配られないことを聞いた両親は、さすがにびっくりしていた。

「親父は、ずっと焦点が定まらないような茫然とした顔をしていたし、母親は泣き出しちゃいました。次々といろんなことが起こるので、頭が整理できなかったのかもしれません。特に親父は、役場で原発担当もやっていたわけですから……」

橋本は、ここで会社に電話を入れている。電話はつながった。川内村にいることを伝えると、

「本社に上がってこい」

という指示が出た。避難命令が出て取材もできないだろうから、いったん戻ってこい、というものだった。

その直後、福島第一原発の一号機が水素爆発を起こした。

「そのさまを、福島中央テレビの遠距離カメラが捉えていました。さすがに、車の中で、どうしようどうしよう、となりました。二歳の息子がいますからね。ぐずぐずしている場合ではなかったんです。会社が、一回、戻ってこいって命じていると伝えると、とにかく福島へ行こう、となりました」

双葉から郡山につながる国道二八八号線が不通になっていた。そのため橋本は、一度、南下して、磐越東線沿いのルートをとった。

「車の中は、沈鬱な空気でした。でも、時々、目を覚まして泣いたりする子供のお蔭で、救われたような感じがしますね。赤ん坊は、何も知らないわけですからね。車の中が沈黙に支配されると、息子が場を和ませるような感じの繰り返しでしたね」

「じいっ」「ばあ」と、始終、子供が車内でキャッキャッと騒いでいた。そのことで一家は救われるのである。

「驚いたのは、田村市の船引《ふねひき》町というところまで来たら、浜通りの混乱が嘘のように店が通常営業しているんですよ、スーパーも、ガソリンスタンドも……。びっくりしました。ここぞとばかりに、子供のオムツと離乳食、それに水を一ダースぐらい買ったんですよね。ガソリンも、そこで満タンにすることができました」

橋本は家族を乗せたまま、福島市に向かった。

「死にますよ、あんた」

浪江支局長の木口拓哉が浪江を離れたのは、三月十二日の午後三時頃である。

自衛隊も交えて浪江町の災害対策会議で、住民だけでなく町役場も含めた「全員退避」が決定された。しかし、そのための情報は、「テレビから得た」ものだった。

原発の立地自治体ではない浪江町は、立地自治体である双葉町と隣接していながら、そこまで〝情報隔絶地帯〟に置かれていた。

〈役場は避難所ではありません。津島方面におにげください〉

役場の玄関にそんな張り紙をして、対策本部は津島に向かった。

木口は役場を出る最後の車両となった自衛隊を見送ると、その足でバイクを飛ばして浪江支局に戻っている。避難するとなると、自分の車に乗っていく必要がある。

支局に向かう途中で、避難が完了しているかどうかを確認するパトカーに出会った。

「町から退避してください！」

木口に向かって、パトカーはそう呼びかけた。

福島第一原発の一号機が水素爆発を起こす三十分ほど前のことである。町には、まだ状況がわからず、道路を歩いている人がいた。パトカーは、その人たちにも、

「早く退避してください」

と呼びかけていた。支局に戻って愛車のチェロキーに乗り換えた木口は、自分のデータが入った私用のパソコンなどを車に積み込み、出発した。国道一一四号線を西に向かったのである。しかし、四、五キロ行ったところで、木口は、せっかく取材したノートを支局に置き忘れてきたことに気がついた。

この時、一号機の水素爆発が起こっていたのだが、木口はまったく気がついていない。関係者が爆発で大慌てになっている時、木口はUターンしている。

「爆発のことは全然、知らないんです。無事、ノートは机の上にありました。それで

午後四時前に支局から再出発し、また西に向かったんです。しばらく行ったら、渋滞になってきました。それで、赤宇木《あこうぎ》というところから、またUターンして、今度は原《はら》浪《なみ》トンネルを越えて、南相馬に向かうルートをとろうと思ったんです。そこで、防護マスクにタイベックを着たお巡りさんが二、三人で検問をしていました。さっき通った時にはなかった検問でした。そこで車を停められたんです」

国道一一四号線の昼曾根《ひるそね》トンネルを通り過ぎた地点だった。木口は警官に聞かれた。

「どこへ行くんですか？」

「戻ります」

「あんた、原発が爆発したのを知らねえのか？」

警官はそう言った。

「またまた、そんな脅したって駄目ですよ、お巡りさん」

木口は、原発が爆発したと聞いて、冗談だと思った。自分は福島第一原発の担当だ。そもそも原子炉が爆発したら、生きていられないではないか。

「ここから原浪トンネルを越えて、南相馬に向かいます。そのルートで福島市まで行きますから」

木口はそう言った。津島の方に向かうのではなく、渋滞を避けて北上し、南相馬に向かいながら、福島市を目指そうと思ったのだ。

今日も、原稿も写真も送れていない——木口には、焦りがあった。早く本社に上がって、昨日から今日にかけての体験と取材を少しでも紙面に生かしたかった。早く戻りたい。早く本社へ上がりたい。この未曾有の事態を読者に伝える使命が自分にはある。渋滞から逃れて少しでも早く、違う道から行きたい。木口は、そう思っていた。

その時、警官は、こう言った。

「死にますよ、あんた」

「……」

木口は、警官の言っていることは本当なのか、と思った。まさか……と、それを打ち消しながら、そこを通してもらった。いくら警官に脅されても、心の中では、「原発が爆発した」などということを、信じようとしていなかったのである。

木口は原浪トンネルを越えて、鉄山ダムと横川ダムというダム沿いの道を通れば、車が一台しか通れない道なので、「逆に空いてるだろう」と思ったのである。

木口の予想通り、その道はほとんど通行する車はなかった。一気に南相馬の原町方面に抜けて、そこから県道一二号線に出て、飯舘村と川俣町を通って、木口は福島市に入っていくのである。

　木口が本社に着いたのは、夜七時前後のことだった。相双ブロックの記者の中では一番早かった。四階に上がっていくと、編集局は締切でバタバタしていた。

「おお、木口、生きてたのか？」

　木口に声をかけたのは、ちょうど四階に来ていた総務局長の松原正明（五八）である。

「お疲れさん。写真を早く出してくれ。それから、原稿もあげてくれ」

　報道部長の菊池も、木口に気づいて声をかけてきた。誰もが忙しく立ち働いていた。

〈原発で炉心溶融か〉

〈原発2万人避難〉

　この日、福島民友は、すでに二種類の〝特別号外〟を出している。その上に、福島第一原発で一号機の爆発が起こったのである。午後六時過ぎには、福島第一原発から半径二十キロ以内の住民への避難指示が出されていた。

　避難のエリアは、拡大の一途を辿っていた。

　すべてを紙面にぶち込むために、編集局のある四階全体が〝戦場〟と化していた。

　それは、真っ暗闇の中で、フラストレーションが溜まった前日と同じ場所とは、とても思えないものだった。

木口は、大声が飛び交っている編集局の仲間を、じっと見ていた。

(ああ、みんな生きてるんだ……)

木口はそんな思いに捉われていた。

激震と津波、それにつづく放射能漏れ……木口は、自分が担当する地区の中で、人々の生と死を見てきた。自分自身の命がなぜ助かったのか、それすらわからない。しかし、ここでは、仲間が生きていた。大震災の悲劇を少しでも伝えようと、みんなが必死で新聞記者としての責任を果たそうとしていた。

「この時は、一種の放心状態になっていたと思います」

本社に上がってきた三月十二日の夜、木口は生きている仲間と会って、〝生きている自分〟に気づかされたのかもしれない。

「あれは、一種の安心感かもしれません。津波が来ないところに来た、自分は助かったんだ、という思いがこみ上げてきたんだと思います。津波で壊滅した請戸で、この日の朝、おじいちゃんとおばあちゃんに遭遇したことを何人かに話したと思います。ずっと気にかかっている自分が助けられなかったおじいさんと孫のことは、果たして誰に言ったのか……。それは、覚えていないんです。でも、この時も、そのことがずっと心に引っかかっていました」

なにより木口に衝撃を与えたのは、「原発の爆発」である。

系列の福島中央テレビが固定カメラで捉えた福島第一原発の一号機の水素爆発の写真を見せられた木口は、爆発が事実だったことを知った。

あの検問をしていた警官たちが言ったことは「嘘」ではなかったのである。

「死にますよ、あんた」

そう言ったタイベック姿の警官の眼差《まなざ》しを木口は思い出していた。あれは、冗談でも何でもなかった。格納容器の爆発なら、自分は当然、死んでいる。いや、この本社さえ、避難を余儀なくされただろう。

本社に辿りつくことに必死で、カーラジオもつけないまま運転に没頭していた木口は、編集局で爆発の写真を見るまで、「一号機爆発」を信じていなかったのである。

（本当だったんだ……）

しかし、それでも深刻化する放射能漏れによって、その後、自分自身が七月下旬の「一時帰宅」の日まで、四か月以上も浪江に帰ることができなくなるとは、頭の片隅にも浮かばなかった。

新聞記者としての葛藤

一号機の爆発は、福島民友のいわき支社にも衝撃をもたらした。

特に、小さな子供を持つ記者にとっては、大きな葛藤を生むことになる。いわき支社報道部で唯一、幼い子供がいた本田武志（二九）は、爆発の時、いわき市の災害対策本部に詰めていた。

それからの自分自身の行動を、本田はさまざまな思いで振り返ることがある。

「あの時、いわきの市長や消防本部の関係者、あるいは災対本部の幹部などが、みんな釘づけになって映像を見ていました。記者室にはテレビがなかったので、フロアにあるテレビを遠巻きにして、市長が見ている同じ画像を私たちも見ていたんです」

本田は、一気に災対本部が緊迫したあの光景を一枚の静止画のように思い出す。

「市長も、ただ、茫然と見てる、という感じですよね。座ってではなくて、立ったまま見ていたと思います。怒号が飛び交ったとか、パニックになったとか、そういう感じではなくて、ただただ、みんなが茫然としていました」

一歳十一か月の赤ちゃんがいる本田には、その映像は〝家族の生命〟を考えさせるものだった。

「それから間もなく、報道部の先輩である女性記者が災対本部に詰めるのを交代に来てくれたんです。〝小さい子供がいる家族を避難させると言っているから、本田君、交代するよ〟というんです。どうも、支社長か報道部長が、小さな子供のいる私を避難させろ、と言ってくれているようでした。つまり、〝本田君、交代するよ〟というのは、私の身代わりになってくれるということです。先輩とはいえ、それが女性記者です。僕は、それに甘えていいのかな、という思いがありました。でも、やっぱり、家族が心配で……申し訳ないと思いながら、僕は家族のもとに向かいました」

親しくしてもらっている福島民報のベテラン記者がその時、災対本部に上がってきた。

「おい、ガソリンを入れてきたぞ。海沿い近くのガソリンスタンドがやっていたので、満タンにしてもらった。町の中でガソリンを入れるのは、とても無理だ」

記者は本田にそう言った。

しまった、ガソリンか……。すでに本田の車は、ガソリンが半分以下になっていた。

思わず本田は舌打ちした。

（失敗した……ガソリンを入れておけば……）

だが、今更そんなことを言っても仕方がない。その時、福島民報のその記者が本田に言った言葉は印象的だった。

「またいつか会おうな」

ごく自然に出てきた言葉のように本田には思えた。ひょっとしたら、本当にいわきも駄目になるかもしれない。それは、絶望的な「現実」を、いやでも突きつける重い言葉だった。

「ものすごく感傷的というか、明るく言ってるんだけど、いま置かれている現実が滲《にじ》み出るような言葉でした。妻の実家が茨城なので、こっちは仕事で大変だから、何かあったら茨城の実家に帰るようにと妻には伝えてあったんですが、僕は、その時にふと、家族がこのいわきに、まだいるかもしれない、と思いました。まったくメールも通じないですしね。それで先輩の女性記者に、〝ありがとうございます〟と伝えて、僕は災対本部を出たんです。心の中では、申し訳ありません、と思いながら、僕は好意に甘えてしまいました」

支社に戻ると鈴木博幸・いわき支社報道部長が本田を待っていた。

「(営業の)部長も一歳ぐらいの子供がいて、避難することになったから、本田君もすぐ避難して」

本田を避難させる、というのは、どうやら鈴木報道部長の方針のようだった。ありがたさが身に染《し》みた。

「ここに行きます」

本田は茨城の妻の実家の連絡先を鈴木に伝えて、頭を下げた。支社を出た本田は自宅アパートに向かった。もうすっかり日が暮れていた。アパートには電気が点いていた。

（ああ、やっぱり、どこにも逃げてなかったんだ）

玄関には「菅野さんのところにいます」と貼り紙があった。

家に入っていくと妻は菅野さん宅に赤ちゃんを預け、家の片づけをしていた。

「なんで避難しないの？　逃げろって言ったじゃん」

本田は思わず、そう言った。妻は、荷物をまとめて本田と一緒に避難するつもりだったのだ。

風呂に水を一杯、溜めていた。アパートの屋上にあるタンクには、まだ水が残っていたようだ。

本田家には、なにかあった時に家族の面倒を見てもらうよう、近所づきあいをしていた菅野さんという夫婦がいた。そこに挨拶に行った。菅野さんは警察出身の人である。

自分たちは避難しないという菅野夫妻に、本田は自分のアパートの鍵を渡した。

「何かあったら、溜めてあるこの水も使ってください。食料とかも、あるものは何でも使ってください」

そんな話をした。引っ越してきて以来、なにかとお世話になってきた方だった。

「その時、もしかしたら、菅野さんともう会えないかもしれない、という気持ちがありました。それで別れる時に、最後に子供と一緒に写真を撮ってもらったりしたんです。ご夫妻とうちの妻と子供を一緒に写させてもらいました。涙をこらえながら別れました。それで、いわきを発ったんです」

もう会えないかもしれない——本田は、そこまで思い詰めていた。

渋滞や崩落で道路事情は最悪だった。しかし、山の中の道を通り、本田はひたすら南を目指した。

「できるだけ原発から離れようと焦りますし、同じように避難する車がいっぱいいるし、大変でした。途中のセブンイレブンに寄ったら、商品は何もなかったですね。途中で、妻の実家に〝今、このあたりです〟という連絡をしました。家族を守るために、原発から離れることにはホッとしてますけど、同時に、残ってる人たちに申し訳ない、という気持ちがあって、つらかったです」

　本田は今も、後悔と申し訳なさを口にする。

「今でも申し訳ないという気持ちがあります。特に先輩記者に対しては、女性ですから、〝なんであそこで、すんなり交代してしまったんだろうか〟という思いがあるんですよ。家族のためには、自分がいないといけない、という思いと、これから先どうなるんだろう、という不安を抱えながら、暗闇の中を走っていたことを思い出すんですよ。真っ暗な中、自問自答しながら車を運転していましたね」

　新聞記者として現場にいなければならないのに自分は避難してしまった、という思いが消えないのである。

「あとで熊田君が行方不明になっている、というのを聞いて、どこか避難所ででも生きていてくれ、と願いました。でも、それに比べて自分は何なんだ、と思いましたよ。熊田君は、いい新聞を作りたい、という思いが強い青年で、僕は整理部の時から彼のことを知っています。亡くなる前の年の暮れだったか、熊田君と最後に電話で話した時も、〝僕らは全国紙じゃなくて、地方紙なので、自分が取材した街ネタの一本一本、すべてを地域版のトップにしたいんですよ〟と言っていました。そのぐらい、ものすごい熱心な記者でした」

そんな後輩を持っていただけに、本田には、なおさら葛藤があったのである。

「ずっと、これでいいんだろうか、と思いつづけました。もう、いわきに戻って来れないかもしれないとか、みんなともう会えないかもしれないとか……。妻の実家がある茨城のひたちなか市に着いたのは、夜中の二時か三時ぐらいだったと思います。両親は、起きて待っててくれましたね」

ひたちなか市も停電だった。ガソリンスタンドも営業していない。ガソリンが尽きるぎりぎりで本田は妻の実家に到着したのである。

「みんなに申し訳なくて、翌日から自転車を漕いで、仕事の真似事じゃないですけど、取材はしてたんです。結構、距離のある国道六号線の方まで自転車で行って、ガソリンを入れるために並んでる人の中で、福島とか、いわきナンバーの人に声をかけて、話を聞いたりしていました。自分だけが仕事をしていないので、こういうことでもやらないと、逃げっぱなしになってしまう、と思っていました」

勿来から郡山へ

一方、鈴木博幸報道部長以下、本田以外のいわき支社報道部の面々と、小名浜支局長の富山和明を合わせた四人は、本社からの命令によって、三月十二日夜、鈴木祐介（三二）が支局長を務める勿来支局まで〝撤退〟することになった。

勿来支局は、福島第一原発から六十キロほど離れている。「原発からできるだけ離れろ」というのが、福島民友の方針だったのである。

「祐介か？　お前のところに、みんなで行くからな」

三月十二日の夕方、鈴木博幸報道部長から、鈴木祐介支局長はいきなりそんな電話をもらった。支局は、前日の地震で床に物が散乱し、とても足が踏み入れられる状態ではなかった。鈴木は面食らった。

鈴木は、独り身だ。支局と襖《ふすま》ひとつで仕切られている居住部分も、もともと掃除など、いき届いていない。そこに地震が襲ったのだから、さらに目も当てられない状態になっていた。

「鈴木さん、いきなり言われても困ります」

思わず、そう言ってしまった。鈴木祐介は、鈴木博幸報道部長を「鈴木さん」と呼び、鈴木報道部長は、「祐介」もしくは「祐介君」と呼ぶ。

「祐介、そんなこと言ってる場合じゃねえんだ」

すぐに鈴木博幸報道部長から、そんな答えが返ってきた。

「わかりました」

原発の爆発による緊急事態である。そう返事をするしか仕方なかった。

勿来支局はマンションの一室で、ほかの支局とは異なる。フローリングの支局部分と、和室のふたつの六畳間が並んでいる。

鈴木は大慌てで、書類や物が散乱したままだった支局を片づけ始めた。

「とにかく人が入ることができるようにしないと、と思って、一番奥の部屋に新聞や書類など、散乱してるものを放り込んだんですよ。そこは一番日当たりの悪い和室で、普段も物置みたいにして全然使ってなかったので、そこにいろんなものを全部運んで、なんとか人が入れるようにしていったんです」

地震後、鈴木は勿来の町の中を取材していた。また、植田地区にある「いわき南警察署」に行き、警察署内に避難してきた人や署員からも話を聞いている。

植田地区の市街地には津波が押し寄せ、警察署の周辺には流されてきた車が横転したり、瓦礫が散乱していた。さらに海岸部の岩間町と小浜町に向かった鈴木は、津波によって完全に破壊された町並みを見て、愕然とする。

それらをカメラに収めたが、結局、本社の停電によって、記事と写真を送ることはできなかった。

そして、この日は「放射能漏れ」と「一号機の爆発」である。これでもか、と降りかかってくる事態に鈴木は、ただ圧倒されるばかりだった。

事態の悪化はとどまるところを知らず、ついには、いわき支社報道部の面々が勿来まで撤退してくることになったのである。

記者たちがそれぞれ勿来支局に到着し始めたのは、午後七時を過ぎてからである。前夜、久之浜の火事現場まで行き、惨状を目の当たりにした渡邊久男もやって来た。

「勿来支局に集まって、テレビの報道を見ながら、今後どうするか、という相談をしたんです。もっと遠くに拠点を移すべきじゃないか、という話も出て、それで議論になりましたね」

被災現場に突き進んでいた記者たちは、背後に放射能の恐怖がじわじわと迫ってくるのを感じていた。

「あの時は、原発事故がどこまで連鎖していくのか、わからなかったですからね。その時の議論は、明日どうするか、ではなくて、今、さらに移動するかどうか、ということでした。いま振り返ってみると、それは、自分たちの〝命〟をどうするか、ということだったように思います。そして、ガソリンとか、食料とか、それをどうするか、ということが大きな問題でした。

とにかく今は、どこの道が陥没してるか、どこで土砂崩れが起きてるかわからない状態だから、動かないで、明るくなるまで待った方がいいんじゃないか、という意見を僕も言わせてもらったように思います。祐介さんは、この勿来地区が、そこまで危険じゃないだろう、という風に思っていたでしょうね」

小さな赤ちゃんがいる本田は、先に遠くへ行かせた。今度は、自分たちの番である。放射能の恐怖は、取材する記者たちにもある。

だが、現にガソリン不足に陥っており、取材拠点は「物資が確保できる場所」というのが、必須条件だった。

鈴木祐介は、集まった連中に、とりあえずご飯だけは食べさせた。

「とりあえず、お米を炊いたと思います。あとは、どこかしらで調達してきたお惣菜とかだったと思いますよ。その時、地元のスーパーで、震災でもずっと店を開けてたところがあったんですよ。きっちりとは食べてないですが、少なくともあったかいものは食べてもらったと思います。なにか、みんなが来て、少しホッとして和んだ記憶がありますね。部屋の中の埃がひどいと言われて、掃除機はかけさせられましたが……」

皆、明け方になって睡眠をとった。仕事部屋と、居住スペースとに分かれての雑魚《ざこ》寝《ね》だった。めいめいが、布団やタオルケットをかけて寝た。

「私と富山（小名浜支局長）さんがフローリングのところで寝たんですよ。布団が足りなかったので、何かをかけて、寒いなあ、と思いながら寝た記憶があります」

と、渡邊。鈴木祐介によれば、

「鈴木（博幸）さんは、すごく早く寝ましたね。どこでも寝られる人なので、みんなが気づいた時には、〝あっ、もう寝てるわ〟という感じでしたね」

三月十三日朝、「これからどうするか」ということが話し合われた。鈴木博幸報道部長は、いわき支社に戻ることになり、富山と渡邊の二人が小名浜支局に行き、取材を続行することになった。

「郡山（総支社）に上がれ」

その指令が本社から来たのは、三月十三日の夜のことである。

郡山総支社を拠点にして、そこからいわき方面に行って、取材をつづけるという方針が正式に決まったのだ。

渡邊久男によると、

「その時は、小名浜からいわき支社に上がっていましたので、報道部員は（本田以外）全員、いましたね。原稿とか一切がっさい送って、午後八時頃に、全員、郡山に移れ、という本社の命令を受けて、分乗して郡山に向かいました。私の車には、鈴木部長が乗りました」

途中で郡山総支社から連絡が入った。

「支社に入るなら、(放射線量を計る)スクリーニングを受けてきてくれ、という連絡でした。それを聞いて、原子力災害の現実を突きつけられた気がしました。それで途中の公共施設でスクリーニングをやっていたので、そこで受けました。ホールかなにかの駐車場にサーベイメーターを持ってる人がいて、外でそのままやってくれました。総支社に着いたのは午後十一時前後だったと思いますね。

総支社の報道部長が〝お疲れさま。無事でよかったな。よく来た〟と、労いの言葉をかけてくれました。総支社では、おまえら飯食ってないんだろう、いま準備してやるから、と言われて、お米を炊いてもらって、温かいものをつくってもらいました。美味しいものが食べられて、ちょっと感激しましたね」

一番驚いたのは、郡山では、いろんな〝物資〟が手に入るということだった。

「郡山では、ガソリンや食料など、いろいろなものを買うことができたんです。浜通りとはまったく違っていました。その日は、支社の床に寝袋で寝ましたが、少し離れただけでこうも違うのか、と思いましたね」

翌十四日からは、実家が福島市にある渡邊久男と鈴木祐介が福島の本社に上がり、残りは郡山総支社を拠点に、ここから「いわき方面に取材に行く」という態勢となった。こうして、いわきブロックの記者たちは、離ればなれになった。

彼らが全員でいわき支社に帰ることができたのは、三月の終わりのことである。これをなにより喜んだのは、ひたちなか市から一週間ほどで戻り、いわきで取材の現場に先に復帰していた本田武志である。

「郡山に移っていたみんなもいわきに戻ってきて、一緒になった時は、これでみんなとまた仕事ができると、高揚感がありましたね。僕と交代してくれた先輩の女性記者もすごく元気でした。僕は、あの時は申し訳なかったですと、はっきりとは言えてないんですが、〝本田君、元気だった?〟みたいに向こうから声を掛けてもらって、それが嬉しかったですね」

集結する相双ブロックの面々

一方、一号機の爆発によって、相双ブロックの状況も切迫したものになっていた。

相双ブロックは、いわきとは違い、福島第一原発も第二原発も管内に抱えている。

「原発が危険な状況になっている。相馬の小泉を拾って本社まで戻って来い」

菅野浩が編集ではなく総務からその命令を受け、南相馬の相双支社を出て相馬支局長の小泉篤史のもとに向かったのは、三月十二日の午後六時頃のことだ。

一号機の爆発で避難のエリアが拡大していく中、福島民友も社員を原発からできるだけ遠くに移動させる必要に迫られていた。

しかし、この命令を最初に受けた時、菅野は、

「本当に（本社に）戻らなきゃいけないんでしょうか」

と、聞き返している。簡単に「戻って来い」と言われても、そうはいかなかった。熊田との連絡がつかないままであり、最前線の現場をまだまだ取材しなければならない、という思いが菅野にはあったのである。

「いろんなことが頭に浮かびました。しかし、小泉君は自分の車が使えなくなっていますから、〝足〟がないわけです。それで、彼を拾って上がって来い、という命令でした。最初、私は状況がわからないから、会社の命令として、本当に戻るべき事態ということなのか、と聞き直したんです」

菅野の問いに、総務はもう一度、検討した。そして、あらためて方針を伝えた。

「(原発が) 状況的に危ないので、やはり本社に戻りなさい」

菅野は、あらためて総務からの命令を受けた。〝社命〟ならば仕方がなかった。相双支社は、福島第一原発からは二十キロ以上離れているものの、放射能汚染がどこまで広がるかわからない中では、この命令は当然だっただろう。

まして、相馬にいる小泉は前日の松川浦での取材の時に栄荘のある高台に車を置き、そのままになっている。彼を相馬から脱出させるには、「菅野が動く」しかなかった。

この日は、本社から相馬に取材の応援に来た記者が自分の車に乗せて小泉を連れて帰る予定だったのだが、

「いま俺が相馬から撤退したら、相馬の読者は民友を見放すぞ。俺は逃げない」

そう拒否して、小泉は相馬に残っていたのである。上司である相双支社長の菅野が直接、小泉を連れて帰ってくるしか、小泉を本社に「引き上げさせる」方法はなくなっていたのだ。

菅野は、南相馬から相馬支局に向かった。

「小泉君、会社の命令だ。行くぞ」

小泉にとって、菅野は入社以来、なにかと世話になってきた先輩であり、上司だった。その菅野がわざわざ南相馬から迎えに来てくれたのである。今度は、本社へ上がることを拒否することは、とてもできなかった。

こうして、菅野は小泉を連れて国道一一五号線を通って本社に向かった。

菅野の最大の気がかりは、一時も頭から離れない熊田記者のことだった。車の中は、当然、熊田の話になる。

「相変わらず連絡がつかないんだ。警察に届出は出したが……」

菅野がそう言うと、

「あいつのことだから、ひょっこり出てくっぺ」

そんな言葉が小泉の口から出た。体重が百キロ近い小泉は率直で、かつユーモアのある、独特のしゃべり方をする。

しかし、あの熊田が仕事から「逃げる」わけがないことを、二人ともよく知っていた。ひょっこり出てくることなど、あり得ないことが二人ともわかっている。車の中は、重苦しい空気に包まれた。

「行方不明の届出は出していました。津波から一夜明けて、行方不明の人の捜索が本格化していました。もしかしたら見つかるかもしれない、という中で、僕がいなければ確認ができないですから、少なくとも現場を離れるわけにはいかない、という思いがありました」

菅野には、あまりにもつらい撤退だった。本社に二人が着いたのは、午後八時頃のことである。

二人が編集局に上がっていくと、ひと足先に着いていた木口が、編集局内のソファに座っていた。

「お疲れさんです！」

「いやあ大変だったな」

菅野は、木口と挨拶を交わした。三日前に観陽亭で別れて以来である。

「熊ちゃんにまだ連絡が取れないんだ」

菅野は、木口にそう言った。

「えっ」

まさか……自分も津波に呑まれる寸前だった木口には、菅野に返す言葉が見つからなかった。

「とりあえず……無事に会えて、よかったな」

言葉も出ない木口に、相双ブロックのトップである菅野はそう言った。

菅野は、さっそく編集局長の加藤と報道部長の菊池に報告に行った。

「ご苦労さん」

二人は菅野を労ったが、熊田のことについては、やはり言うべき言葉がなかった。

「熊田君がまだ見つかってないので、今日、警察署に行方不明届を出しました」

その菅野の報告に対して、

「……わかった……。大変だったな……」

そう応えるのが、精一杯だったのである。


「もしかしたら、ダメかもしれない……」


富岡支局長の橋本徹が本社に辿りついたのは、木口の到着から四時間、菅野と小泉の到着からは三時間以上経った夜十一時半頃である。

橋本もまた、木口と同じく着の身着のままで富岡を出て来ている。両親と妻と子を連れての脱出行だった。

福島民友新聞の浪江支局と富岡支局。福島第一原発と第二原発を取材対象とするこの二つの支局は、その後、放射能汚染によって閉鎖を余儀なくされる。

木口と橋本は、年齢こそ木口が二つ上だが、社歴は橋本の方が古い。

「橋本さん」

「きぐっちゃん」

二人はお互いを、そう呼び合う仲だ。

「福島には、父の妹、私から見たら叔母が住んでいるし、妻の実家も福島ですから、それぞれに分かれました。私はそのまま会社に上がったんです。四階の編集局はもう騒然としていましたね」

橋本は、そう語る。

「相双ブロックのみんながもう上がっていました。そこで菅野さんが熊田がいない、と教えてくれました。こっちは、えっ？　と思いました。昨日、安否確認が取れたって言っていたじゃないですかって、聞き直したんです。そうしたら、そのあとまったく連絡が取れなくなったと……」

相双ブロックの記者たちは、熊田を除いて全員本社に上がった。疲労困憊であることは、無精ひげを生やし、着の身着のままの彼らの姿を見ればわかった。

橋本は中学の卒業式の取材に行くべく、十一日の早朝に起床して以来、まったく寝ていない。その間、固形物は胃に何も入れておらず、水しか飲んでいない。普通の人間なら立っているのがやっとだったかもしれない。

だが、橋本は疲労さえ感じないぐらいに身体がボロボロになっていた。おそらくほかの人間も同じだろう。

熊田と観陽亭で飲み、別れたのはつい三日前だ。しかし、あの日が、なにか遥か遠い大昔の出来事のように感じていた。

「熊田君は、もしかすると、ダメかもしれない……」

その時、菅野がポツリとそう言った。橋本は愕然とした。憔悴した菅野のその表情は忘れられない。

「市役所に行けと言ったのに、市役所に行った形跡がない。たぶん海岸沿いに行ったんじゃないかな。もしかすると、ダメかもしれない……」

力なくそう言った菅野の方を見て、橋本は放心状態になった。

「熊田がダメだなんて、信じられませんでした。しかし、本当に浜通りは地獄絵図なんです。海岸沿いが何もなくなっていて、見慣れた風景がそこから消えてしまっているわけです。その上に原発事故です。この先どうなっちゃうんだろう、福島はどうなっちゃうんだろう、日本はどうなっちゃうんだろうって思っている時に、熊田の話ですから、打ちのめされてしまいました。もう涙も出ませんでした……」

地獄の風景をずっと見てきて、やっと福島まで辿りついたら、あの熊田がダメかもしれない、というのである。橋本は編集局のソファに、一瞬、脱力して、ドンと腰を落としてしまった。

かたわらで、これまた命からがら脱出してきた木口も呆然としている。

「あいつが死んだのか。ウソだ」

「まだ望みはある。あいつのことだ。ひょっこり出てくるかもしれない……」

橋本は、木口とそう話し合った。

本社に上がって来るまでに、菅野支社長は自分で覚悟を決めていたように思う、と橋本は言う。

「浩さんは、涙とか出し尽くしてるような感じでした。毅然としているように見えたんですけど、見えないところで悲しみを全部吐き出して、自分たちの前にいるような感じに思えました」

絶望、哀しみ、失意、虚脱……それぞれに表現しがたい感情がこみ上げていた。相双ブロックの面々がいるソファは、編集局の喧噪とはまったく異次元の空間と化していた。

第十四章　思い出

忘れられない叫び

熊田の消息は、杳《よう》として知れなかった。

一週間、十日、二週間……地震から日数を経るごとに福島民友新聞の同僚たちは、不安が焦燥に変わり、やがてはあきらめへと変わっていった。

「熊田と連絡がとれない」

その不安は、かつての仲間にとっても同じだった。

「あいつ、大丈夫かなあ」

高校時代に熊田由貴生と親友だった冨樫《とがし》勇介（二四）が、そんなことを考え始めたのは、三月下旬のことだ。

冨樫は、熊田とは安積高校陸上部で三年間、一緒に過ごした仲間だ。大学は、熊田が新潟大学、冨樫は上智大学へと進み、離ればなれになったが、それでも郡山へ帰省する度に交遊をつづけていた。

仙台で教育用のソフトウェア関係の会社に勤める冨樫は、地震のあと、知人、友人に安否を問うメールを発信している。仙台も震度６強の激震に見舞われ、揺れと津波によって甚大な被害が生じた。そして、故郷の福島県は、地震だけでなく、原発事故という放射能汚染の直撃を受けた。

そんな中で、冨樫は、知人、友人にメールを送信した。だが、それに唯一、返信を寄こさなかったのが、熊田である。

（おかしいなあ。あいつらしくない……）

いつもだったら、すぐに返信が来る熊田から一向に連絡が来ないのである。仲間うちで、熊田はただひとり、音信不通だった。

「南相馬が地震と津波でやられていることは、地震直後から知っていました。熊田は新聞記者だから、忙しいだろうこともわかっていました。だから、携帯メールだけでなく、携帯に電話もしてみました。でも、返信もなければ、折り返しの電話もなかったんです」

電話は着信記録が残るので、いつもの熊田なら必ず電話をしてくる。

(何かあったのではないか)

やがて、冨樫はそんな不安を抱くようになった。同じ頃から、

「熊田と連絡が取れないけど、何か知ってる?」

かつての仲間から、そんな問い合わせが来るようになった。

「いや、俺も連絡が取れないんだよ」

冨樫は、そう言うほかなかった。不安を抑え切れなくなった冨樫は、ついに福島民友新聞に電話を入れている。

「あのう、熊田君の友人なんですが、彼は無事なんでしょうか?」

そんな問い合わせをしてみたのである。すると、電話は相双支社にまわされ、冨樫は相双支社長の菅野浩と直接、話をすることができた。

実は……と、菅野が伝えた内容に、冨樫は蒼ざめた。

熊田と震災後いっさい連絡がとれないこと、ほかの人からも同じ問い合わせが来ていることを菅野は冨樫に伝えたのである。

「熊田ってのは、殺しても死なないやつだし、あいつにかぎって大丈夫と思っていたのですが、震災後、いっさい連絡がとれなくなっていると聞いて、びっくりしたんです。実は、震災直前の三月にも、私は南相馬で熊田と会っているんですよ。それもあって熊田は大丈夫だと思っていました」

冨樫は、そう語る。

「熊田が気になって、それからは、南相馬のホームページをはじめ、すごく探しましたねえ。もしかしたら、飯舘村に行ってるんじゃないか、とか。その当時、無事だった人の消息を知らせる紙とかが避難所に貼ってあったんです。それを、南相馬市の方でPDFにしてネットにアップしてくれていた人がいました。そのサイトも、毎日見ていました。その中には、亡くなったことが分かった人も出ていました。でも、手書きなので、あんまりよく読めないんですね。そんな日々がつづきました」

冨樫は新聞記者として意欲に燃えていた熊田の姿を思い浮かべながら、手がかりを探しつづけた。

「熊田は、新聞記者として入ったからには一生懸命やる、南相馬に配属されてからは、地元密着型の記者としてやりたい、と言ってました。あいつは、地元というか、地域に密着した記者になりたい、という気持ちが本当に強かったんです。僕は、それを聞いて、〝お前ならやれる〟と言いました。相双地区に配属されて、腹を据えてやっていく、という強い気持ちを感じていました」

その言葉通り、熊田は地域に密着した記者として、着々と頭角を現わしていたのである。

冨樫には、熊田との思い出があまりに多過ぎる。

三年間の陸上部生活も一緒なら、音楽の趣味も似ていた冨樫は、大学に入ってからも、二人で札幌まで泊まりがけでコンサートを観にいったこともある。冨樫の青春時代は、熊田と重なっていた。

「陸上部に入った時、あいつがいたんです。僕はハードルです。短距離ですね。熊田は短距離で時々、中距離もやっていました。あいつは、百八十センチ近くあって、短距離にしては身体が大きかったですよ。百メートルは熊田の方が速かったですね」

「四百×四」の千六百メートルリレーがあったので、二人とも四百メートルもやっていた。

「千六百メートルは〝一マイル〟なので、僕たちは〝マイル〟と呼んでましたね。しんどいですけど、あれが一番盛り上がりました。僕らはそんなに強い学校じゃなかったですが、高校最後の負けたらそこで引退、という試合で、県大会、それから東北大会までいったんですよ。県大会の六位までが東北大会に行けるんですけど、なぜか最後の決勝まで残ったんです。その時は、二走が熊田で、三走が僕でした。それで〇・〇二秒差ぐらいで、ぎりぎり東北大会にも行ったんです。あれは、本当にあいつとの一番の思い出になりましたね」

冨樫には、忘れられないシーンがある。

「熊田は、疲れてくると首が曲がるんですよ。四百メートルは苦しいですからね。熊田は、四百を五十一秒だか五十二秒だったか、それぐらいで走るんですよ。僕はいつも一走だったんですが、県大会の決勝で、顧問の先生の意向で順番を変えたんですよ。それで僕は三走になって、初めて熊田からバトンをもらったんです。その時に、熊田がヘトヘトになりながら僕にバトンを渡す時に、〝冨樫、行けぇー〟って叫んだんです。それまで僕はいつも一走で、バトンをもらうことがなかった。だから、あいつの声がなによりも心強くて、それで走って勝てたと思うんですよ。東北大会は山形の天童で、なんだかんだ言って、ここでも準決勝まで行きましたよ。でも、あの県大会の決勝での熊田の〝冨樫、行けぇー〟という言葉が一番、忘れられないです。あの声で僕は頑張れたんですから」

熊田は陸上部で部長だった。いわゆる主将である。人なつっこく、後輩にも人望があった。

「いろんな人に可愛がられますし、純粋な男ですね。いい意味でバカな奴でした。気持ちのいい性格をしていましたよ。音楽が好きで、ギターもうまかったです。高校の文化祭の時に、人が足りないから助っ人で、熊田がバンドにヘルプで参加したことがありました。陸上の仲間が、あいつ、陸上の練習もしねえで、あんなことやって、って文句を言ってましたけどね。音楽は『くるり』という、京都のバンドがいるんですけど、それが好きでした。音楽に関して、僕は熊田からの影響が大きいんですよ。高校の時もそうでしたし、大学の時も、〝最近、どういう曲がいい〟とか〝どういうアーティストがいい〟とかいう話を熊田から情報収集してました。それで『くるり』の北海道のライブとかも、熊田と一緒に行ったんですよ」

最後になったのは地震の二か月前、二〇一一年一月のコンサートだった。

「仙台に『くるり』が来るということで、十二月頃に熊田から〝行きますか？〟みたいな電話が南相馬からかかって来ました。その日は休むから、とか言ってました。それが二人で行った最後のコンサートです。それは一月末ぐらいなんですけど、その後、たまたま、三月あたまに私が南相馬の方に仕事で行ったので、昼飯でも食うべ、ということで、昼飯食ったのが最後になりました。地震の十日ほど前です。熊田に連れて行ってもらって、定食をご馳走になりました。じゃあ次は、仙台に来たらおごってやるから、と言って、それっきりです」

すっかり「新聞記者」になっていた友の姿を見て、冨樫は頼もしく思った。

「私は学校関係の仕事なので、教育委員会とかに営業しに行ったんです。その教育委員会の担当の人が、熊田を知っていました。新聞記者として、バリバリ仕事をしてる、という感じでしたね。夜中十二時頃に電話をしても〝仕事中なんだ〟と言っていました。新聞記者って、そんな感じなのかなあ、と思っていました」

新聞記者への誇り

熊田が安積高校三年の時の担任、浜田伸一（五〇）にとっても、熊田は印象深い生徒だった。浜田が母校である安積高校に赴任し、初めて送り出す卒業生の中に、熊田はいた。

「熊田君は、僕の今までの教師生活のなかでも、印象に残る子ですね。振り返ると、いろんな面で熊田君に助けられたなあ、と思います。熊田君は、私が安積高校に赴任して初めて三年を受け持ったクラスなんです。まだ、慣れていない私の力になってくれたのが熊田君です。彼は、ホームルーム長として、私を支えてくれました」

ホームルーム長とは、学級委員長のことである。

「あの時のクラスは、四十三名で、男子が二十四名、女子は十九名でした。個性派ぞろいのクラスを、熊田君がよくまとめてくれました。もちろん、熊田君はユーモアもありましたが、それより実直さ、誠実さで、みんなから信頼されたタイプだと思います。進学校ですから、大学受験をみんなが目指すのですが、学校の行事もいろいろあるわけです。受験勉強に励みながらも、熊田君がクラスをまとめ上げてくれたんです」

浜田によれば、受験校にありがちな、ぎすぎすした雰囲気が、このクラスにはなかったそうだ。一丸となって何かに打ち込むクラスだった。それには、熊田の存在が大きかったという。

「安積高校では、三年に一度、『紫旗祭《しきさい》』という文化祭があるんです。ちょうど私が熊田君たちの担任になった三年の時にそれがまわってきたんですよ。その時も、彼がクラスをまとめましたね。教室の中を迷路にして、迷路を廻りながら、いろいろアトラクションをやって、最後は箱状の車に乗せて、ジェットコースターで教室からバンッと出口に降りる、みたいな企画を三年四組はやったんです。いろんな意見があるのをまとめて、中心になってやり遂げたのは、やっぱり熊田君だったですね」

体育祭も、やはり熊田が中心になった。

「体育祭の時も、うちのクラスは熊田君が中心でした。彼は、スポーツも万能でしたからね。リーダーで、かつ、ムードメーカーなんですよ。声出しなども一番すごくて、練習の段階からリーダーシップを発揮してくれました。おかげで三年四組は、見事、優勝したんですよ。彼が校長先生から賞状を受け取ったりして、みんなで大いに盛り上がった覚えがありますね。まとめる力だけじゃなくて、いろんな人間に配慮するとか、そういうことができるのが熊田君でした。人望が厚かったから、ほかの生徒が一目置いていたんですね。私が、〝こういうことをやりたい〟と彼に言えば、あとは、彼なりに自分で考えて、クラスをまとめてくれるんです。学校が、自主性を重んじる校風でしたから、彼が、それぞれの自主性を尊重しながら、クラスをまとめてくれたんですよ」

進路指導などに忙殺された浜田は、どのくらい熊田に助けられたかしれないと言う。浜田は、熊田が学校の「教壇に立つ」ことも考えていた、と明かす。

「あれは、彼が大学四年の時です。教育実習の相談があったんですよ。彼には、教員になる、という思いもあったんですよね。安積高校での教育実習を希望してきたのですが、ちょうど実習生の人数が一杯だったので、彼は郡山市内の別の高校で実習をやったんです。それが終わった時も、挨拶に来てくれて、私は、熊田君のような人間が教員になってくれたらいいな、と思ったんです。それで〝教員を考えてみたら〟と勧めたんです。熊田君は、考えてみます、と言っていました」

その半年後のお正月のクラス会の時、熊田は晴れ晴れとした表情を浜田に見せた。

「福島民友にお世話になることになりました。新聞記者になります」

浜田は、熊田からそんな報告を受けた。熊田のような人間にこそ教員になって欲しい、と思っていた浜田は、「新聞記者」と聞いて、なるほど、と思った。

「熊田君は、マスコミで仕事ができることをすごく誇らしく報告してくれたんです。それまで、熊田君から新聞記者という希望は聞いたことはなかったんですが、それはよかった、と思ったんですよ。彼には、正義感もあるし、また、誰に対しても公平さを忘れないところもある。ああ、それもいいな、そういう道もあったか、と思ったんです」

浜田は、熊田にこんな言葉を返した。

「教員もいいと思ったんだけどなあ」

それは、浜田の本音でもあった。しかし、自分と同じ教員の世界ではないが、この男ならきっと新聞記者の世界で大成する——浜田は、教え子の将来をその時、このうえなく頼もしく思った。

自信に溢れた姿

福島民友に入社した熊田は、最初の一年、整理部に配属され、紙面ができるまでの工程をみっちり叩き込まれた。

同期の人間には、やはり〝気のいい〟熊田の姿が思い浮かぶ。

「同期は、十三人なんです。男七人に女六人です。私は報道部、熊田は整理部からのスタートでした。最初から熊田は、みんなの中心にいた感じですね」

そう語るのは、震災時に二本松支社にいた國分《こくぶん》利也（三四）である。

「内定が出て、採用者が集まった時に、みんな知らない中で、熊田はもう周囲としゃべっていましたね。明るいやつなんですよ。僕にも、熊田の方から声をかけてくれました。入社後も、なんか彼のところに集まるようになっていました。熊田は、会社のすぐ近くに1DKのアパートを借りていて、なんだかんだってそこに同期が集まっていたんですよ。同期の十三人が全員集まったこともありました。みんな、熊田の明るい人柄が最初からわかってたので、アパートに行こうということになったわけです。部屋にはギターが置いてあって、もう一人、同期に音楽をずっとやってたやつがいて、音楽の話で熊田とずっと盛り上がっていましたね。たまに熊田がギターを弾きました。まあまあの腕前でしたよ」

最初から熊田のアパートは、〝同期の砦〟みたいになっていたのである。

「ビールとか缶酎ハイとか、そういうものを熊田のアパートで飲みました。熊田は、リーダー系というより、親しみやすいので頼られる存在、と言った方がいいかもしれませんね。話しやすい、というか、人を惹きつける魅力があったんだと思います。熊田は整理部にまず配属されましたが、見出しをつけるのが整理部の重要な仕事で、これは字数が限られているんです。だいたい九文字以内です。熊田が、字数を指を折って数えながら、見出しを考えている姿が思い浮かびます」

整理部の一年生は、「地域版」を担当する。会津版、いわき版、相双版などの地域ニュースの記事に見出しをつけるところから、熊田の福島民友での生活は始まった。新聞紙面の原寸大の割付用紙に「倍尺《ばいしゃく》」という定規を使って、レイアウトを考え、見出しをつけるのである。

「熊田の希望は、もともとスポーツの記事を書くことでした。そういう希望を聞いたことがあります。本人が陸上をやっていたことも関係していたと思います。熊田が二年目に入る時、相双支社に配属になることが決まって、記者研修をやったんです。整理部という内勤から外に出るわけですから、その前に一週間ぐらい研修があるんです。当時、僕は社会部にいたので、三日ぐらい、社会部の研修として一緒に行動を共にしました。記者としては、僕の方が一年先にやっていたので、同期だけど教えるような立場になりました。熊田はその時は、やっていけるんだろうかという不安な気持ちもあったんですよ。僕は、お前の明るい性格なら大丈夫だよ、って話しましたね」

二年目に入る時、熊田は南相馬の相双支社へ、國分は二本松支社へ異動になって別れ別れになった。その後、熊田は南相馬で新聞記者としてめきめき力を発揮し始める。

「震災前の一月下旬か二月に、二本松で自宅に放火して逃げた容疑者が、南相馬で別の事件で逮捕されたことがあったんです。その時、久しぶりに熊田と話しました。犯人の身柄は南相馬にあって、いつ二本松の方に身柄が移されるかを知りたかったんですよ。そう伝えたら、熊田が力強く、副署長に俺が聞くから任せとけって言ったんです。それで熊田の早い連絡があったので、本社から写真部の応援を二本松に呼ぶことができて、うちとしては、他社よりもいい写真を載せることができました。熊田の変わりようと、あの時の自信に溢れた言いぶりを思い出しますね」

第十五章　それぞれの十字架

やってきた東電幹部

日を追うごとに福島原発事故の影響は拡大していった。

「二、三日で帰る」

とるものもとりあえず出てきた住人たちは、次第に狼狽を隠せなくなっていく。第一原発から半径二キロ以内の住民から始まった避難は、三キロ、十キロ、二十キロへと拡大した。原発の現場のプラントエンジニアたちの命をかけた原子炉建屋への突入によって、かろうじて格納容器の爆発という最悪の事態は回避された。だが、大気中に放射性物質が放出され、海水、土壌への影響も大きな問題となっていったのである。

「早く帰してくれ！　捜索させてくれ！」

津波に肉親が呑まれ、行方不明となっている家族は、行政機関に連日のように詰め寄ったが、捜索はもちろん、立ち入りも認められなかった。放射能汚染下の捜索によって、二次被害を生じさせることは許されなかったのである。

地元の怒りは、事故の当事者となった東京電力に向けられた。原発に勤務する人間の多くは、もともと浜通りに生まれ育った地元の人間である。原発は企業として完全に地元に溶け込んでいた。

長い年月をかけて構築された信頼感が、事故勃発で「裏切られた」という思いを、逆に強くした。それが、反発をより増幅させていた。そしてその反発は、日本人が持つ放射能アレルギーと反原発の政治運動とを連動させ、激しい東電バッシングへと導いていった。

本社に上がってきた富岡支局長の橋本徹は、そのまま福島県の災害対策本部の担当を命じられた。県の災対本部は、福島県庁の道を隔てた西側に建つ「福島県自治会館」の三階に設置された。

老朽化した県庁は、「正庁」「東庁舎」ともに震度6強の地震で倒壊の恐れがある、との指摘を受けていたため、正庁から百メートルほど離れた「自治会館」に白羽の矢が立ったのである。

これほどの大災害において、災対本部が発表する事柄は、言うまでもなく最重要の報道案件である。自治会館三階には、たちまち新聞、通信、テレビといったマスコミが集結することになる。

三階フロアの廊下は比較的広く、そこが緊急の記者クラブとなった。そして、エレベーター前フロアのゆったりしたスペースが記者会見場となった。

各メディアは、廊下にそれぞれ長テーブルと椅子を持ち込み、そこを自分たちの「記者席」として確保した。福島民友、福島民報の地元紙、朝日、毎日、読売、産経の全国紙、共同通信、時事通信、ＮＨＫなど、それぞれの記者が二十四時間態勢で張りついた。

記者たちは、廊下で寝泊まりした。夜中に何があるかしれない。原発事故の拡大によって、福島県の災対本部から発表されるものは、どんな些細な事柄でも見過ごすことはできなかったのである。

その寝泊まりしている記者たちの中に、橋本徹がいた。

「みんな弁当を食べながら、張りついていました。こっちは、富岡から着の身着のまで逃げて来ていたので、ラフな格好だったですよ。防寒着だけで、ジャージのような姿で詰めていました」

三月十四日、十五日、十六日……目を離すことができない福島第一原発のありさまが災対本部から報道陣に伝えられた。県内の犠牲者や行方不明者の人数も、常に最新の数字が発表されていく。

そんな中、初めて当事者である東京電力の幹部が災対本部を訪れたのは、三月十八日午後のことだった。やって来たのは、東電の小森明生常務（五八）である。

二〇〇八年六月から二〇一〇年六月まで福島第一原発の所長だった人物である。吉田昌郎所長の前任者だ。小森は三月十四日午後、大熊町のオフサイトセンターに詰めていた武藤栄・副社長と交代するため、東京からヘリコプターで大熊入りしていた。

福島第一原発が最も危機的状況に陥ったのは、三月十四日夜から十五日朝にかけてである。三月十五日の朝、大熊町のオフサイトセンターの室内でも「150マイクロシーベルト」から200マイクロシーベルト」の線量を記録する。その時に、小森は防護マスク姿でオフサイトセンターにいた。

原発から「五キロ離れた室内」でも防護マスクを着用せざるを得ない事態に陥った

ことで、オフサイトセンターは、ついに福島市への撤退を決断するのである。

三月十五日、県庁の東庁舎にオフサイトセンターを移したあと、小森は、三月十八日に本社から「記者たちに対して会見をするように」との連絡を受けて、自治会館にやってきたのである。

まず、真っすぐ三階の災対本部に挨拶に出向いた小森は、それを終えて、エレベーター前のフロアで壁を背にして、立ったまま記者会見に臨んだ。

すべてのメディアを相手にした福島県内における事故後初の東電による会見である。災対本部に張りついている記者たちだけでなく、百人近くの報道陣が小森を半円状に取り巻いた。もちろん、その中に橋本がいた。橋本は首からカメラを提げ、アディダスのジャージを着ている。支局兼自宅の富岡を出たきりの橋本は、まさに着たきり雀の状態だった。

反原発一色に染まった感があるメディアの記者たちは、殺気立っていた。

富岡支局長だった橋本の担当は、福島第二原発だ。第二原発所長の増田尚宏（五三）も、よく知っているし、その前任の石崎芳行（五七）とも親しい。合気道が趣味だった石崎とは、富岡で一緒に稽古した仲でもある。

第一原発は浪江支局長の木口の担当だった。だが、仲のいい橋本と木口は、第一、第二原発の区別なく、それぞれの所長との飲み会や行事がある時は、お互いを誘い合って原発幹部たちと交流を深めていた。そのため、橋本はつい前年まで第一原発所長だった小森をよく知っている。

日頃の人間関係の構築こそ、いざとなった時の情報収集の基本だ。橋本はこの時、複雑な思いで、小森の登場を待っていた。

裏切られた、という思いは、富岡の住民だった橋本にもある。楢葉町の実家から、両親も一緒に連れて「脱出」しなければならなかったのである。

物心がついて以来、橋本は原発のある風景しか知らない。地元民との交流の中にあったその原発が、大津波によって大変な事態を引き起こしているということを、橋本は頭の中でどうしても整理できなかった。

地元はどうなるんだ。故郷はどうなるんだ。

橋本は、そんな思いに捉われたまま、自治会館三階に詰めていたのである。

（小森さんだ……）

銀縁のメガネをかけ、知的な雰囲気を漂わせる小森が、東電の関係者に付き添われてやってきた。いきり立つ全国紙の記者たちが一列目を占めた。橋本は、三列目ぐらいにいた。

「東京電力常務の小森明生の会見を始めさせていただきます」

司会の言葉と共に、小森の会見は始まった。

「大変なご心配とご迷惑をお掛けしたことを心からお詫びいたします」

用意していたペーパーに目を落とし、神妙な表情で小森は切り出した。

記者たちは、ICレコーダーで小森の発言を録音しながら、同時にノートにペンを走らせている。一言も聴き落とすまい、という緊張感がフロア全体を包んでいた。

突然の号泣

やがてペーパーを読み終えた小森に対する記者たちの質問が始まった。

「すでに避難を余儀なくされた数が十万人を超えております。東電は責任をどう考えているのでしょうか」

「これからの補償問題をどうお考えでしょうか」

口調こそ落ち着いているが、それは初めて目の前に現われた東電幹部に対する事実上の〝つるし上げ〟である。メディアには、自分たちが福島県民の怒りを代弁している、という思いがある。

やがて、質問口調は追及口調へと変わっていき、次第に記者の言葉の端々に怒気が含まれるようになっていった。

「(東電は) ちゃんと賠償するんですか？　きちんと言ってください」

そんな質問も飛び出した。小森が頭を下げるたびに、カメラのフラッシュが光り、シャッター音が響く。

「廃炉が当然じゃないですか。そうするんだろう？」

そんな追及もあった。だが、小森には、返すべき言葉がない。事故収拾の只中であり、経営決定したような物事は、まだ「何もない」のである。補償の問題を含め、すべては「これから」なのだ。

「まずは、今の状況を、少しでも収束させることを第一に考えております。全力を挙げて安全な状態に戻したいと思っています」

また、

「補償については、国とも相談して考えていきたいと思っております」

記者の追及に対して、小森はそう答えるしかなかったのである。

「避難されている皆さんに対して、どういう気持ちを持っているんですか」

「福島に希望はあるんですか」

会見の終わり際だった。そう質問した記者がいた。小森は言葉に詰まった。

「私も、（浜通りに）住んでおりました。地元の方々のことを思いますと、本当に申し訳なく思います。ただ福島の県民の皆様に、深くお詫びするとしか申し上げられません。イエスか、ノーか、という答え方はできません。ただ、全力でやらせていただくと……」

小森は、そう絞り出すように言った。

一時間近い、初めての東電による福島での会見が終わった。

取り囲む記者の壁が、やっと解かれた。

東電の関係者に促され、小森がエレベーターの方角に向かって歩き始めた時だった。

「これから、地元はどうなるんでしょうか」

小森に、そう声をかけてきた記者がいた。

橋本だった。

（あっ、橋本さんだ）

小森は、声のする方に目を向けた瞬間、橋本だと気づいた。顔も知らない全国紙やテレビの記者たちと長時間のやりとりをしていた小森は、そこに知り合いの記者がいたことに驚いた。

そして、その瞬間に、涙が溢れ出してしまった。

橋本は、地元の記者だ。あの浜通りに、共に住んでいた「地元の人間」である。橋本の顔を見た瞬間、小森の脳裡には、地元の人々の顔と姿が一挙に浮かんできたのである。

（地元の人にどれだけの迷惑をかけてしまったんだ。あの浜通りはどうなるのか……）

旧知の橋本の顔を見た小森には、そんな思いがこみ上げた。号泣だった。

橋本の方を向いた小森は、何も答えず、そのまま声を押し殺して泣き始めた。それを見た橋本の目からも涙が溢れ出てきた。

記者が取材対象者と一緒に「泣く」ことなど、あってはならない。そんなことはわかっている。だが、橋本も、涙を抑えられなかった。

故郷の楢葉、富岡、そして浜通りの風景が、小森の涙を見て、一挙に蘇ったのである。カメラを首から提げた黒のジャージ姿の橋本は、メガネをどけて、ごしごしと目をこすった。

その前で、東電の常務が涙を流している。全国紙の記者たちには何が起こっているのか、わからなかった。突然、目の前で、大の男ふたりが号泣しているのである。

カメラのフラッシュが、二人に向かって何度も何度も焚かれた。


〈東京電力の小森明生常務が18日、原発事故後初めて東電幹部として福島県を訪問した。「大変な心配と迷惑を掛けたことをおわびします」と謝罪。会見後、感情を抑えきれずに号泣した。（中略）「福島に希望はあるのか」との問い掛けに、沈黙の後、「県民におわび申し上げるとしか言えない。イエスかノーかということは極めて答えにくい。気持ちとしては全力で…」と答えるのがやっとだった。

会見場と同じフロアにいた佐藤雄平知事との面会は設定されなかった。会見を終えると、小森常務は「うー」とうなり声を上げながら泣き崩れ、東電社員に抱きかかえられながら会場を後にした〉

共同電は、この時のことをそう報じた。

「あの時〝民友の橋本ですけど、小森さん〟という声が聞こえたんです」

小森元常務の耳には、橋本から呼びかけられた声が今も残っている。

「声の方を見て、あっ、橋本さんじゃないか、と思いました。実は、その時の橋本さんからの質問は、私には聞こえていないんです。でも、橋本さんの顔を見た瞬間に涙が溢れてしまいました。橋本さんは、あの地元に住んでいた方です。私も、会社員生活の半分ぐらいが現場で、福島第二原発に三回、第一原発が二回、あとは柏崎原発に勤務しています。あわせて十四、五年、私は双葉郡に住んでいるんですよ。富岡には家族で住んでいましたから、子供は富岡で大きくなっているんです」

小森は、地元への思いを語る。

「上の息子は富岡の小学校に通って、下の娘は、富岡の幼稚園から通いました。私自身も、事故の直前は第一勤務でしたけど、第二も長いから、どっちも知り合いが多いんです。楢葉、双葉、富岡というのは、私にとって、第二の故郷なんですね。吉田君(吉田昌郎所長のこと)の前に第一の所長をしていた時は、大熊の駅から歩いて五分か十分ぐらいのところの所長官舎に住んでいました。だから、橋本さんの顔を見た瞬間に、地元の人たちの顔が思い浮かんでしまって……。本当に申し訳ないことになってしまった、と。涙がこみ上げてしまいました」

自治会館三階は、小森にとって、初めて行った場所である。災対本部の場所も、また、階段の場所もエレベーターの場所も、要領を得なかった。やっと会見を終わり、「こちらです」と促された時に、目の前に橋本がいたのである。その顔を見た途端に、こみ上げてきたのだ。

「橋本さんも、記者としてというより一緒にあの地域に住んでいた人間として、私に声をかけられたのではないでしょうか。それまで質問されていた記者の方たちは、そういう地元の人たちではなかったんですね。質問の最後の方で、地元のことを聞かれて、地元の皆さんの顔を思い浮かべた後に、まさに、地元で一緒にいた橋本さんがいたんです。私は泣けてしまったので、橋本さんがこの時、一緒に泣いた、というのは、実は今まで知りませんでした。橋本さんがどういう思いで泣かれたのかはわかりませんが、私は地元を思う同じ気持ちだったのではないか、と思います」

小森は、双葉郡を〝第二の故郷〟と呼ぶ。彼は生まれ故郷も、震災にやられている。

「私は、生まれは神戸の東灘区本庄町なんです。阪神大震災の時は、住んでおりませんでしたけど、あの震災の時に倒れた高速道路の近くで生まれているんですよ。両親は群馬の生まれなので、吉田君のような、根っからの関西人ではないんですが、故郷は阪神大震災でやられました。そして今回、第二の故郷を避難しなければならないという大変な状況にしてしまったのです。橋本さんの顔を見た時、いろんな思いがこみ上げてきました……」

凝固していた哀しみが一気に溶け出した場面を、小森はそう語った。

橋本にも、それは忘れられない記憶となった。

「あの時、記者たちは大挙して押しかけてきましたから、全部で百人ぐらいになっていたように思います。そんな中で、小森さんの会見が始まったんです。小森さんは憔悴しきっていました。やつれちゃって顔に張りがなく、目が窪んで、見るからに寝ていないことがわかりました。〝福島をどうするんだ〟と、みんなが責め立てていました。安全だと言ってたくせに、とか、早く廃炉にしろ、とか、そういう追及になっていましたね」

小森が追及される姿を、うしろの方で橋本は見ていた。

「小森さんは、申し訳ありませんということを繰り返していました。しばらくして東電の随行者が会見を打ち切って、抱え込むようにして小森さんを階段の方に逃がそうとしたんです。その時、ちょうど小森さんは私の方にやって来ました。〝地元はどうなっちゃうんですか？〟って、私が聞いたんです。自分も、声を震わせていたように思います。小森さんは、私の顔を見て、ハッと気がついたみたいでした。その瞬間、小森さんが号泣されたんです」

橋本は、自分自身も涙を抑えられなくなったあの光景をそう振り返った。

「一生を福島に捧げます」

木口拓哉にも、忘れられない強烈なシーンがある。

浪江支局長の木口は、自分が助けられなかったおじいさんと孫のことを引きずったまま、埼玉県の加須《かぞ》市にいた。

担当していた双葉町の住民は、放射能に追われ、川俣町に一週間ほど滞在し、三月十九日に埼玉県の「さいたまスーパーアリーナ」へと移動した。その後、千四百人を超える町民が、埼玉県加須市の旧県立騎西《きさい》高校の体育館に身を寄せていた。

騎西高校は三年前に閉校しており、その旧校舎が受け入れ先として提供されたのである。

双葉町の井戸川克隆町長は騎西高校の旧校長室を臨時の町長室として、活動をしていた。浪江支局長だった木口も、加須市のワンルームマンションを〝臨時支局〟として、町民の取材を続行していたのである。

あれは、初めて東電の清水正孝社長（六六）が、騎西高校を訪れた四月下旬のことだった。その日、清水社長は、朝からお詫び行脚をつづけていた。

「大変なご迷惑をおかけしたことを深くお詫びします」

面会を二度断られていた福島県の佐藤雄平知事（六三）に、福島市で三度目で初めて面会を果たした清水社長は、怒りの知事を前に二十分近く頭を下げつづけた。

その後、富岡町と川内村の住民およそ二千五百名の避難所となっている郡山市の「ビッグパレットふくしま」で、清水は役員と共に土下座した。次に、会津美里町と会津若松市も訪れた一行は、最後に埼玉県加須市に午後九時半を過ぎて到着した。

一行は、直接、騎西高校の旧校長室を訪れ、双葉町の町長、井戸川と面会した。

副社長の武藤栄、執行役員で原子力・立地本部副本部長兼立地地域部長の石崎芳行を両側に従えてのお詫びである。武藤も福島第一原子力発電所で技術部長を務め、石崎も福島第二原子力発電所で所長を務めた経験がある。

木口は、二〇一〇年まで福島第二原発の所長を務めた石崎のことをよく知っている。直接の担当は富岡支局長の橋本だったが、前述のように飲み会やイベントがある度に木口も顔を出していたため、石崎とも親しかった。

「地震、津波等に加えて、大変遠いところへご避難されているということに対しまして、皆さま方が大変つらい状況に置かれている現状を私どもも承知しております。重ねてお詫び申し上げます。申し訳ございません」

テーブルを挟んで、清水は井戸川町長に対して深々と頭を下げた。この時、木口は報道陣と共に校長室、そして廊下で取材していた。

東電一行は、報道陣を引き連れるかたちで移動していた。福島、郡山、会津、加須という強行軍で、疲労困憊だったに違いない。

町長室でのお詫びを終え、一行が廊下を歩いて帰る時だった。報道陣は、それを見送っていた。突然、木口が立っているところに、くるりと振り返って歩いてくる人物がいた。

石崎である。

（あっ、石崎さん……）

石崎が真っすぐ自分の方に向かって歩いてくる。木口は驚いた。石崎は木口の前まで来ると、こう言った。

「僕は、これからの一生を福島に捧げます。できることは何でもやらせてもらうつもりです」

そして、石崎は、木口に深々と頭を下げた。

「……わかりました……」

あまりに思いがけなかったため、木口はそうとしか答えられなかった。全国紙の記者たちは、意味がわからずポカンとしている。

石崎はそのまま社長のところに戻っていった。

「僕は、これからの一生を福島に捧げます」

自身も避難生活を余儀なくされている木口の心に、石崎の言葉が残った。

その後、石崎は二〇一三年一月に東京電力福島復興本社代表に就任した。この時のことを石崎は、こう語る。

「木口さんとは、事故が起きる前の年まで、福島第二の所長を三年間やっていた時に、仲良くさせてもらっていました。木口さんは第一原発の担当だったんですけど、時々、一緒に飲んでいました。自分がいた社宅に遊びに来てもらったこともあります。僕は、合気道をやっているんですが、木口さんはラグビーの方だったので、合気道はやりませんでしたが、橋本さんと福島民報の富岡支局長の神野誠さんとは、一緒に合気道もやりました」

石崎は、心からのお詫びを福島の人々に伝えたかった。石崎が第二原発の所長をやっていた富岡時代の三年間は、彼にとって「人生の中の宝物」だった。浜通りの温かい人情に触れた日々だったというのである。

「おふくろが会津若松の出身で、福島にはもともと思い入れがあったんですよ。三年間の所長暮らしが終わって、東京に赴任する時に、富岡駅の近くの『まどか』という店で送別会をやってもらったんです。みんなが集まってくれて、その勢いでホームに見送りに来てくれて、最終電車で東京に向かったんです。温かい人たちを忘れられないです。そんなところを（自分たちが）住めなくしてしまいました。避難している方々に、〝あんた、安心安全だと言ったよね、騙したね〟と悲しそうな目で言われることがありました。でも、あとで駆け寄って来てくれて、手を握って〝あんなことを言ったけど、信じてるよ〟と言ってくれる人もいました。もう、この人たちのために、福島の人たちのために、精いっぱいやらなければ、自分は死んでも死にきれない、そう思ったんです」

木口に歩み寄って伝えた思いについて、石崎はそう説明した。

「地元紙の記者は、全国紙の記者とは、全然違いますね。やっぱり、人間臭いというか、取材される側と取材する側というのを越えて、付き合いのできる皆さんでした。そんな人たちにもご迷惑をかけてしまいました……」

悔やんでも悔やみきれない原発事故を、石崎はそう語った。浪江の請戸地区をはじめ、津波でやられた地域に対する思いは、石崎にとっても特別のものがある。

「請戸地区は、三キロぐらい津波が遡上しましたからね。あそこでは、われわれの社員の家族も亡くなっているんです。あの時、夜になって、消防団が助けに入ろうとした時に避難命令が出ました。当時、消防団長だった方に聞きましたが、暗い中で、〝助けてくれ〟という呻き声が聞こえた気がしたそうです。〝避難命令が出たから、待っててくれ。明日の朝、助けに来るから〟と言ったまま、その約束を果たせなかった、というんです。私は何度も〝この気持ちがわかるか？〟と、その方に言われています。皆さんのお気持ちを思うと、本当に……」

石崎は、その浪江町の犠牲者の安置所にもお詫びに行っている。津波から一か月以上経ってから、収容された遺体である。顔は真っ黒に膨らんでいて、男女の区別もつかなくなっていた。

「遺体の状況を見てくれ」

「これを見た家族は、どう思うか？　その気持ちがわかるか」

「遺体に詫びろ。一人一人の棺に謝れ」

そこには、奥底の知れぬ無念があった。石崎は、立地を担当した副社長と共に、遺体に手を合わせた。

「もうご遺体の判別はつかなくなっていました。そこで、私はお焼香させてもらいました。遺体の状況を撮った写真を貼りだしてあって、そこにご家族が来られて、ひとつひとつの棺を確かめていくという、つらい作業をご遺族が目の前でされていました。あの光景は、忘れることができません」

石崎が吐露した「僕は、これからの一生を福島に捧げます」という言葉――木口は、それが石崎の心からの叫びだったと、感じている。

地震から津波、そして原発事故へと連鎖していったこの複合災害によって、それぞれが背負った十字架の重さを、木口は思った。

第十六章　遺体発見

「発見されました」


二〇一一年四月二日土曜日、南相馬市原町区三島町にある相馬農業高校体育館――。

すでに震災から三週間が経っているというのに、体育館の中には次々と白木の棺が運び込まれていた。

ステージの側から二十近い白木の棺が二列で並んでいた。その中のひとつに、中肉で髪の毛に白いものが目立つ男を係の人間が案内していた。

男は、福島民友新聞の相双支社長、菅野浩である。そのようすを一緒に来た四人がじっと見つめている。目的の棺の少し手前で歩速を緩めた菅野は、ゆっくりと自らの呼吸を整えた。

棺は顔の部分に窓があって、その扉が開いていた。菅野は、そのまま棺に近づいた。

(熊田君だ……)

間違いない。菅野は、ゆっくり確認した。

まじめで仕事熱心、人なつっこく、みんなに好かれていた自分の部下が目の前の棺の中に、静かに横たわっていた。

(熊ちゃん……やっと会えたね)

思いのほか、顔の損傷もない。土気色で、首の方が膨らんでおり、そのためネクタイの痕が首に残っていた。しかし、間違いなく熊田だった。

涙が溢れてきた。菅野は両親の方を振り返った。

両親の横には、この日、捜索に加わっていた熊田と同期の國分利也もいる。菅野は心の中で、

(熊田君に間違いないです)

そう呟きながら、少し、うなずいた。

これで両親のもとに熊田を帰してやれる。菅野はそう思った。震災から三週間。い

まだに、遺体さえ見つかっていない行方不明者は数多い。

（時間はかかったが、ついにご両親のもとに帰ることができる、
部下の死が現実のものとなった哀しみと同時に、親元にこれで帰すことができる……）

という思い——一見、相反する不思議な感覚に菅野は捉われていた。

南相馬市の安置所は、当初、原町高校の体育館だった。しかし、犠牲者が増えつづけた南相馬では、原町高校だけでは安置所が足りなくなった。そして市内にある相馬農業高校に協力を依頼することになる。

やがて、検死を原町高校の体育館で行い、それを終えた遺体が相馬農業高校の体育館に運ばれるようになった。

原町高校での検死を経た遺体だけが白木の棺に入れられて、ここに安置されるのである。

菅野は、この三週間、行方不明者の遺体確認のことが頭から離れることはなかった。当時、行方不明届を出している人間は、膨大な数にのぼっていた。

そのため、それぞれが安置所に足を運び、もしや、と思われる遺体に対してひとつひとつ確認作業をしていかなければならなかったのである。

それは、必死で肉親を探す人間にとって、耐えがたい作業だった。

「当時、行方不明届を出している人があまりに多かったので、身元のわからないご遺体が発見されても、全員に連絡することは、不可能だったんです。そのため、届出をしている人が遺体安置所に行って、〝届出を出しております〟と申告をし、それが確認されると安置所の中に入れてもらえて遺体の確認作業をしていました。途中からは、遺留品やご遺体は、写真で見えるようになりました」

当初は、菅野もそうやって遺体の確認作業をおこなった。だが、三月下旬、熊田の両親を伴って来た時には、写真による確認作業に変わっていた。

この日、四月二日は、奇しくも熊田の両親と、熊田の福島民友での同期二人の計四人が捜索をおこなうべく、南相馬にやって来ていた。

熊田の父親は、鉄道関係の企業に勤めるサラリーマンである。熊田の一家は、下に妹がいる四人家族だ。この日は朝十時に相双支社に一堂に会したのである。

四人は、南相馬市鹿島区にある真野《まの》小学校の付近一帯を捜索しようとしていた。鹿島区にも、浜通りを南北に貫く国道六号線が通っている。この幹線のすぐ近くにある真野小学校は海岸線から三キロもあるというのに津波に襲われた。津波はさらに六号線を越えて、その奥まで達している。

国道六号線から海のほうを見て右側には、こんもりとした森がある。両親は、その付近を探していた。一方、國分ともう一人の同期は、真野小学校近くの田んぼと瓦礫の間にいた。

「最初に支社でご両親と落ち合って、現地に来たんです。その頃には、熊田の行動がだんだん狭められてきていて、真野小学校があるあたりに絞って、手分けしてまず車を探そうということでやっていました。車を目印にして、田んぼの畔道《あぜみち》なんかもずっと歩きました。ただ、畔道といっても、そこに木材があったり、車があったりするので、普通の乾《かわ》いた田んぼの畔道とは違って、ドブとの境目もないぐらいのところを歩くような状況でした」

一面、押し流された家屋や電信柱、車などの残骸が泥とともに積み重なっていた。中には、漁船もある。海から三キロほどもあるこのあたりまで、漁船が津波で運ばれていた。そんな瓦礫の中で、國分たちは捜索をつづけていた。

捜索を始めて、三時間ほど経った頃だった。突然、南相馬の原町区に残っていた菅野浩の携帯が鳴った。南相馬警察からである。

「菅野さん？　熊田さんと思われる遺体が発見されました」

携帯から、そんな声が聞こえてきた。

「あれはお昼過ぎの一時前かな、警察署から連絡をもらったんです。遺体は午前十時過ぎに発見されていたそうです。背広のポケットの中に名刺もあり、熊田由貴生さんに間違いありません、これから検死をするので、安置所に遺体が着くのは、午後三時ぐらいになると思います、という連絡でした」

すでに見つかっていたのを知らず、両親や國分たちは、捜索をつづけていたのである。見つかったのは、以前にも自衛隊などが捜索していた国道六号線沿いのガソリンスタンドの近くだった。積み重なった瓦礫と泥は、捜索のための自衛隊の重機さえも寄せつけなかったのである。

それぞれが自分たちの車で相馬農業高校に向かった。

相馬農業高校は、福島民友の相双支社から西に二、三百メートルしか離れていない原町区三島町一丁目にある。そのあたりは、日常的に熊田自身が通っていたところである。

棺に置かれた新聞

菅野が確認したあと、両親が息子を確認した。涙と嗚咽が体育館を包んだ。

國分も棺に近づいた。

「ご両親は、もう声も出ないような感じで泣いておられました。ただ、やっと見つかったというような思いもあったのかと思います。人の前でしたし、私たちもいる中で、あまり泣くっていうような感じではなくて、見つかったということで安堵された面もあったのではないかと思います」

棺には熊田がいた。國分の目に映ったのは、首に残っていたネクタイの痕だった。

「熊田の首にネクタイの痕が残っていたんです。最後の最後まできっちりとネクタイを締めていたことがわかりました。熊田は、仕事に最後まで向き合っていたというのが、その首に食い込むぐらいまでなっていたネクタイの痕が物語っていました。最後まで、仕事をやりきったんだな、と」

國分の目から涙がとめどなく溢れてきた。

「僕は、熊田のカメラをなんとか見つけてやりたいと思いました。津波の沿岸部に向かっていった記者の心意気みたいな、そういうものが、きっと熊田のカメラには残っているだろうと、思うんです。今に至るまで見つかっていませんが、物理的にデータとして写真を見られるかどうかは別にして、そのカメラを探し出してあげたいんですよ。それを見ることができたら、危険な場所に向かっていった熊田にとっても、本望なんじゃないか、と思ったんです」

五人は、静かに棺を取り囲んでいた。その時、菅野があるものを棺の上に置いた。福島民友新聞である。

「熊ちゃん、こんな風になったんだよ……」

菅野は、棺のちょうど熊田の胸のあたりに、花と共に「新聞」を置きながら、そう呟いた。

熊ちゃん、こんな風になったんだよ——その言葉を聞いて、同期の國分は、ますます涙が止まらなくなった。

それは、熊田がその新聞をつくるために走った二〇一一年三月十二日付の第七版(早版)だった。ぎりぎりで福島民友新聞が「紙齢をつなぐ」ことができた、あの「第七版」である。

「熊田の顔を見て間違いないと、ご家族もそう判断されて、警察の方との〝じゃあ間違いないですね〟というやりとりがあったんです。菅野さんが、そのあとに三月十二日の新聞を、観音開きになっている棺の窓の少し下、つまり熊田の胸のあたりに置きました。そして、菅野さんが、熊ちゃん、やっと会えたねって言ったんです」

そのシーンは、國分にとってもたまらなかった。

「熊田は、その新聞を見ることができなかったわけじゃないですか。しかし、まさにこの新聞のために、熊田は取材に行ったんです。こんな風になったんだよ、という菅野さんの言葉は、熊田にあの津波のことを伝えていたんだと思います。岩手、宮城、福島の浜通りと、あれほどの被害を出した津波のことを、熊田は知らないわけですから、菅野さんはそれを熊田に伝えようとしたんだと思います。本当にあの時は、つらかったです……」

熊田を三週間にわたって探しつづけた菅野は、こう語る。

「やっと会えたね、って熊ちゃんに話しかけたんですよ。純粋にその思いだけなんですね。熊ちゃんは、二十四歳になって、わずか二週間ぐらいで、亡くなっているんです。若くて間違いなく伸びるし、いい記者になるなと思っていたから、余計にショックでした」

部下として、菅野は熊田をどれだけ頼りにしていたかしれない。

「熊田君は一年間、整理部にいて、いきなり相双支社に出てきたので、来たばかりの頃は、地域版のちょっとしたニュースでも、いっぱい直しました。原稿を形にするのはなかなか苦労がありましたね。しかし、次の段階で、例えば市政の話とか警察の話とか、彼にできそうなものをこっちから挙げますよね。こういう話題をこう書くと面白いし、紙面で大きく取り上げられるよ、というものを教えるわけです。すると、取材を終えて帰ってくると、その一部始終を僕に楽しそうにしゃべるんですね。そして、その話をもとに原稿を書いてくると、ほとんど、きちんと書けている。ああ、打てば響く男だ、と思いました。半年もしないうちに難しい行政の話もきちんと取材して理解をして、書ける記者になりました。成長の度合が高いので、非常にやりやすいパートナーとして一緒にやってこられた、と思っていました」

それだけに、菅野のショックは大きかった。

「ああ、やっと会えた……」

熊田が発見されたと聞いて、相馬農業高校の体育館に駆けつけてきた一人に社団法人・南相馬市原町青年会議所（ＪＣ）の田中章広（三七）がいる。

田中は、南相馬に赴任してきた熊田が入会したＪＣの理事長だった。

「熊田君は、僕の前の理事長の時にＪＣに入会してきたんです。青年会議所は世界組織なので、入会が認められると、正式にバッジを着用する〝バッジ着用式〟がありま す。その時、初めて熊田君に会いました。朗らかで、屈託のないあの笑顔で、挨拶をされました。それから、会う度に、〝こんにちは！　田中さん、いつもどうも！〟と明るく、声が大きくて、元気に挨拶してくれるんです。体育会系ですから、今風のちゃらちゃらした感じが全然なくて、言葉遣いも丁寧な上に、元気そのものでした。僕は、一発で好きになってしまいました」

それからは、ＪＣの活動もいろいろ記事にしてもらい、交遊は深まっていった。

「熊田君のことは、みんなが好きだったんじゃないですか。接していて、気持ちがいいんですよ。みんなのいい弟のような感じで、本当に誰にも可愛がられるタイプでした」

そんな熊田が、行方不明になっていることがわかったのは、震災後、一週間も経たない頃だった。

「熊田君と連絡がつかないと聞いたのは、五、六日経ってからだったと思います。民友の中で、どうやら、熊田が見つからないらしいぞ、と言っている話を僕も聞いたんです。それで、もしかしたら……と思ったわけですよ。仕事として情報を扱っている人間が、連絡がつかないというので、これは、と覚悟しました。それからは、熊田君はどうなったんだ、どうなったんだ、とずっと気にしていました」

ＪＣは、震災と放射能で孤立した南相馬を救うべく、支援活動を展開した。

「なにが一番悔しいかというと、彼が見つかったのが、僕らがよく車で通る、国道六号線沿いから、少ししか離れていないところだったことです。支援活動で何度も往来していた通りから少し海側にいったところなんです。しょっちゅう、行ったり来たりしていた場所で見つかったと聞いて、たまらなくなりました……」

田中は相馬農業高校の体育館に駆けつけて、係の人に棺の前まで案内された。棺の窓の扉が開けられ、熊田と対面した。目元を見た瞬間、すぐに熊田であることがわかった。

「ああ、やっと会えたな」

田中は、熊田に語りかけた。そして、こうつづけた。

「近くを通ってたのに、ごめんね」

田中は、知らずに近くを何度も通りすぎていたことが申し訳なかった。

「すぐ近くだったのに、見つけてやれなくて……ごめんな」

それだけ言うと、もう涙が止まらなくなった。

「ごめんな。ごめんな……」

謝らずにはいられなかった。ひとり津波に呑まれ、人知れずいたこの若者の死を惜しんだ。

「のちになって、熊田君が避難誘導をして、どうも人を助けたらしい、と伝わってきました。それを聞いて、僕は、ああ、熊田君らしい、と思ったんですよ。震災後、絆《きずな》とか、いろいろ人の温かさに触れる部分も、多かったけれど、当たり前ですが、同時に人の醜い部分も、やはりあったんです。ああいう極限状態では、自分さえよければいいという人の嫌な部分も、たくさん見させられました。そんな時に、熊田君が、実は、人の命を救っていた、という話が聞こえてきたんです」

そのことに田中は救われた、という。

「僕は、その時、人の醜い部分のことを見て、くよくよしていたんですが、熊田君に〝田中さん、人間ってそういう部分ばっかりじゃないですよ〟って教えられた気がしました。ああ、熊田君がこれを命をもって教えてくれたな、と思ったんですね。熊田君が自分たちのイベントを記事にしてくれた時、優しさを感じるいい記事を書いてくれたんです。それを思い出しました。熊田君のような人間こそ、もっともっと活躍して欲しかったと、今も思うんですよ」

わずか一年足らずの南相馬での記者生活で、熊田は周囲にさまざまな影響を与えていたのである。

その頃、福島民友新聞本社は、熊田の遺体が発見されたというニュースを受けて、哀しみに包まれた。それは社屋全体が耐えがたい憂愁に閉ざされたかのようだった。

熊田の棺を乗せた霊柩車が故郷・郡山に向かう途中、福島市柳町の福島民友新聞本社に寄ったのは、その日、四月二日の午後七時頃だった。

車が本社に着こうという時、社員は全員外に出て、熊田の到着を待った。すでにあたりは暗くなっている。やがて、熊田の乗った霊柩車が福島民友の前を南北に走る「旧奥州街道」(県道一四八号線)に姿を見せた。

霊柩車には、両親が乗っていた。福島民友は玄関の北側に駐車場があり、そこから東の道に抜けることができる。玄関の手前を「左」に入ればいいのである。

黒い喪章を襟や袖につけた社員が、寒風が吹きすさぶ中、その駐車場に整列していた。

前日までは、誰も熊田のことを口に出すことはできなかった。同期の人間を中心にどこかに、

「生きて帰ってくる」

という一縷《いちる》の望みを消し去ることができなかったからである。だからこそ、國分らはこの日も捜索に行ったのだ。そのわずかな望みが、ついに潰《つい》えたのである。

そのことが、なんとも虚しく、哀しかった。だが、今はもう仕方がなかった。できるだけの感謝の気持ちを捧げて、非業の死を遂げたこの第一線記者を「ご苦労さまで

した」と、迎えようとしていたのである。

霊柩車は、静かに駐車場に入って来た。頭を下げる社員たち。合掌で迎える社員もいる。同期だろうか、堪えきれず嗚咽をもらす者もいた。

村西社長が待つ駐車場の中央あたりで、霊柩車は停まった。

霊柩車から両親が降りてきた。村西が歩み寄った。

「お父さん、お母さん」

村西は、そう絞り出した。しかし、次の言葉がつづかない。

両親も、言葉なく頭を垂れていた。

「……悔しいです……」

感極まった村西は、それ以上、なにも言えなかった。

哀しみを全身に纏《まと》った両親は村西に、そして出迎えた社員たち全員に、頭を深々と下げた。

(息子がお世話になって、本当にありがとうございました)

おそらく、そう言いたかったのだろう。しかし、両親も、言葉を発することはできなかった。底知れぬ寂しさと無念が、すべての人から「言葉」というものを奪ったかのように思えた。

村西は、こう語る。

「のちに、おたくの記者に私は命を助けてもらいました、という電話が会社に来たんです。その人は、あの時の記者にひと言、お礼を申し上げたい、と連絡をくださったのです。残念ながらその記者は津波に呑まれて亡くなりました、と告げると、大層、ショックを受けられたそうです。それで、せめて線香でもあげたいと仰るので、ご実家との間を持たせてもらいました。熊田君が記者である前に、一人の人間であったことを、私は誇りに思いました。悔しさと同時に、彼は人間としてやっぱりすごいことをやったという、誇りがありました……」

暗闇の中、こうして熊田由貴生は、福島民友新聞本社をあとにして故郷・郡山へと帰っていったのである。

第十七章　傷　痕

母からの感謝のメール

哀しみは「時」が癒やすというが、本当にそうだろうか。

東日本大震災で亡くなった一万八千人を超える人々と、それを見送った人々の哀しみが癒えることが果たしてあるのだろうか。

その思いは、多くの人間に共通するものに違いない。

熊田と南相馬で友人だった毎日新聞記者、神保圭作は震災後、虚脱感、あるいは一種の情緒不安定に陥ったのではないか、と自分自身で思うことがある。

自分自身が生と死の狭間に立ったあの津波の日――ほんのちょっとした「差」が、熊田記者と自分との生と死の違いとなった。

それは一体、なんだったのか。そのことを考えると、神保は自分が生きていること自体に違和感を覚えることもある。

熊田記者の遺体が発見されたことを教えてくれたのは、相双支社長の菅野浩である。

「熊ちゃんが見つかったよ。神保君、ありがとうね」

菅野はわざわざ電話をかけてきてくれて、そう言った。

それは、熊田のことをずっと心配してくれて、ありがとうね、という意味だっただろう、と神保は思う。

「僕は菅野さんに連絡してくれたお礼と、遺体が見つかって〝よかった〟って話をしたんですよ。死んだことが確定して、よかったね、というのはとんでもないですが、でも、見つかってない方は、数多くいらっしゃいましたからね。本当に、ああ、よかった、と思ったんです。菅野さんも同じだったと思います」

そして、神保に熊田の通夜と告別式の日取りを教えたのは、浪江支局長の木口拓哉記者である。

神保も木口同様、埼玉県加須市の旧騎西高校で双葉町民の取材をしていた。時々、食事を共にすることもあった。

同じ浜通りを取材する記者として、会社を越えて親しくしている関係だ。

四月二日に遺体が発見された熊田の通夜は四月六日にあり、告別式は翌日の四月七日におこなわれた。

しかし、神保は、多くの参列者が熊田の死を悼んだその葬儀に行くことはできなかった。

日々の取材に明け暮れ、親友の葬儀にも顔を出せない自分の因果な商売をこれほど恨んだことはない。過酷な仕事は、それを許すほど甘いものではなかったのである。

熊田の告別式の四日後の四月十一日は、「震災一か月」という節目の日である。旧騎西高校で避難生活を強いられている双葉町の町民たちも、この「震災一か月」を複雑な思いで迎えるだろう。

「もう一か月か」という人もいれば、長引く避難生活に不満を募らせ、抑えがたい憤怒を行政にぶつける人だっているに違いない。

そういう人々の姿を自分は「淡々と報じていく」しかないのである。

二〇一一年四月十一日午後二時四十六分、神保は、その震災一か月という節目の時間を旧騎西高校で迎えた。

しかし、節目の日にスポットをあてて取材していながら、「震災一か月」ということを自分自身が受け止めきれていないことを感じていた。

駐車場に停めておいた車に戻ってきた神保は、あまりにも多くのことがあり過ぎたこの一か月を振り返っていた。

ブーブー……

その時、神保の携帯電話がメールが来たことを告げた。

（誰だろう……）

携帯を手にとった神保は、送り主が母親であることがわかった。神保の実家は八王子である。神保は、大学は実家と同じ八王子にある中央大学に通っている。

ずっと多摩から離れることのなかった神保にとって、母親の存在は学生時代に親元を離れて大学生活を送った友人たちに比べて、大人になっても濃いものである。

（何か用事かな）

メールを開いて目に飛び込んで来た文面に、神保は釘づけになった。

〈生きていてくれてありがとう　母〉

そこには、そう書かれていた。

生きていてくれてありがとう。それは、なんの説明も要しない「母親」としての一文だった。おそらくテレビで報じられているだろう震災一か月の風景やようすを見て、送ってきたものに違いない。

だが、それは、逆に、「生きる」ことのできなかった人たちのことを思い出させるものでもあった。

生きることができなかった友人の熊田。その母親は、この震災一か月をどう捉えているんだろうか。そして、泉下の当の熊田は――。

その瞬間、神保の目から突然、涙が溢れ出してきてしまった。神保の感情の薄膜を心のこもった母親の一文が捲《めく》ってしまったのである。それは滂沱《ぼうだ》の涙だった。

誰もいない車の中で、神保は声を上げて泣いた。

「死ぬかもしれなかったんだ」

「自分自身が生きることができなかったかもしれなかった」

さまざまな思いが駆けめぐった。そして、車の中で神保は号泣した。

神保は、熊田の無念を思った。その母親の哀しみも思った。

誰も見ている人間はいない。どう泣こうが、誰にも咎められない。それは、震災後、こんなに泣いたことはなかった、というほどの感情の迸《ほとばし》りだった。

(熊田、ごめん)

自分が生きていることが無性に申し訳なかった。そして、あまたの津波の犠牲者の「死」の重さが、この時ほど身にのしかかって感じられたことはなかった。

「熊田君、残念でした」

それから間もなくの四月半ばのことである。

「神保君……」

「あっ、橋本さん!」

神保は、福島県の災害対策本部の担当になって、県庁の横にある福島県の自治会館にやって来た。そこに福島民友新聞の橋本徹記者がいた。

自治会館三階に災対本部用の記者クラブができてから、すでに一か月が経とうとしていた。

あれ以来、福島民友の橋本は、詰めっ放しだった。記者たちは相変わらずここに寝泊まりしているのである。

「あの頃、自治会館に寝袋で泊まりっ放しですから、ウェットティッシュのスースーするやつで身体を拭《ふ》いてたんですよ、うちは、会館から歩けば六、七分で本社に着きますから、会社のトイレの石鹸で、髪を洗ったりもしていました。もう、どんな臭いになっているか、わからないですよ。みんな一緒ですからね。

中央紙とかテレビ局とかは、弁当が豪勢でしたね。地元紙の民報、民友は、ひもじかったですよ。日の丸弁当みたいなものだったり、塩鮭の缶詰と漬物ちょいと、ご飯とか。揚げ物の切れっぱしみたいなのが、少しだけ入った弁当もありましたね。そんな生活がつづきました」

もともと橋本は富岡支局長である。放射能汚染によって支局は閉鎖され、住民も完全避難をつづけていた。橋本自身も着の身着のままで〝脱出〟しているだけに、寝袋生活にはなんの違和感もなかった。

ただ、どこまでこの生活が長丁場になっていくのか、そんな不安は抱えていた。そこへ突然、旧知の神保記者が目の前に現われたのである。それは、二人にとって久しぶりの邂逅《かいこう》だった。

福島民友新聞と神保の毎日新聞とは、偶然、すぐ近くに長机を置いて、共にスペースを確保していた。

熊田と親しかった神保のことを、橋本もよく知っている。

「神保君は、中央紙なのにフットワークの軽い記者でした。彼は南相馬から富岡まで、よく取材に来ていたから、知っているんです。当時、地元の県立病院と、ＪＡ（農協）系列の病院との統合問題があって、ＪＡの病院が県立病院を呑みこむという大詰めの協議を富岡でやっていました。その関連取材で、神保君はしょっちゅう富岡に来ていたんです。すごい取材熱心だし、フランクな記者だったので、僕も知っていました」

自治会館三階にいたジャージ姿の橋本に対して、神保もウィンドブレーカーのようなものを着ていた。

先に気がついたのは、神保の方だった。

お互いを呼びかけた二人は、次の言葉を探していた。

「大変だったね」

今度は、橋本が先に声を発した。

「熊田君、残念でした……」

神保から出たのは、その言葉だった。

やはり、二人とも熊田のことを真っ先に話そうとしたのである。熊田の名前が出た時、二人はもう涙ぐんでいた。

「神保君は、大丈夫だったのかい？」

橋本の方が神保より十歳も年上だ。ベテラン記者らしく、橋本は問いかけた。

「いや、実は危なかったんです。自分も紙一重でした」

神保は、そう言うと、南相馬の沿岸部で、波が堤防を乗り越えてきたシーンを橋本に説明した。そして、

「（熊田は）いい奴だったのに残念です」

その言葉を何度も繰り返した。

橋本がそう応えると、神保は押し黙った。

「大変だったなあ」

「神保君は、涙をこらえていましたね。僕は、そこで〝自分たちは拾われた命だから、大事にしような〟って言ったんです。神保君は、〝そうですねえ〟というようなことを言ったかもしれません。でも、それからは、あまり言葉がなかったように思います。彼はすごく頑張っている中央紙の記者だなあと、前から思っていました。僕も彼も、すごく疲れていて、あの時はボロボロだったように思います。浜通りの海岸沿いに勤務していた者は、みんなそうでしたが、衝撃が誰にも共通するものがあって、みんな

がボロボロだったんですよ。お互いに、それがわかるんですね。神保君もあの時、つらかったと思いますよ」

神保記者も、こう話す。

「たぶん、あの頃、自分は泣き疲れていたんじゃないのかなと思うんですよ。ご遺族だけでなく僕らもなんですよ。泣きすぎて、もう涙が出ないという感じになっていたんですよね。埼玉の加須から福島に帰ってくる時には、なぜか、すごく涙が出ました。車を運転しながら、必ず泣いて帰ってくるみたいな感じなんです。福島に入って一定の場所に来ると、なぜか涙が出てくる。それを繰り返していました」

一体、それはどんな感情なのだろうか。

「いろんな人が亡くなって、僕たちはその方たちの取材をしているじゃないですか。南相馬で避難生活をしていた九十三歳のおばあちゃんが〝私はお墓にひなんします。ごめんなさい〟という遺書を残して自殺したことを記事にしたこともあります。お墓に避難しようとしたおばあちゃんの気持ちを考えると、やはりたまりませんでした。それに、なにより僕にとっては、熊田君が死んでいますしね」

感情を出すということはすごく疲れるんです、と神保は言う。

「泣くことに疲れるんです。実は、熊田君に助けられた大工の阿部さんに、僕もお会いしているんですよ。阿部さんも、逃げろと合図してくれた熊田君をなぜ助けられなかったんだろうか、という自問自答があったと思うんですよ。それを人に話すことが本当にいいことなのか、ということも阿部さんはずっと悩んでおられたと思うんです。いろんなことを心の底に押し込んで、みんな生活していると思うんですよ」

そう語り、神保はとても二十代の若者とは思えない寂しそうな表情を浮かべた。

震災一周年の夜

容赦なく、震災後の日々は、過ぎ去っていった。

福島民友新聞記者、木口拓哉は、テレビから津波のニュース映像が流れてくると、涙が止まらなくなる。あの日から三年近い年月が経過しても、それは変わらない。なるべく見ないようにはしているが、それでも自然と目に入る映像は避けようがない。おそらく生涯を通じて、これはつづくだろう。そして、この三年は「新聞記者を辞めよう」と思うことの繰り返しだった。

それは、自分自身が「許せない」からである。ひょっとしたら新聞記者という因果な職業に就いていること自体が許せないのかもしれない。

なぜあの時、あの人を助けられなかったのだろう。

自分が死ぬのがそんなに怖かったのか。自分の命を惜しんだおまえは、えらそうに新聞記者をつづけられるのか。

そんな自問自答を繰り返してきた。

あの日、目の前に子供を抱いたおじいちゃんが逃げてきた時、たとえ自分が「死んだ」としても、助けようとするべきではなかったのか。

あの時、津波の写真を撮ろうと海に向かっていた自分は、目の前の光景に一瞬、カメラに手を伸ばしてしまった。そのために、助けるタイミングを逸したのではなかったか。

おまえが「新聞記者だったこと」が、あの人たちを助けられなかった原因だったのではないのか。

おまえは、なぜ助けなかったんだ。いや助けられなかったにしても、なぜ、自分の命を「もしかしたら、助けられるかもしれない」という方に賭けなかったんだ。

あの時の〝悔い〟がどうしても脳裡から離れない。忘れようとしても、忘れられないのだ。

おじいちゃんの胸に抱かれていた子も、生きていたら今頃、小学生だろう。

そんなことをどうしても考えてしまう。生き残っていること自体を罪とさえ、思ってしまうのである。

木口の妻、和香子が夫のその苦しみに気づいたのは、震災から三か月が経った頃である。埼玉県の加須市で双葉町の住民を取材していた木口は、加須の駅近くにマンスリーマンションを借りていた。

和香子は、その時期、そこから港区の勤務先に通った。

「毎晩、いろいろな話をしました。でも、震災当日の夜中に最初につながった電話で、〝津波に流されたおじいちゃんと孫を見た〟と言ってたのに、その後、この話を夫は全然しませんでした。しかし、六月頃だったか、急にそのことを詳しく話し始めたんです。あれは、なにか、震災関連のＮＨＫのニュースを見ていた時だったと思います。結局、自分は助けられなかった、と言いながら一部始終を話してくれたんです。その時の夫の表情は、今まで見たことがないぐらい沈んだ、暗いものでした」

それは、自分が悪いことを「犯してしまった」という表情だった。和香子は夫の話を聞き終わると、

「その方の命をあなたが助けようとして、もし、あなたがここにいなかったら、私は耐えられない」

きっぱりと、そう言った。和香子は自分がショックを受けた顔をしたら、きっと夫は余計につらいだろう、と思った。ここで一緒に、しゅんっとなってしまってはいけない、と必死だった。

「それはあなたのせいじゃない。あなたがここにいるのは、あなたが正しい判断をしたからです。そんなに自分を責めないで……」

夫が抱え込んでしまった重荷を降ろさなければいけない。そのことはわかっている。しかし、そのためにどうすればいいのか、和香子にはわからなかった。

木口は、その後、南相馬の相双支社に異動になった。

熊田が座っていたまさにその席で、菅野浩支社長の下で、仕事をしたのである。二〇一二年春までの八か月間、木口は毎朝、熊田の遺影に手を合わせて、そして、取材に走った。

熊田は人を助けて、俺は助けられなかった——。

そう思っている木口には、それはつらい日々となった。美しい海が広がる南相馬。しかし、木口は、海が怖かった。海を見ると、どうしても「あの時のこと」が思い出されるのである。

二〇一二年三月十一日、震災一周年を迎えた日、木口は久しぶりに南相馬から加須に向かっていた。和香子も一緒だ。

二人で加須のホテルに着いた時、ちょうど「震災一周年」の番組がテレビから流れていた。

ベッドに座って、並んで観ていた時だった。

「ううっ」

夫が突然、泣き出した。

えっ、なに？　いきなり、夫が、ううっ、という声を出したかと思うと、それが堪えきれない嗚咽となったのである。

「どうしたの」

和香子の問いに、夫は何も答えない。

「大丈夫、大丈夫！」

和香子は、必死で夫の大きな背中を撫でた。涙は、なかなか止まらなかった。十分ほど、和香子は夫の背中をさすりつづけた。

「震えるような嗚咽でした。それは津波の映像が流れている時だったんですね。津波の映像を見て、たぶん、おじいさんとお孫さんのことを、思い出してるんだと……。一年経っても、全然、癒えていないことがわかりました。私はその時は、あまり詳しく聞くこともせず、また、あなたのせいじゃないよ、という言葉もかけませんでした。ただ、大丈夫、大丈夫、とだけ言っていたような気がします」

和香子は、夫を中学生の時以来、二十年以上も前から知っている。それだけに初めて見る、その姿は衝撃だった。

「本当にびっくりしたんですよね。夫は、強い人なんです。知り合ってから長いですからね。それまでは、津波の映像とかも、ニュースで流れているのを何気なく見ていました。でも、やっぱり、その度に、ずっと思ってたんだと、この時、知りました。それが、たまたま一周年という日で、夫も気持ちの上で一年経ったということを意識する部分が、どこかにすごくあったんだと思うんです。それが、ワーッと出ちゃったんじゃないかと思うんです。でも私は、そこまで思わなくていいよ、そんな気持ちにならなくていいよ、もう自分を責めなくていいよ、って思います。いつか、ちゃんと（おじいちゃんとお孫さんに）お線香をあげに行ければいいね、という話を夫としました」

和香子は、しみじみとそう語った。そして、最後にこうつけ加えた。

「その時は、私も一緒に行かせてもらうつもりです」

なにかを伝えようとする使命と責任、人々と触れ合うことで逆に生じてしまう軋轢や重荷、人間の喜びや哀しみと向き合う覚悟……そこにあるのは、一体、何なのだろうか。

日本に「新聞記者」という職業が生まれて、やがて百五十年が経とうとしている。

エピローグ

震災からちょうど「一〇〇〇日目」となる二〇一三年十二月四日夜――。

私は、福島市の中心部・置賜町《おきたままち》にあるレストランで、福島民友新聞記者、木口拓哉を待っていた。

この店は、浪江町から避難してきた店主によって経営されている。そのため浪江支局長だった木口は、折にふれてここを利用している。

私はこの店で、木口にある〝伝言〟をつたえようとしていた。

大震災で木口記者が経験したことと、それ以来ずっと抱え込んできた思いを、私は長い時間をかけて聞かせてもらった。

木口が「助けられなかった」と悔やむおじいさんと孫の二人が遺体で発見されたの

は、震災三か月後の二〇一一年六月のことだった。

福島第一原発がある大熊町の住民は、今も避難生活を余儀なくされている。会津若松、福島、伊達、郡山、いわき、仙台、東京、横浜、千葉……さまざまな地域で大熊町の町民は新たな生活を営んでいる。多くが震災の傷痕を胸に押し込んだまま暮らしているのである。

私は、亡くなったおじいさんとお孫さんの遺族を探した。木口が、迷いながらも、「ご家族にお会いしたい」という思いを持っていたからである。

しかし、なかなか見つけ出すことができなかった。

やっとその家族を知っている人に連絡がとれたのは、震災から二年九か月が経った二〇一三年初冬のことだった。

だが、ご家族の連絡先を教えてもらうことはできなかった。しかし、

「ご家族に用件を伝えて、もし、許可を得られたら、連絡先を教えます」

その方はそう言って、ご家族に連絡をとることを約束してくれた。私は、詳しく木口記者のことを伝えた。

亡くなった二人とご家族にどうしてもお詫びをしたいこと、許されるなら是非ご焼香をさせて欲しいということ……木口記者の思いとその時の状況を詳しく、細かに、

説明させてもらったのである。

その方は、私のいうことをきちんと書きとめ、そして、ご家族に伝えてくれた。伝えた相手は、亡くなったおじいさんの妻である。お孫さんから見れば、おばあちゃんだ。

おばあちゃんは、無事だった。しかし、三年近い年月で健康をそこね、今は「療養中」とのことだった。

おばあちゃんは、避難生活にあることと、自分が療養中であることを理由に、木口の訪問の希望を辞退したい、と伝えてきた。

しかし、その代わり、「木口さんに伝言をお願いしたい」と言ってくれた。私は、おばあちゃんとの間に立ってくれたその知人に、「伝言」を託された。

それは、おばあちゃんから木口への短いメッセージだった。

〈木口さんに〃これは、どうしようもない運命ですので、気になさらないでください〃とお伝えください〉

簡潔で明快なメッセージだった。

私は、「運命」という言葉が目に留まった。そして、これを木口記者は、どう捉えてくれるだろうか、と思った。

やがて、レストランに木口が入ってきた。

木口は、元ラガーマンらしく逞しい肩幅が特徴だ。いつものように、にこやかに店主に挨拶すると、私の前に座った。

私は、ことの経緯を木口に伝えた。

にこやかな木口の表情が一瞬で引き締まった。私は木口にそのメッセージを差し出した。余計な言葉は、不要だ。

こわばった表情で、木口は短いメッセージをじっと見つめていた。

一分、二分、いや、木口は、三分以上見ていただろうか。その姿は、必死で感情を抑え込んでいるように私には見えた。

「ありがたいです。それは、運命という言葉です」

やがて木口が、そう口を開いた。

「運命というのは受け入れるしかない。あらためて、おばあさんが言ってくれたことに、救われた、というところはあります。その場面に行く運命が自分にはあった、ということを感じさせてくれるからです」

木口はそう語り、「でも」と、こうつづけた。

「気になさらないでください、と言ってくださることもありがたいです。ぐらっと来ます。でも、それでも、運命という言葉、あの光景を、運命として許していいのか、と思います。運命という言葉は、非常に重いです。死んでいる人と、生きている自分、生と死、この場面に立ち会うのが、自分の運命だったのか、ということは思います。たしかにこの言葉は、自分の気持ちが和らぐところもあるし、ぐらっと来ます。それでも、その言葉で、自分を許していいのか、という思いは、消えません」

木口は、自分の思いを心の底から削り出すかのように言葉を重ねた。そして、「新聞記者」というものについて、こんなことを語り始めた。

「あの三月十一日、十二日の二日間、僕は純粋に、新聞記者として動いたと思うんですよ。あの時、会社と連絡がとれなくなっていました。ということは、会社の仕事としてではなく、記録として、誰かが、この震災の被害を書き残さなければいけなかった。それは、会社に記事として送ることができるとか、できないとか、そんなことではなく、ただ純粋な気持ちだけでやったことを、思い出します。紙面に反映されるかどうかではなく、純粋に〝記録者〟として動いた二日間だったんじゃないか、と思うんです。会社というものも超えて、あの二日間、記録者として特化して、あそこにいたのではないか、と。そして、自分には、それしかできなかったのではないかと思います」

記者とは〝記録者〟なんだと思います、と木口は何度も言った。

「それを考えれば、あの時、二人を助けようとして自分が死んでしまえば、記録者にはなれなかったなあ、と思います。トラウマは、はっきりいって残っています。新聞記者は、半分は人間であり、半分は記者である、と思います。新聞記者が人を助ける仕事なのかどうかは、わかりません。でも、僕は、熊田のことが羨ましいんです。それは、熊田が人間として純粋に、人を助けたと思うからです」

本当に純粋に熊田のことが羨ましいですよ、と木口は繰り返した。

「僕は、自分自身が、記録者であって、そして、同時に人間であれば、より良かったなあと、心から思います。熊田は、自分の命をあきらめて、人を助けようとしました。僕は、自分の命をあきらめて人を助けるということができませんでした。それが人間性であって、最後の最後、ぎりぎりの命にかかわる場面で、それがわかったんです。僕は逃げたし、熊田は逃げなかった。だから運命という言葉で、自分が許されていいのか、という思いがあるんです」

木口は一気にそう言うと、ふうっと大きな溜息をつき、もう一度、私が渡したおばあちゃんからのメッセージに目を落とした。

「僕らは、ペンとカメラしか持ってないんです」

その時、木口は独り言のようにそう呟いた。そして、このメッセージ、いただいていいですか、と私に聞いた。

「もちろん、いいですよ」

私が答えると、木口は、ありがとうございます、と言って、それを背広の内ポケットに大事そうにしまった。

「あなたのような人こそ、絶対に新聞記者をやめてはいけないよ」

私の口から思わずそんな言葉が出た。木口は、その言葉を、静かに聞いていた。

おわりに

世の中の出来事には、「時」を経なければ語ることができないものがある。

私は、本書を上梓するまでに、あの大震災から丸三年を要したことに対して、そのことを強く感じている。

本作品の舞台となった福島県の地元紙「福島民友新聞」は、前途有望な熊田由貴生記者を津波で喪い、しかも、明治二十八年から百年以上もつづく「紙齢」が欠ける寸前まで陥り、大変な危機に直面した。

この苦しみと真実は、いったいどのくらいの時間が経てば、明らかにされるものだったろうか。

私が、この作品を書くために取材を始めた時、福島民友新聞は困惑し、ある意味、狼狽した。

取材に応じていいものかどうか、見方によっては、恥ともいうべき事柄も含め、世の中にそれらが明らかにされて、果たしていいものかどうか。

おそらく、そんな迷いと逡巡《しゅんじゅん》があったからだろうと思う。

取材をつづける私に、福島民友新聞は、次第に協力をしてくれるようになった。それは、社内での喧々諤々の議論と葛藤の末のことだったのではないか、と推察する。

そして、さまざまな経緯を経て、私の目の前に現われた記者たちの中には、涙を浮かべながら証言してくれる方もいた。心からの後悔を吐露してくれる方もいた。

次第に私は、自分自身が福島民友新聞記者として、あの津波と放射能の中で走りまわっているような錯覚に陥っていった。

記者たちの証言は、それほど生々しく、壮絶なものだった。

彼らの体験をどこまで忠実に再現できたか、正直、自信はない。だが、彼らが経験した何十分の一かは、著《あら》わせたのではないか、と思う。

ノンフィクションとは制約が多く、真実を表現することに多くの壁が存在する。私は、それを克服するために必死で取材はするが、同時に、欲張り過ぎてはいけないとも思っている。

あの凄まじい体験の中の何十分の一かでも、表現できればいい——私は、そんな思いでこの作品を書き上げた。

私が印象深かったのは、「熊田のカメラをどうしても見つけてやりたい」という同僚たちの言葉だった。

「それは、熊田由貴生が、新聞記者として生きた証《あかし》だからだ」

その理由を聞いて、私は、胸の中を、爽やかで、それでいてなにか崇高なものが駆け抜けたような気がした。

そこに写っている光景こそが、新聞記者・熊田由貴生の「最後の姿」だったのである。

熊田記者の高校時代からの親友の言葉も耳に残っている。

「熊田のことを一回だけ夢に見ました。郡山に『ヴィレッジヴァンガード』という雑貨屋さんがあって、そこによく、二人で行ってたんです。暇な時に二人で時間をつぶしたんですけど、そこでなにか立ち読みしてたら、熊田が、生きてたよ〜って、話しかけてくるんです。僕は、〝ばかやろう、心配させやがって〟と言って、そこで夢から覚めました。最近、仕事でしんどい時に、熊田をよく思い出します。熊田の分も頑張ろうと、その時、思いますね。思い出すのは、いつも通りの、にこにこしている熊田です。今も、なにかひょっこりあいつが出てきそうな、そんな感じがして仕方がないんですよ」

葬儀で弔辞も読んだ親友の冨樫勇介さんは、私にそう語った。

「熊田が死んだことがわかった時も、友人にそれを連絡した時も、涙は出てこなかったんですけど、自分の部屋で喪服を着た時に、初めて泣きました。この歳で同級生のために、それも熊田のために喪服を着るんだ、と思った時、熊田がもういない、ということを初めて実感したんです。熊田とは、音楽という共通項がありましたが、僕は中島みゆきの『時代』が好きなんです。あれは、生まれ変わり、というか、生まれ変わって、またぬぐり会うよ、という曲です。僕は、生まれ変わったら、また熊田に会えるだろう、と思っています。それがいつか、あるいは、次の世界なのかどこなのか、まったくわからないけど、また会おう、ということを弔辞で言わせてもらいました」

二〇一三年、福島民友新聞は、「熊田賞」を設けることを決めた。最後まで仕事と向き合った熊田由貴生という人間がいたことを忘れないためである。熊田は、福島民友新聞がつづく限り、永遠の存在となった。

二〇一一年三月十一日。その時、記者たちは海に向かった。

ある者は命を落とし、そして、ある者は生き残った。明暗分かれた男たちには、負い目とトラウマが残った。

しかし、そこには、石にかじりついても「真実」を報道しよう、そして「時代」を切り取ろうとする記者たちの執念と責任感がたしかにあった。

あの福島の「悲劇」と、新聞人たちの「真実」を少しでも知っていただけたら、本書を上梓させてもらった甲斐があったと思う。

本作品には、数多くの協力者が存在する。福島民友新聞をはじめ、さまざまな方に心からのご協力とご支援をいただいたことに感謝し、その方々のお名前を以下に記させていただきたいと思う。

阿部清　飯沼敏史　石倉創　石崎芳行　遠藤義之　大内雄　大倉誠　大谷嘉洋　大
橋吉文　岡崎正治　小山田斌　加藤卓哉　神田俊甫　菅野厚　菅野建二　菅野浩
菊池克彦　木口拓哉　木口和香子　黒河内豊　小泉篤史　國分利也　小森明生　佐
藤正敏　三本菅誠　神保圭作　鈴木宏二　鈴木信子　鈴木博幸　鈴木祐介　鈴木善
弘　田中章広　田中茂　谷口隆治　田村和昭　冨樫勇介　富山和明　長冨文雄　西
島太郎　橋本徹　長谷川聖治　浜田伸一　原敏郎　藤田大　船越翔　本田武志　松
原正明　緑川一信　宗形幸子　村井良一　村西敬生　安田幸一　渡邊久男

（あいうえお順　敬称略）

また本書は、株式会社ＫＡＤＯＫＡＷＡ文芸・ノンフィクション局次長の吉良浩一、同局の菊地悟、両氏の貴重なアドバイスとあと押しによって、やっと完成に漕ぎつけることができたものである。お二人に深く御礼を申し上げる次第である。

また今回も、専門知識を駆使して拙稿を校閲していただいた髙松完子さん、情緒豊かな素晴らしい装幀をつくり出してくれたブックデザイナーの緒方修一氏に、この場を借りて御礼を申し上げたい。

なお、本文中における年齢は、登場する場面当時のものであることと、原則として敬称を略させていただいたことを付記する。

二〇一四年二月　東日本大震災三周年を前に

門田隆将

文庫版あとがき

流れ進むのはわれわれであって、時ではない——。

ロシアの文豪であり、思想家でもあったトルストイは、後世の人々にそんな言葉を遺《のこ》している。

この言葉には、さまざまな解釈が存在する。一般的には、移りゆくのは「人間」の側であって、「時」そのものが変わっていくのではない、という意味である。

だが、解釈の中のひとつに、これは、はかり知れない「哀しみ」に遭遇した人たちのことを表現したものだ、というものがある。

大きな悲劇を乗り越えようとする人が、新たな「道」、すなわち「再出発」を目指す時、のたうちまわるような苦悩と向き合うものである。時は、哀しみを癒《いや》してくれるのではなく、あくまで、自分たち自身が、自分たちの力で、前に向かって歩んでいかなければならないことを表わしたものだというのである。

文豪トルストイの真意を後世の人間が推《お》し量るのは容易ではない。しかし、私は、さまざまな解釈が存在するこの言葉を、折に触れて思い出している。

二〇一七年三月十一日は、あの東日本大震災から「六周年」の日となる。亡くなった方からすれば、「七回忌」にあたる日である。

私は、新しい年を迎える度に、自分自身が取材に走ったあの東日本大震災から「何年が経ったのか」という思いに捉われている。

もう一年か、はや三回忌か、もう五年も経ったのか……と、本当にあっという間に「七回忌」になったものだと思う。

家族の中に、亡くなった方を抱える人たちの思いは、時間の経過があっても、いかなる変化もない場合が多い。時は、哀しみを癒してくれないことを、私は、取材を通じてしみじみ感じている。

哀しみを抱《いだ》きつづけたまま、犠牲者たちのもとに旅立っていった人も少なくない。

本書で、熊田由貴生記者を探しつづけた福島民友新聞の菅野浩・元相双支社長は、震災から五年二か月後の二〇一六年五月二十五日、まだ四十七歳という若さで、熊田記者のもとに旅立った。虫垂癌だった。

「門田さん、熊田君は、本当に素直で、優秀で、頑張り屋だったんですよ」

喪った部下の面影を、時間を忘れて何度も、そして、滔々《とうとう》と語ってくれた菅野さんは、その後、福島民友本社で人事労務部長に就いた。

部長となった菅野さんは、本書の出版後も、私との接触が特に多かった。福島民友新聞を東京の私の事務所に郵送してくれていたのも菅野さんだったし、なにか福島民友から連絡がある時は、必ず菅野さんが直接、私の携帯に電話をくれたものである。

しかし、震災から四年が経過した頃、突然、極めて珍しい虫垂の癌が発見され、化学療法を続けながら入院と退院、そして出勤を繰り返していた。

「今年も、熊田君のお墓参りに行ってきました」

最後の電話で、菅野さんは、そんな弾んだ声を私に聴かせてくれた。熊田記者と、お墓参りを通じて「会話できること」をなにより糧《かて》としていることが受話器の向こうから伝わってくるかのようだった。

それからわずか二か月後の訃報。私には、とても信じられなかった。身体と気力がつづく限り、菅野さんは熊田記者のお墓参りを欠かさなかったことを、あらためて知った。

菅野さんには子供はなく、社内結婚した大切な奥様を残して一人、旅立ってしまったのだ。あまりに早すぎる「死」であり、私には、あの東日本大震災が、菅野さんの生きる「運命《さだめ》」さえ奪ってしまったのか、と思った。

「浩さんは、亡くなる一年以上前に癌のことを知ったようです。熊田君の十三回忌までは頑張らなくちゃ、と言っていたんですが……」

そう残念がるのは、本書の主役の一人、木口拓哉記者である。救えなかったおじいちゃんとお孫さんの焼香を今も果たせていない木口さんには、菅野さんの死は、大きな衝撃だった。その木口さんにも、菅野さんの死後、大きな出来事があった。

二〇一六年十月九日、熊本県山鹿《やまが》市にある菊鹿《きくか》中学校の二年生が、本書を題材に『希望』という劇をつくり、文化祭で上演したのである。

脚本をつくる上で、菊鹿中学から、さまざまな問い合わせが福島民友新聞に入った。熊本地震という大災害に見舞われた地で、『記者たちは海に向かった』がもとになった劇が上演されることを知った福島民友は、木口さん本人を熊本まで取材に出向かせたのである。

木口さんは、懸命に演じる生徒たちの姿に感動した。

「熊田君と私のことを中心につくられた劇でした。私の役をやってくれたのは女子生徒です。二年生全員が参加したもので、劇と合唱が両方、入っていました。迫真の演技でした」

熊田記者が阿部さんを助けるシーン、木口記者が今も悔やみつづける痛恨のシーンも、菊鹿中学二年の生徒たちによって、演じられた。

この劇を企画した菊鹿中学二年生の主任、峯《みね》貴美子先生は、筆者にこう語ってくれた。

「学校では、毎年、劇をしていまして、東日本大震災を題材にした劇を三年前もしたことがありました。今回もそういう関係の本を探していた時に、この本に出会ったんです。木口さんがずっと悩まれるところとか、熊田さんのことなどに感銘を受けて、二人のことを軸にして、劇で取り上げたいと思ったんです」

菊鹿中学校の二年生は四十九人。全員が参加しての上演だった。

「生徒たちには、私が一番、心を惹《ひ》かれた部分を話し、私自身が脚本を書きました。配役は、それぞれ生徒たちの希望を取り、その希望と演技力、両方、あった子がやることになりました。木口さんの役は、女生徒になりました。いろいろ福島民友新聞社に学年の先生が問い合わせをしてくれていたら、木口記者本人が取材に行かせてもらっていいですか、ということになりました。生徒たちは、木口さんご本人がいらっしやるということを知って、ますます気合が入っていったように思います」

学校の体育館には当日、立ち見の人も含め、三百人以上が集まった。生徒たちは人々の心を打つ熱演を披露した。それは、当事者である木口さんを感動させた。

上演の後、四十九人の生徒たちが入る学校の一室で、木口さんは全員と対面した。当事者との対面は、上演した生徒たちにとって特別のものだっただろう。

「なんで記者になったんですか」

「震災の時に、何が大事だと思いましたか」

木口さんに、生徒たちからそんな質問が飛んだ。

「生徒たちからそんな質問が出たので、〝あらためて家族が大切だということを感じた〟というような話をさせてもらいました。こっちからも、演じてみた感想を知りたいと思って、熊田君役の子に、〝熊田君に何か伝えたいことがありますか〟と聞いたんです。すると、突然、彼が泣き出して、〝命を大事にして欲しかったです……〟と、言ったんです。劇で演じている時は泣いていなかったんですが、僕が聞いたら、思わず泣いちゃったんです。印象的でした……」

木口さんは、そう語る。

峯先生にとっても、そのシーンは驚きだった。

「熊田さんの役をした男の子が、（木口さんとの）お話し合いの時に、とても泣いて話したんです。普段は、クラスでも、真面目いっぽうの子じゃないんですが、その子があんな風に真剣に泣いたのを初めて見ました。私だけでなく、生徒みんながすごく感動していたのを思い出します。演技をすることによって、それぞれが、その人の気持ちになりますので、そこは、生徒たちが何かを感じとってくれたんだと思います」

木口さんは、遠く離れた熊本の地の中学生たちが、亡くなっていった人たちを生き返らせてくれているような思いに捉われたという。

そんな本書が、このほど株式会社KADOKAWAのご厚意により文庫化され、永遠の命を与えられたことを本当にありがたく思っている。

あの未曾有の悲劇の中で、走り続けた記者たちの姿を中心に、毅然として困難に立ち向かった〝福島人〟の姿は、後世の人々の勇気に必ず繫《つな》がると思う。

「記者とは〝記録者〟なんだと思います」

そんな言葉を私に伝えてくれた木口さんの思いは、何十年後の、いや何百年後のジャーナリスト志望の若者たちに、大きな影響力を持つと私は思う。

それぞれの持ち場で、それぞれの力で精一杯のことをやりつづけた彼らの姿は、時を経ても、決して色褪《いろあ》せるものではなく、新聞記者という職にある人たちや、志望する若者の希望の灯《ともしび》になりつづけるものだと、私は確信している。

多くの人々のお世話になったあの取材の日々を私は昨日のことのように思い出す。涙を浮かべながら取材に応えてくれた人、悔しさをぶつけるように当時の思いを語り続けてくれた人、自分たちの気持ちは誰にもわからないと心を閉《と》ざした人――今となっては、すべてが、あの未曾有の悲劇をそれぞれの表現で、私という〝媒体〟、言いかえれば〝仲介者〟を通じて、「未来」という歴史の彼方にいる人たちへの「メッセージとして託してくれた」のだと思う。

あらためて、取材にご協力いただいた方々に心より御礼を申し上げたく思う。文庫となった本書が、風化と風評被害という二つの「風」に悩まされる福島の人々にとって、わずかでも〝応援の風〟になるよう祈りたい。

文庫版解説は、各方面で活躍しているジャーナリストの津田大介氏に書いていただいた。東日本大震災をライフワークのひとつとしている津田氏に、素晴らしい解説を頂戴できたことは、同じジャーナリズムの世界にいる私にとって大きな喜びである。この場を借りて、厚く御礼を申し上げたい。

また、文庫版出版にあたっては、株式会社KADOKAWAの井上伸一郎代表取締役専務執行役員、文芸・ノンフィクション局の吉良浩一局次長、同局菊地悟氏に大変お世話になった。心より、御礼を申し上げる次第である。
本書は、臨場感を重んじるために、できるだけ単行本執筆時の表現をそのまま生かして仕上げさせてもらった。尚、本文での敬称は、単行本の時と同様、略させてもらったことを付記する。

二〇一七年二月

東日本大震災犠牲者の七回忌を前にして

門田隆将

【参考文献】

『福島民友新聞百年史』（福島民友新聞百年史編纂委員会・福島民友新聞社）
『報道記録集　東日本大震災・原発事故　福島の1年』（福島民友新聞社）
『福島民友新聞』二〇一一年三月十一日 相双版
『福島民友新聞』二〇一一年三月十二日（第七版・第八版）
『福島民友新聞』二〇一一年三月十二日 特別号外
『福島民友新聞』二〇一二年三月一日〜三月十日（連載「記者たちの軌跡」）
『新聞技術　二〇一一年　第二号（№216）』（日本新聞協会）
『読売新聞特別縮刷版　東日本大震災1か月の記録』（読売新聞社）
『東日本大震災シンポジウム記録誌　2011・3・11』（東日本大震災シンポジウム事務局）
『YOMIURI販売ニュース　東日本大震災特別号』（読売新聞東京本社販売局）

解説

津田　大介（ジャーナリスト）

本書は二〇一一年三月十一日に発生した東日本大震災で被災した福島県浜通りと、その惨状を伝える地元紙福島民友新聞の記者たちを巡るノンフィクションだ。

地震、津波、原発事故という未曾有《みぞう》の複合災害に見舞われ、自らも被災者となった記者たちが「あの時」に何を考え、行動していたのか。著者の門田隆将は、詳細な取材を基に記者たちの執念と葛藤《かっとう》を描くことで、人は何のために生きるのかという普遍的な問題を我々に投げかけている。

門田が本書に先立って二〇一二年十一月に上梓した『死の淵を見た男　吉田昌郎と福島第一原発の五〇〇日』（ＰＨＰ研究所、のちに一部改題し角川文庫）では、福島第一原発の事故現場における壮絶な死闘を90名以上にも及ぶ関係者への取材で明らかにしている。『死の淵を見た男』は未読という読者の方には、併読を強くお勧めしたい。

なぜなら本書は『死の淵を見た男』からわずか一年四ヵ月後に出版され、「東日本大震災と福島」というテーマ設定において対をなすからだ。併読することで浜通りの文化的背景や、住民や記者たちと原発の関係が重層的に理解できる。原発事故を「内側」から描いた後、原発事故の「外側」で何が起きていたのかをこれだけの密度で描ききる筆力たるや舌を巻かざるを得ない。

本書と同様に東日本大震災発生時の報道現場の極限状況を伝える書籍はいくつか存在するが、その中でも本書は以下に述べる四つの点でとりわけ優れている。

一つ目の魅力は、「門田節」とも言うべき緻密《ちみつ》な人物描写だ。特に、本書の中核を担う福島民友相双地区の担当記者たちにはかなりの紙幅が割かれており、具体的な経歴や人間味あふれるエピソードが随所に盛り込まれている。読者が読み進める内に自然と記者一人一人に感情移入する巧みな構成だ。

多くの場面で取材対象者の心理描写が登場するが、このことが報道現場の臨場感を的確に再現することにもつながっている。類書が記者たちが自分たちに起きたことを客観的に振り返る伝統ジャーナリズム、記録文学的であるのに対し、本書はニュー・ジャーナリズム的手法をふんだんに取り入れている。この手法を採用しても本書に「フィクション臭さ」が漂わないのは、ひとえに門田が提示する客観的事実の網羅的緻密さと、相手に心を許さなければ決して話すことはない「本音」を引き出す門田のインタビュアーとしての力量の高さによる。

そんな門田が本書で唯一インタビューできなかった人間がいる。津波取材の最前線で自分の命と引き換えに地元の人の命を救った入社二年目の熊田由貴生記者だ。直接証言を得ることこそ叶《かな》わなかったが、記者仲間や旧知の友人など、周辺を徹底取材することで、彼の魅力的な人柄を伝えることに成功している。仕事にかける情熱や周囲の彼に対する期待——ページを繰る度に何度も登場する熊田記者の逸話は、この物語に「ハッピーエンド」がないことを読者に意識させる道標のようなものだ。途中、カタルシスが何度か訪れるだけに、その印象はより強まる。紛れもなく本書の「主人公」は熊田由貴生なのだ。

二つ目の魅力、それは徹底したディテールへのこだわりだ。第十二章で二〇一一年三月十二日付の福島民友が十二日朝、浪江町で配達されたエピソードが書かれている。その中で「最後まで新聞を配ったのは、誇りだ。福島民報は、店の前に梱包《こんぽう》が解かれないで、そのまま置いてあったからな」という販売店主の言葉が紹介されているが、筆者はこの記述を読んで心底驚いた。

筆者が初めて浪江町を訪れたのは、日本政府が福島第一原発の20㎞圏内を立ち入り禁止区域にする5日前の二〇一一年四月十六日のことだ。南相馬から南下し、ゴーストタウンと化した浪江町を車で走っている途中、目に付いたのが新聞販売店の前で梱包が解かれず置かれている福島民報だった。反射的に「福島民報は震災を伝える紙面を作って販売店までは届けられたが、避難指示によって配達することはできなかった」と推測した。「あの状況下で紙面を作り、ここまで運んだだけでも凄《すご》い」と思ったが、福島民友の配達員はその予想を上回っていたのだった。十二日朝に配達を終えた新聞は、一時帰宅した人に希望を与えていた。

ディテールという点で一際印象に残るのは第十五章だ。そこでは福島民友の記者と東電幹部の一言では言い表せない「連帯」にも似た関係が描写されている。門田自身が書いているように、本来「記者が取材対象者と一緒に『泣く』ことなど、あってはならない」ことだ。しかし、このエピソードが描かれたことで、読者は避難区域の住民が東電や原発事故をどう捉《とら》えているのか、その複雑な感情の一端を知ることができる。

「おわりに」で記されている取材協力者の中には、筆者が日頃お世話になっている方も複数いる。本書での彼らの描かれ方と自分の持つイメージにまったく違和感はなかった。それだけ時間をかけて取材し、本当に必要な要素だけ物語に埋め込んでいるのだろう。

三つ目の魅力は、本書が「メディア」の裏側に深く切り込んでいるという点である。門田は本書刊行時のインタビュー（文藝春秋二〇一四年六月号）で「メディアというのは書かれることへの抵抗が想像以上に強い。できれば隠しておきたいという意識をひしひしと感じましたね」と、困難を極めた取材を述懐している。メディアは他者を報じることには慣れているが、いざ自分たちが報じられる対象になると途端に頑なになる。本書で取り上げられた様々なエピソードの中には、福島民友新聞社にとって「不都合な真実」も含まれるのだから当然の話だ。それをこじ開け、あの時現場にいた者しか知り得ない話を大量に記録したことには大きな意味がある。

最後に紹介する魅力が『死の淵を見た男』にも通じる圧倒的可読性だ。映画の群像劇のように場面があちこち切り替わるスピード感は、終わりまで落ちることはない。四〇〇ページ超の長編だが一気に読んでしまったという読者は少なくないのではないか。このあたりは、週刊新潮のデスクを18年間務めた門田ならではの強味だろう。映像化にも期待したい。

記者やジャーナリストという職業は、仕事を遂行する上で必ず何らかの矛盾に直面する。大津波の写真を撮ろうとして目の前の老人と孫を結果的に助けられなかった木口拓哉浪江支局長は、その後自分を責め続けることになった。エピローグで木口記者の口から語られた「新聞記者が人を助ける仕事なのかどうかは、わかりません。でも、僕は、熊田のことが羨ましい」という告白は、メディアが内包する本質的な矛盾を端的に突いている。

記者である前に人間であるべきなのか。それとも、目の前に伝えるべき事柄があるなら記録することを優先すべきなのか。飢えでしゃがみこんだ少女の背後に、今にも襲わんとたたずむ一羽のハゲワシの姿を捉えた写真で一九九四年のピューリッツァー賞を獲得した「ハゲワシと少女」以降、この手の議論は絶えたことがなく、結論が出ることもない。

公共放送やNPOなどを除き、ほとんどのジャーナリズムはビジネスとして運営されている。何かを報道するにはコストがかかるからだ。そのため、ジャーナリズムは常に公共性と商業性の矛盾に悩まされている。悲劇を報道することは「被害者を食い物にする」ことと表裏一体でもある。

その矛盾とは異なる理由でジャーナリズムに制限がかかる事例も存在する。福島民友を含むすべての新聞・テレビは、原発事故が深刻化した二〇一一年三月中旬以降、自社の記者たちに撤退命令を出し、住民への政府の避難指示よりもはるかに広域に避難させた。コンプライアンス上、記者たちの生命を危険に晒《さら》すことを業務として命令するわけにはいかなかったからだ。その結果、相双地区から記者の姿が消えた。記者たちが再び同地区で取材できるようになるのは四月以降の話だ。

三月二十六日、桜井勝延南相馬市長が窮状を訴える動画がユーチューブにアップロードされ、世界中で話題となった。桜井は後に米国タイム誌の二〇一一年版「世界で最も影響力のある１００人」に選ばれた。本来なら地元紙が一番早く伝えるニュースをネットに取られてしまったのだ。福島民友の記者たちはどのような思いでこの報道を見ていたのだろうか。本書で語られていない「その後」には、このような苦々しい話も存在する。震災から五年を機にテレビ朝日と福島放送の共同で制作・放送されたテレビドキュメンタリー「その時、『テレビ』は逃げた～黙殺されたＳＯＳ～」を見ると、当時最前線で取材できなかった報道現場の葛藤がよくわかる。「その後」に興味のある方は観賞されたい。本書をより深く理解する補助線となるだろう。

世界中で新聞やテレビといった既存のメディアビジネスが崩壊の一途をたどっている。理由は言うまでもない。ネットやスマートフォンが爆発的に普及したことで、人々が無料で情報を手に入れられるようになったからだ。ジャーナリズムが抱える公共性と商業性の矛盾は日増しに大きくなってきている。その矛盾を徹底的に突き、虚偽ニュースを流布することで大衆を扇動して大統領の地位にまでのし上がったドナルド・トランプのような存在も現れた。ジャーナリズムはいよいよ剣が峰に立たされている。

この危機的状況に対し、記者やジャーナリストができることはあるのだろうか。福島民友の渡辺哲也記者は、二〇一三年六月二〇日付朝日新聞朝刊の「耕論」で苦渋の思いと共に下記のように述べている。

「非力かもしれないけど、全国紙やテレビが後追い報道するようないい記事を書き続けるしかない。県民が必要とする情報を伝えていくしかない。いずれにしても長い闘いになりそうです」

奇しくも本書の「はじめに」で、門田も渡辺と同様の回答を示した。

「ジャーナリストである私には、この悲劇の中で挫けず闘いつづけた人々のことを『後世の日本人』に残すことしかできない」

ジャーナリストは「ペンは剣よりも強し」を貫き、後世に教訓を遺すという「射程の長い闘い」に挑む者である。「後世に遺される教訓」は現世のあらゆる矛盾を超えて価値を持つ。本書の価値の高さは、そうした射程の長さに耐えうる強度を持っていることにある。

地図制作　スタンドオフ
口絵写真協力　福島民友新聞

本書は二〇一四年三月に小社より刊行された単行本
『記者たちは海に向かった　津波と放射能と福島民友新聞』を
加筆・修正して文庫化したものです。

記《き》者《しゃ》たちは海《うみ》に向《む》かった

津《つ》波《なみ》と放射能《ほうしゃのう》と福島民友新聞《ふくしまみんゆうしんぶん》

門《かど》田《た》隆将《りゅうしょう》

平成29年 2月25日 初版発行
令和元年 12月25日 3版発行

発行者●郡司 聡

発行●株式会社KADOKAWA
〒102-8177 東京都千代田区富士見2-13-3
電話 0570-002-301(ナビダイヤル)

角川文庫 20202

印刷所●株式会社KADOKAWA
製本所●株式会社KADOKAWA

表紙画●和田三造

ISBN978-4-04-104957-0 C0195

角川文庫発刊に際して

角　川　源　義

第二次世界大戦の敗北は、軍事力の敗北であった以上に、私たちの若い文化力の敗退であった。私たちの文化が戦争に対して如何に無力であり、単なるあだ花に過ぎなかったかを、私たちは身を以て体験し痛感した。西洋近代文化の摂取にとって、明治以後八十年の歳月は決して短かすぎたとは言えない。にもかかわらず、近代文化の伝統を確立し、自由な批判と柔軟な良識に富む文化層として自らを形成することに私たちは失敗して来た。そしてこれは、各層への文化の普及滲透を任務とする出版人の責任でもあった。

一九四五年以来、私たちは再び振出しに戻り、第一歩から踏み出すことを余儀なくされた。これは大きな不幸ではあるが、反面、これまでの混沌・未熟・歪曲の中にあった我が国の文化に秩序と確たる基礎を齎らすためには絶好の機会でもある。角川書店は、このような祖国の文化的危機にあたり、微力をも顧みず再建の礎石たるべき抱負と決意とをもって出発したが、ここに創立以来の念願を果すべく角川文庫を発刊する。これまで刊行されたあらゆる全集叢書文庫類の長所と短所とを検討し、古今東西の不朽の典籍を、良心的編集のもとに、廉価に、そして書架にふさわしい美本として、多くのひとびとに提供しようとする。しかし私たちは徒らに百科全書的な知識のジレッタントを作ることを目的とせず、あくまで祖国の文化に秩序と再建への道を示し、この文庫を角川書店の栄ある事業として、今後永久に継続発展せしめ、学芸と教養との殿堂として大成せんことを期したい。多くの読書子の愛情ある忠言と支持とによって、この希望と抱負とを完遂せしめられんことを願う。

一九四九年五月三日

角川文庫ベストセラー

あの一瞬
アスリートが奇跡を起こす「時」
門田隆将

瀬古利彦、サッカー日本代表、遠藤純男、ファイティング原田、新日鉄釜石、明徳義塾……さまざまな競技から歴史に残る名勝負を選りすぐり、勝敗を分けた「あの一瞬」に至るまでの心の軌跡を描きだす。

楽しい古事記
阿刀田高

古代、神々が高天原に集い、闘い、戯れていた頃。物語と歴史の狭間で埋もれた「何か」を探しに、小説家・阿刀田高が旅に出た。イザナギ・イザナミの国造りなど名高いエピソードをユーモアたっぷりに読み解く。

やさしいダンテ〈神曲〉
阿刀田高

人は死んだらどうなるの？　地獄に堕ちるのはどんな人？　底には誰がいる？　迷える中年ダンテ。詩人ウェルギリウスの案内で巡った地獄で、こんな人たちに出逢った。ヨーロッパキリスト教の神髄に迫る！

日本語えとせとら
阿刀田高

もったいないってどういう意味？「武士の一分」の「一分」って？　古今東西、雑学を交えながら不思議な日本語の来歴や逸話を読み解く、阿刀田流教養書。名文名句を引き、ジョークを交え楽しく学ぶ！

水木しげる、最奥のニューギニア探険
荒俣宏の裏・世界遺産1
荒俣宏

師と仰ぐ水木しげる氏のたっての希望で、秘境・ニューギニアの最奥地への探険を、水木氏とともに決行することになった著者。生命の安全さえ保証されない決死的な旅の末に、二人が垣間見た楽園の真相とは？

角川文庫ベストセラー

荒俣宏の裏・世界遺産2
イギリス魔界紀行
——妖精と魔女の故郷へ
荒俣　宏

イギリスでは、今でもまことしやかに幽霊話や怪奇現象が語られ、生活の中にファンタジーが深く根ざしている。ミステリアスな風土と歴史を紹介し、妖精や幽霊に出会えるお薦めスポットを荒俣宏が案内する。

知識人99人の死に方
監修／荒俣　宏

手塚治虫、三島由紀夫、有吉佐和子、寺山修司、永井荷風、森茉莉、折口信夫……誰もが避けられない死ぬということ。大往生していった先人たち99人の死に様を見て、死に備えよ。

想像力の地球旅行
荒俣宏の博物学入門
荒俣　宏

博物学は、観察して目玉を楽しませる行為であり、観察したことを記述する楽しみである。言ってしまえば、科学と観光の幸福な合体なのだ。顕学・荒俣宏が案内する、博物学入門の決定版！

相田みつを ザ・ベスト
一生感動一生青春
相田みつを

禅とはなにか？　我々の気持ちにすっとしみこむようなわかりやすい言葉で解き明かす、仏教の精神の神髄。在家で禅宗を修行した相田みつをだからこそ書けた、心にしみるエッセイの数々と書を収録。

相田みつを ザ・ベスト
にんげんだもの　逢
相田みつを

「つまづいたっていいじゃないか　にんげんだもの」不安なとき、心細いとき、悲しいとき……人生によりそう言葉の数々を厳選した『にんげんだもの　逢』を、いまこそ読みたい内容にリニューアルした決定版。

角川文庫ベストセラー

できるかな　西原理恵子

原子力発電所「もんじゅ」の体当たりルポから、タイでの生活実践マンガ、釣り三昧の日本紀行、そして、ロック・コンサートのライブ・レポートまで。西原理恵子が独自の視点で描く、激辛コミック・エッセイ！

できるかなリターンズ　西原理恵子

ロボット相撲からインドネシア暴動まで、サイバラ激闘の軌跡！ご存じ西原理恵子が描く、激辛コミックエッセイ第二弾！

できるかなV3　西原理恵子

脱税からホステス生活まで、サイバラ暴走の遍歴を綴った爆笑ルポマンガ。大人気の『できるかな』シリーズ第3弾、満を持して文庫化！

できるかなクアトロ　西原理恵子

インドの奇祭に乱入、ゴビ砂漠で恐竜の化石発掘、小学生相手にマジバトルと、サイバラの挑戦はますますディープに、アグレッシブに!! 大人気の『できるかな』シリーズ第4弾登場！

ぼくんち(上)(中)(下)　西原理恵子

ぼくのすんでいるところは山と海しかない　しずかな町で、端に行くとどんどん貧乏になる。そのいちばんはしっこがぼくの家だ——恵まれてはいない人々の心温まる家族の絆を描く、西原ワールドの真髄。

角川文庫ベストセラー

Kadokawa Art Selection
ルノワール―光と色彩の画家　賀川恭子

幸福の画家と呼ばれる巨匠の人生に深く迫り、隠された若き日の葛藤から作風の変化に伴う危機の時代まで詳しく解説。絵画史に残された大きな足跡をたどるエキサイティングなオールカラーガイドブック！

Kadokawa Art Selection
若冲―広がり続ける宇宙　狩野博幸

空前絶後の細密テクニック、神気に迫る超絶技巧、謎の多い人生。その若冲の魅力に迫り、再発見に沸いた「象と鯨図屏風」の詳細と、これまでの人物研究をくつがえす新資料による新解釈を披露。オールカラー。

Kadokawa Art Selection
黒澤明―絵画に見るクロサワの心　黒澤明

黒澤明監督が生涯に遺した「影武者」「乱」など映画6作品の画コンテとスケッチ約2000点から200点強をセレクトしたミニ画集。映画の迫力さながらの名画の数々。映画への純粋な思いがあふれ出す。

Kadokawa Art Selection
ゴッホ―日本の夢に懸けた芸術家　圀府寺司

写実主義に親しみ、印象派に刺激を受け、アルルの地で完成していく芸術と自身の魅力を、ゴッホ研究の第一人者が解説。さまざまな伝説がひとり歩きするが、ゴッホは何を考えていたのか。名画も多数登場！

Kadokawa Art Selection
レンブラント―光と影のリアリティ　熊澤弘

早熟な天才としてのデビュー、画家としての成功による経済的繁栄、そして没落、破産、孤独な死……文字通り波乱に満ちた生涯を生きた「光と陰影」の画家の生涯を作品と共に綴る、大好評カラー版アートガイド。

角川文庫ベストセラー

この世でいちばん大事な「カネ」の話　西原理恵子

お金の無い地獄を味わった子どもの頃。お金を稼げば自由を手に入れられることを知った駆け出し時代。お金と闘い続けて見えてきたものとは……「カネ」と「働く」の真実が分かる珠玉の人生論。

いけちゃんとぼく　西原理恵子

ある日、ぼくはいけちゃんに出会った。いけちゃんはいつもぼくのことを見てくれて、落ち込んでるとなぐさめてくれる。そんないけちゃんがぼくは大好きで……不思議な生き物・いけちゃんと少年の心の交流。

ああ息子　西原理恵子＋母さんズ

耳を疑うような爆笑エピソードの数々。でもみんな、本当にあった息子の話なんです——!!　息子の「あちゃちゃ」なエピソードに共感の声続々！　育児中のママ必携の、愛溢れる涙と笑いのコミックエッセイ。

ああ娘　西原理恵子＋父さん母さんズ

ほっこりすること、愛らしいこと——娘をもつ親ならきっとみんな〝あるある！〟と頷いてしまうこと間違いなしの、笑いと涙の育児コミックエッセイ。息子とは違う「女」としての生態が赤裸々に！

スナックさいばら　けものみち篇　西原理恵子

恋愛、結婚、出産、子育て。キレイゴトでは済まされない問題に、豊富な経験値にもとづいた的確なアドバイスを送る、本音のガールズトーク。人生のスカを引かないための最強サバイバル戦術指南！